A Visão Existenciadora

Coleção Estudos
Dirigida por J. Guinsburg

Equipe de realização — Revisão: Aníbal Mari e José Bonifácio Caldas; Produção: Plínio Martins Filho.

Evaldo Coutinho
A VISÃO EXISTENCIADORA

EDITORA PERSPECTIVA

© Editora Perspectiva S.A., 1978

Direitos reservados à
EDITORA PERSPECTIVA S.A.
Av. Brigadeiro Luís Antônio, 3025
01401 — São Paulo — Brasil
Telefone: 288-8388
1978

A Eulália de Morais Coutinho

Sumário

Prefácio XI

Capítulo 1 1

1 — A perplexidade da visão — A mutabilidade das cenas. 2 — O painel e a denominação. 3 — A lei da substituição. 4 — O caderno de nótulas. 5 — As alegorias efêmeras — A disponibilidade inerente a qualquer figura — A realidade e a ficção em nós. 6 — O cego do R....

Capítulo 2 21

1 — A fecundidade do rosto. 2 — A liturgia de ser em outrem — A casa em demolição. 3 — A outorga.

Capítulo 3 29

1 — A ubiqüidade em nós. 2 — As situações em ato — A face e o nome. 3 — A nossa interferência nos retábulos.

Capítulo 4 37

1 — A acessibilidade ao idêntico. 2 — O lugar e a cena. 3 — A fisionomia e o passado.

Capítulo 5 45

1 — A autonomia das situações em ato. 2 — A dispersão dos intérpretes. 3 — A abstração do lugar. 4 — O rosto em virtualização — O painel do Julgamento Último.

Capítulo 6 57

1 — Existir em nós — O nosso vulto na acepção de existenciador. 2 — Os painéis habituais — O não-ser e o ser em nosso repertório. 3 — A integração na nominalidade — A metáfora no dia da morte de D. R. ... 4 — A metáfora. 5 — O atendimento ao nome — O recheio e o vazio da nominalidade. 6 — A outorga.

Capítulo 7 75

1 — O painel da realidade e o da quimera. 2 — A identificação na morte. 3 — A prática fisionômica. 4 — A presença real. 5 — A indiferença — O olhar cria o painel.

Capítulo 8 89

1 — Os gestos excedentes. 2 — As sobras do nome. 3 — O nosso olhar existenciador — A linguagem figurativa. 4 — O preenchimento de nosso álbum — O tempo nas confecções que nele inserimos. 5 — O lugar assemelha-se ao nome.

Capítulo 9 103

1 — A confecção de nosso álbum imita o libreto do cinema. 2 — A utilização dos seres reais. 3 — A significação isenta do próprio local. 4 — A visão cinematográfica. 5 — A experiência na elaboração de libretos. 6 — A retórica figurativa. 7 — A utilização das faces. 8 — A nominalidade e o tempo. 9 — O nome indiferença.

Capítulo 10 125

1 — Os rostos se comparam às palavras. 2 — A observação criadora. 3 — A fisionomia simbólica. 4 — A vigília ante a realidade. 5 — A prefiguração da morte.

Capítulo 11 137

1 — O conhecimento como auto-afirmação do nós. 2 — A indiferença: nominalidade ubíqua. 3 — A indiferença: o rosto inaproveitado. 4 — A indiferença em relação ao nosso vulto. 5 — A omissão de nosso corpo em entrechos do passado.

Capítulo 12 149

1 — A repetição. 2 — O conto de Hoffmann. 3 — O vulto e seus desempenhos irrevelados — A disponi-

bilidade facial. 4 — A homologação pelo desfecho.
5 — O silêncio na elaboração figurativa. 6 — O retorno às origens do enredo. 7 — A unidade entre os atores por motivo de haverem ocupado o mesmo papel.

Capítulo 13 165

1 — A alegoria da piedade. 2 — A testemunha participante. 3 — A comunidade de aparência — O nosso vulto em participação. 4 — A alegoria consciente. 5 — Na cidade onde somos desconhecido. 6 — O nosso vulto deserto de nomes.

Capítulo 14 183

1 — O recinto que desaparece no decorrer da cena. 2 — A contemplação e a cadência externa. 3 — As retificações em nosso repertório — As coisas presentes ao devaneio. 4 — A figura adequada às contingências. 5 — Os vultos presentes à absorção. 6 — A identidade pela contemplação.

Capítulo 15 199

1 — O logradouro e seu preenchimento. 2 — O contágio figurativo. 3 — Os alimentos da memória. 4 — O método de assimilação das cidades. 5 — As árvores refletidas na vidraça da janela — A efígie exposta pelas águas.

Capítulo 16 213

1 — A fixação na existência. 2 — A coletividade das ruas — A nossa presença no repertório de outrem. 3 — O ar da fisionomia. 4 — O contágio facial.

Capítulo 17 227

1 — A unidade das figurações em nós. 2 — O nosso vulto e os móveis do aposento. 3 — As faces de mera evocação. 4 — O vulto despegado de nosso interesse. 5 — As faces anunciadoras. 6 — O nosso vulto na qualidade de hóspede do próprio lar. 7 — O espetáculo diante da platéia dos móveis.

Capítulo 18 247

1 — A vigília cósmica — O nosso vulto existenciador. 2 — As efígies vaticinadoras. 3 — A virtualidade — O painel do Julgamento Último. 4 — A coordenação de gestos.

Prefácio

Com este livro, tem início a publicação de *A Ordem Fisionômica*, prometida em obras anteriores. Segundo o próprio título norteia, *A Visão Existenciadora* compreende contactos e relações entre as coisas de meu testemunho e, inclusive, a natureza desse testemunho. Considero o conhecimento como sinônimo de criação; portanto, descobrir o objeto é o mesmo que lhe dar existência. *A Ordem Fisionômica*, ao positivar a subjacência de meu testemunho, sem nenhum acidente do universo lhe escapar, firma, conseqüentemente, um solipsismo de inclusão. Nada se dispensa, em mim, da subordinação ao meu existir.

Pretendo dizer que o universo é criação e composição de meu ser. Ele está em mim, e nada transpõe a fronteira de minha pessoa, cosmologicamente representada pela respectiva óptica. Tal como a descoberta visual de um corpo confirma a luz que no momento o faz visível, luz que é simultânea ao ato do descobrimento, de igual maneira o universo homologa, por inteiro e em qualquer de suas partes, a minha posição reveladora, o meu ser continente. Sem este, nada existiria, pois se faz absoluta a dependência dos objetos à claridade de minha vida. Em mim se opera a existencialidade do mundo, de forma que se afigura o seguinte sortilégio: o absoluto do ser está adstrito ao efêmero de minha vida. Por conseguinte, a ordem fisionômica encerra os vultos e acontecimentos enquanto perecíveis com a minha morte.

Sou o depositário dos protagonistas e cometimentos do universo. Em decorrência de tão estreita aliança, todos eles, quer os de agora, quer os do passado, se afeiçoam ao molde com que os existencio. Significo o estojo a que se acomodam os sucessos ocorrentes e ocorridos, em índice de realidade e em índice de possibilidade.

A Visão Existenciadora esclarece, com descritivos cênicos, a receptividade desse estojo. Os entes e os fatos que nele se contêm, assumem a participação em o *nós,* tratamento que alia, a mim, em íntimo amplexo, os componentes de meu repertório que, em derradeira instância, é o único a existir.

Os livros que constituem *A Ordem Fisionômica,* imitam o processo da cissiparidade. Assim designo a circunstância de eles emanarem o mesmo sentido, mediante corporificações simbólicas e alegóricas, prescindindo de explanativa continuidade. De cada um dos cinco livros, resulta implícita e explícita a cosmogonia do autor.

Torna-se recomendável a leitura de *O Lugar de todos os Lugares,* publicado pela Editora Perspectiva em 1976, e escrito com o propósito de evitar interpretações alheias às desejadas por mim, acerca de *A Ordem Fisionômica.* Espero que o leitor, interessado por sistemas e intuições metafísicas, a quem me dirijo em especial, situe as contigüidades e consangüinidades concernentes à minha concepção. Localizo-me entre pré-socráticos, em virtude da generalidade do pensamento e da despreocupação em separar o literário do filosófico; de outro ângulo, me sinto barroco, pela obsidência, densidade e extensão da morte. Refiro-me, ainda, ao desuso da especulação e da terminologia tradicionais: sob o incentivo da modalidade platônica, empreguei, para a digressão expositiva, a naturalidade do cotidiano, a cenografia da convivência.

E. C.

Capítulo 1

1 — *A perplexidade da visão* — *A mutabilidade das cenas.* 2 — *O painel e a denominação.* 3 — *A lei da substituição.* 4 — *O caderno de nótulas.* 5 — *As alegorias efêmeras* — *A disponibilidade inerente a qualquer figura* — *A realidade e a ficção em nós.* 6 — *O cego do R....*

1 — Quando a nossa vista recai de súbito em alguma cena, há um instante em que os protagonistas nos ocultam as singularidades que dentro em pouco soem esclarecer-se à medida que ela, a nossa vista, se demora de um a outro dos participantes; como que desinteressado da identificação, quer das efígies em si mesmas, quer enquanto seres em desempenho, e assim, sob a acepção de significados, temos nutrido em nós a perseverança de muitos desses acontecimentos, durante os quais prevalecem o indistinto e o fortuito. Rostos imprevistos, desagregados de suas ausências, imóveis ou em mobilidade, eles nos indicam, nesse relance, e o suficiente para se gravar em nós, o mapa de suas posições, corpos diversos que a despeito do efêmero, se deixam registrar a ponto de se constituírem em retábulos passíveis de nome, isto é, detentores de autonomia em relação às identidades que posteriormente assumem. Se bem que a razão de havê-los como episódios à parte, desse modo insertos em duradouras estampas em nossa memória, resida, às vezes, no fato de ter comparecido ao entrecho alguém ou já inscrito em nosso repertório, ou nele figurando após o sucesso, nem por isso recusamos ao respectivo entrecho a sua qualidade de painel autônomo, em que os atores — à semelhança dos que, vindo ao palco em seguida à convocação, nele se aglomeram sem suspeitar ainda dos afazeres que lhes cabem — nos escondem os seus caracteres para marcarem no chão os lugares por eles preenchidos. São

vultos inconscientes de suas relações faciais, desprovidos de ensaio, e que, entretanto, se ajustam para o ato da participação em nosso álbum, vale dizer, para a seqüência de todas as conjunturas adquiridas por nossos olhos, e dessarte postas em existência; ao vê-las agrupadas em convívio, cuja repetição não se tem verificado, tais situações nos propiciam em seu breve tempo as matérias que, no instante da rememória, se avivam e nos proporcionam o contacto com a espontaneidade das aparições, enfim o teor de posse que resulta do ensejo entre o nosso belvedere e as faces em presença; uma posse acrescida da circunstância, de todo irretratável, de que o painel não se fixaria no estar que homologamos se porventura não estivéssemos na rua, na avenida, na praça, onde nasceu em nós. Alheios ao conspecto de nosso miradouro, combinados em formação do mero acaso, não informados da estrutura geral da cena, os corpos reunidos talvez em ocasião única, se oferecem ao nosso olhar sem qualquer anúncio de seu surgimento, subtraindo da nossa previsibilidade toda tentativa de atuação, expondo-nos a tudo receber e a nada excluir; entes de aparição irrecusável, eles se inserem em nossa óptica, sem que possamos, segundo desejos repentinos que nos assaltassem, suprimir alguns dentre eles, pô-los e repô-los de conformidade com a nossa seleção, cumprindo-nos recebê-los como se nos deparam, embora talvez os preferíssemos ocultos aos nossos olhos. Se assim nos vulneram sentimentalmente, sobra a eventualidade de, uma vez transferida para o caderno a cena, e ante posteriores retábulos com os mesmos intérpretes, conceder-nos os novos quadros do políptico uma reedição da primeira tela, mais adequada ao nosso gosto, sem todavia contrariar as posições, as atitudes de início operadas. A disponibilidade de significações é inerente às coisas visíveis que se conservam presas a suas formas, obviando-se a sucessos de qualquer maneira a elas conectivos mesmo em tempo e em espaço diversos; permite que insinuemos ou determinemos modificações, a exemplo do painel da cidade de N... que teve alterada a designação de expectativa a algo lúgubre, consoante os gestos das personagens em direção a uma residência, para a de resignada expulsão; sobrevindo ao nosso olhar, no mesmo logradouro, um retábulo em que alguém sob a cólera assomava no vestíbulo, obtivemos por justaposição das duas páginas, um só e esclarecido contexto. A imprecisão com que os rostos se exibem à nossa lupa, revela-se de frágil importância sempre que o nosso miradouro, atraído pela ocasião de reter a passagem do indistinto para o identificável de seus membros, se deixa impressionar pelas descobertas oriundas do retábulo que lhe vem depois: desde que, da análise de cada um dos participantes, podemos vislumbrar as dimensões de suas ausências, os bastidores de onde surdiram para a rampa de nossos olhos, umas nominalidades a se exporem subentendidamente, tudo enfim que o particular nos concede, havia antes naquele vago episódio assim repleto sempre de virtualizações. Com efeito, descerrado o incerto de ainda há pouco, as figuras a se esculpirem diante de nós, extinta a indecisão de suas modalidades, o nosso belvedere retroage à cena anterior e nesta ressalta como prevalecentes as linhas gerais do contorno de cada vulto, as quais, se nos sonegaram em plenitude a visão de seus pertences, propiciam agora a tardia homologação daqueles que delas se derivaram. A constância dos traços periféricos faculta ilações de formas que as recentes cristalizações afirmam e reafirmam; contudo, se nos familiarizamos com a peculiaridade de cada rosto, o olhar não nos restitui as linhas genéricas do primeiro encontro, e a memória, para consegui-lo, demanda esforço, tal a absorvente assimilação a que nos obriga o conspecto da singularidade; esse ofuscamento, que a visão habituada aplica no elementar entrecho, importa na sugestão de o considerarmos objeto de autônomo interesse; e era em virtude dos percalços da lembrança que nos dedicávamos, no prédio de nossa residência, a rever, sempre que o queríamos, o episódio feito de matéria nublada. Agradava-nos por longos momentos observar as manchas estampadas na parede que a umidade e a luz mantinham tão cheia de insinuações, quando, menos por nosso desejo que por inclinação facial delas próprias, as manchas adquiriam o aspecto de figuras humanas ainda na fase inicial de esboços, pequenos fantasmas mal saídos de sua invisibilidade e conservando, bem nítidos, os panos etéreos. Tal alguma obra em que só aparecessem as sombras, estando ausentes os respectivos corpos, obtínhamos não mera agitação de silhuetas, porém uma atmosfera na qual as atitudes inopinadas e contrafeitas se assemelhavam a um início de criação; na factura do rosto que, tudo indicava, seria o centro do painel, transparecia a dúvida se não resultaria de seu teor de sombra uma face que de futuro lhe negaria a procedência; as formas iniciais nos apresentavam, pela insegurança dos contornos, o equívoco das nuvens, e os vestígios desse começo perduravam durante a própria evidência do semblante que eles promoviam; pouco a pouco, a clareza substituía a imprecisão dos traços, e o que antes se condensava nevoento, se diluía em corpo de preocupada e sombria aparência, pois um motivo grave se lhe estendia aos pés, qualquer coisa que devia ser a razão de sua presença; com o aspecto de dominante protagonista, esse vulto cercava-se de outros de cuja significação dramática pressentíamos o secundário desempenho, e os seus traços também nos surgiam hesitantes à maneira de objetos que a miopia torna difusos; depois, novas personagens emergiam dos mesmos flocos, igualmente alheadas de seus véus, amparadas umas nas outras, como enfraquecidas pelo esforço da aparição, tão leves sobre a terra à semelhança dos vultos que se instalam em nossa memória, a meio diluídos e libertos dos rumores de seus passos; uma assembléia de faces, todas advindas sob a cadência de único módulo, perfazia diante de nós o breve conjunto, umas individualizadas, e, se infletiam a um recanto da peça os nossos olhos, voltávamos a tê-las nas feições inconfundíveis, próprias a receberem nomes com os quais, em palestra alhures, nos referiríamos a elas como integradas na existência em nós; de certo assistíamos então ao nascimento de uma obra de arte em que miraculoso aparelho parecia dar-nos, a nós somente, o mecanismo com que se processa, na idealização de algum autor, o quadro repleto de figurantes ou o grupo escultórico, no acontecer dos quais emana uma cadência rítmica bem diversa, difícil de impregnar-se em tintas ou volumes, na execução acabadamente feita para comunicar-se; mais próximo da mobilidade do pensamento que da prática do autor ao manejar os utensílios, o trânsito da hesitação à nitidez dos traços, lembrava o que se opera no plano do devaneio, quando, sem pressa e sem tumulto, as mentais efígies despontam, desaparecem, retornam a fixar-se em muda e absorta composição, sugerindo-nos a conjectura sobre uma obra que, pela extinção do artista, nem sequer se iniciara, tendo existido apenas enquanto concepção e que, agora, dada a sobrenatural interferência de um terceiro, se exibe à contemplação de outrem; cada vez se individualizava o protagonista central do mágico painel, como a anunciar que era o dominante do conjunto, a força atraente que fazia com que as outras manchas se inclinassem para ele, revelando desde logo não a mesma peculiaridade fisionômica, mas o mesmo ar que a todos envolvia, à maneira de cerimonial sob unânime consternação; um a um, os novos semblantes, à medida que se despiam das roupagens do nascimento, e antes de se abandonarem ao gosto de ser autênticos e nomináveis, imbuíam-se de igual tristeza; e assim como há faces cuja razão de presença está em servirem ao arranjo do episódio, quer nas facturas da arte, quer nas da vida real, os vultos do espontâneo afresco, tinham, no ato de comparecer junto ao desolado rosto, o motivo de sua existência fisionômica, pois nenhuma outra íamos a conferir-lhe dentro e fora da tela onde a lei da unidade presidia a todos; ultimado o painel, e daí em diante submetido a observações que o ratificavam diariamente, verificamos que ele não representava um entrecho inédito aos nossos olhos, mas resultava na repetição quase literal de velha cena, várias vezes encontrada em reproduções a preto e branco; a descoberta nos levou a comparar demoradamente as duas telas, e o que fora excluído na cópia, cujo autor era o anônimo da fortuidade, a cruz e o cão, menos por estarem ocultos que por negligência em procurá-los, vimo-los tão logo nos apercebemos da falta de ambas as efígies, evidentes como figuras ao sol; e podíamos doravante, se o retábulo nos induzisse a estudos à margem do colorido, permutar o conspecto, segundo a estampa em manuseio, pela presença tal como se transferira à parede úmida. Não alongamos em demasia a contemplação do painel do enterramento, mesmo porque o nosso intuito era preservá-lo nessa acepção, e indícios de lenta reforma já nos propunham, como substitutivo ao funeral, a ronda noturna que, sabida através também de estampa, vinha, com desenvolta plasticidade, render a vez à criação de outro e bem diverso artista, deixando-nos a suspeita de possuirmos, em cômoda amostra, um museu de sucessivas apresentações. Afastamos o miradouro do entrecho em foco, se bem que essa decisão importasse em perda de valores como o da passagem de uma significação a outra significação, a fim de que sobrevivesse, na ênfase de seus marcos, o episódio que nos ocupava o belvedere, libertando-o de fluências com que se obstinam, em nossa visibilidade, os seres reunidos ocasional ou intencionalmente.

2 — Quando em face de um painel que se compôs à revelia de nós, impelimos a agudeza da observação à procura da unidade dessa mesma cena, o que buscamos em verdade é o nome com que haveremos de designá-la, nem sempre obtido de logo, em virtude da flexibilidade de seus elementos, como indispostos a atenderem ao título que lhes outorgamos no primeiro momento; não raro abandonamos o entrecho que nada mais nos propiciou que uma série de vãos predicamentos. Constitui acontecimento à parte a conduta das efígies que se demoram em cristalizar-se em nome, as flutuações de significado a persistirem para descontentamento nosso, ao mesmo tempo que nos aguçam a curiosidade, trazendo elas, entre outras coisas, permutações de motivo de um intérprete a outro; a constante facial de que um se parecia envolver, de repente ou recusa ou deixa que se transmita a um rosto em contigüidade ou à distância o papel de que o supúnhamos definitivamente revestido; às vezes, à espera de eventualidade que possa estabelecer na cena certa ordem, de maneira a nos permitir acesso a ilações, a ligaduras estruturais por cujo

intermédio atingiríamos a designação, os nossos olhos recaem num semblante que, tendo fortes características sobre os demais, nos leva a recolher do agrupamento a súbita afloração do nome, fomentada assim por esse ator liberalmente dotado, que, expedindo de seu corpo o irresistível contágio, converte com o ar preponderante as figuras em torno e sempre suscetíveis de nominalidade; mas, à simples mudança de nosso olhar, o promissor intérprete, alheio aos propósitos, nega-nos a investidura que há pouco lhe atribuímos, talvez em razão de nós mesmo que, diante de alguém que reserváramos à mera coadjuvação, nos compelimos a aceitar a sua conduta digna de elevado rótulo, vindo portanto a concorrer com a personagem do início, retirando-lhe o privilégio de a tudo centralizar. À guisa de estorvo ao descobrimento do nome, há os próprios vultos terciários que de sua insignificância nos acenam com a mesma humildade figurativa, semblantes que se reduzem ao simples comparecimento, e que, entretanto, se inscrevem em nosso álbum, assumindo posições nas quais se detém o nosso miradouro que, desse modo, não lhes permite a desaparição completa; e se assemelham à estada, em nossa lembrança, de certo rosto que, no momento de surgir, nos parecera inócuo, se bem que agora desponte nela, muitas vezes sem nos acudir o fato porventura relevante a que deve talvez, por comparsaria, a circunstância de habitar em nós. Experimentamos, a respeito de efígies marginais, o gosto de esconder em fotografias desse gênero o principal figurante e só observar as fisionomias ao redor, com a preocupação de, ignorando o que se passa no ator oculto, adivinhar-lhe o comportamento, senão mesmo o gesto; instituindo-se, portanto, os acólitos em valores de presságios, tendo, nas atitudes, inerentes virtualizações que se conduzem como processo intelectual de conhecimento. Assim como a memória insere, anexada a uma situação de relevo por acaso ocorrida, uma ou várias superfluidades, sem atuação e sem pretexto de existência, em telas apreendidas por nosso miradouro, sobejam vultos que sem motivação particular a exprimir, entretanto se coadunam ao nome que a todos recobre, desde que não nos impelem a fragmentar o entrecho a fim de retirar do conjunto as suas faces porventura extemporâneas; além disso, determinada a denominação do episódio, as figuras de mero comparecimento, como que contagiadas pelo título que acabamos de inscrever, se inoculam do mesmo ar que se emite da personagem centralizadora. Marcada em nós por haver sido em algum painel, podemos em outro retábulo vê-la tal e qual se dera no anterior, embora o nome venha de muito diferir; essa disponibilidade, que atesta não se ter o semblante impregnado profundamente do dístico, diverso portanto do rosto principal que persevera em motivação muitas vezes difícil de gastar-se, ou exibir-se o mesmo em diferentes situações, facilita em nós a conjectura de que um nome é uma entidade não de todo exclusiva, de que sob a sua vigência lhe aderem faces que são próprias também daquele que se lhe oponha. Nas cenas vislumbradas, quando nenhuma legenda se infiltra nas personagens em imprecisão — elenco de efígies em acessibilidade, em cujo contexto se apresentam passíveis quer de principal quer de anônimo desempenho — elas estão a nos ofertar o painel autônomo de rostos a precederem a nominalidade que lhes adjudicaremos se quisermos, todos a dependerem, portanto, de nós, enquanto existências adstritas ao nosso álbum. Procurando, nesse primeiro contacto, os efeitos que sabemos comuns nas visões continuadas, entre eles a mercê de se disporem harmônicos os elementos díspares, tal a consonância com que se coordenam o rio e a árvore, preparamos os olhos certo de colher o nosso intento: o nome que nos sobreveio da indicação das próprias faces, que algumas já avocam a si o privilégio de submeter as outras a segundo plano, todas elas isentas de bastidores, pois os desconhecemos; parecem ansiosas de unidade, do nome que havemos de atribuir ao grupo, se bem que nada nos solicitem, semelhantes a palavras que, reunidas em significação, nos incutem os misteres provenientes delas mesmas, tais as fisionomias que vêm a corresponder ao nome que nos insinuaram no arranjo que lhes pertence, como a nos indicar entre o nome e a efígie uma relação equivalente à do estojo e do objeto. Registramos uma passagem em desempenho, na qual todos os participantes se mostram insubstituídos — jamais advindo o pensamento de que tal figura conhecida interpretará melhor que o rosto agora em plena rampa — analogamente a uma obra de arte que analisamos, e, por ser autêntica, não nos apressa ao intuito de retirar nem pôr. Flexível e ameaçando a todo momento desfazer-se, a cena que observamos nos é ainda mais preciosa pelo fato mesmo de sua precariedade; se a deixamos perder-se, o quadro que em seguida se forma, ao aconchegar-se à nossa visão, traz consigo alguma coisa que era do precedente retábulo, às vezes um imponderável qualquer que se afirma em nós pela ausência de surpresa ou pela suavidade de acomodação em nossa mente.

3 — Os aglomerados humanos, que se situam nas praças em certas horas, constituem matérias de experiências

ao nosso miradouro, algumas das quais concorrem com as adquiridas no painel que de si mesmo nos expôs o funeral e a sua conversão à ronda noturna. Sempre que nos deparamos em logradouros acessíveis a tais cometimentos, verificamos a mutabilidade de episódios, e a certeza de que o retábulo de logo visto não é mais do que a decorrência do anterior, ignorado de nosso belvedere que se retardara a recolhê-lo; todavia, a inobservância não nos impede de, em presença dos mesmos ou de iguais atores, intentar reconstituir, em parte ao menos, o que se dera antes, pois se ostentam ao nosso olhar as vinculações de origem e de forma, o novo painel ainda quente das interpretações que o precederam. Dessarte, a cena com que nos defrontamos é repleta de figuras anunciadoras do subseqüente retábulo, que tanto pode repetir o nome como variar-se em outro; em qualquer dos casos a nos favorecer com as permanentes criações, todas elas a se regerem segundo a norma da fungibilidade das efígies. Com efeito, nas ruas, nas praças, o fluir dos semblantes costuma reproduzir-se apenas modulado pela intercessão das horas, e as faces que nelas perambulam, demonstram todos os dias que a lei da substituição lhes envolve os passos; todas a restabelecerem as constantes figurativas da véspera e a assinalarem simultaneamente a conduta das que aparecerão depois; predisposta cada qual, no recesso de suas ausências, a vir ao logradouro integrar-se na comum participação. Do lugar em que assestamos o miradouro, vemos os indivíduos se moverem para o lado que lhes determina a ruidosa atração, e a naturalidade do coletivo gesto é semelhante à obtida através de ensaios; ao volvermos a lente para as ruas de onde procedem os figurantes do largo, sabemos de antemão que eles, cumprindo o presságio, irão estender também o rosto para o mesmo ponto, a realidade investindo-se de aspecto a que não seria estranha a nossa causalidade se, a desoras, e por meios de todo executáveis, transpuséssemos, para recanto oposto, a fim de alcançarmos diverso comportamento dos transeuntes, o motivo que os faz atender à uniformização de agora. Permanecendo imóvel o belvedere, restringem-se as dispersões naturais da cena, porquanto a fixidez dos olhos, estendida sobre o geral do panorama, se limita a recolher possibilidades de desempenhos; cada grupo de semblantes deparando-se-nos um conjunto que sabemos inserir em seu bojo, sem entretanto nos inteirarmos, particularmente, inúmeros intérpretes em concomitante prática, muitos painéis a se desenvolverem sozinhos ou em tessitura. Mas, se nos decidimos a mover o olhar atônito de começo pela abundância das matérias, e em seguida a captar o episódio sem prévia escolha, é-nos facultado, com o sacrifício dos restantes, acompanhar o evento em foco, extraindo-lhe a significação que, duradouramente nominativa, vem a preencher-se tanto das mesmas faces como de outras que as substituem, conservando-a inalterável. A circunstância de as figuras, que penetram em nosso miradouro, tenderem a escapar do registro a que as submetemos, impõe a fungibilidade em plena representação dos protagonistas, nenhum se aliando com exclusividade ao papel, dado que o rosto que lhe vem de fazer as vezes, se mostra com solicitude igual, e o nome se acentua em nós como algo sem rigor no preferir, antes bem se acomoda nos termos que lhe propicia a fortuidade. A tristeza, por exemplo, é um nome a que se pode vincular qualquer efígie, e, como este, uma infinidade de outros que se não recusam a promover, em nós, o espetáculo de substituições contínuas, as que prevalecem inclusive nos subtemas desse nome; e de certo modo facilitadas pela posição de nosso miradouro que, não indo a perscrutar nos semblantes o que por acaso se desvie do desempenho, se nutre dos próprios efeitos da distância, no só uso de contornos genéricos. A cadência mesma do aparecer e do desaparecer, a cessão freqüente do papel que uma figura outorga à face que a sucede, imprime em certos instantes ao entrecho uma plasticidade cujo ritmo é condizente com o nome, e dessa vez, como de muitas, nas relações entre a designação e o objeto, às inerências íntimas se adicionam correspondências externas. Se preferimos à quietude da posição a mobilidade de nosso corpo, acompanhando, tanto quanto possível, com os olhos, a extensão das personagens, mais difícil sem dúvida se mostrara a concretização, em nós, das situações em ato, os pretextos fisionômicos diluir-se-iam se deles tivéssemos um flagrante em simultaneidade. Os motivos se deixam perder quando tentamos uma presença maior, feita como o políptico das parcelas, salvo se, desprezando a idéia de tudo alcançar à vez, nos valemos do jogo das sucessões, o qual nos permite gravar com ênfase e preservar em nótulas a série dos retábulos em que o nome repousa a vários ritmos. Recaindo os olhos sobre o entrecho, o local expõe, como em ato de entrega, o equilíbrio de suas conexões, à medida que a unidade — o nome — aflora e se vê homologada nos painéis seguintes que formam a seqüência de curto enredo, de pequena história ou conto; se por acaso, na hora da retentiva, algum rosto nos surge, senão destoante, desnecessário à limpidez da contextura, depois, ao transportarmos os eventos para o caderno, a desarmonia e a inutilidade podem, mesmo conservando o teor com que se nos exibiram, ser modificadas para nova acepção, à custa unicamente do lugar para onde transferimos o vulto que não se filiara de todo ao nome. Obediente ao repertório da casualidade, utilizamos as figuras por ele fornecidas, e a alteração a que submetemos uma ou outra personagem no tocante à posição dentro da seqüela, é coonestada pelo arbítrio de nosso miradouro que já se fizera sentir nos instantes em que as descortinamos à viva luz; e acontece que a ulterior interveniência resulta às vezes em simples ratificação de nossos olhos que bem poderiam recebê-las, na praça ou na rua, tal como as distribuímos agora em nosso álbum.

4 — Visualizadas por nossa lupa em movimento de um a outro semblante, as personagens em entrecho, enquanto assim tomadas sucessivamente, mostram-se em ritmo que difere daquele que lhes é peculiar; auferindo, portanto, no seu ingresso em nós, um tempo de ser que é de nossa autoria, o qual se sobrepõe ao que cada uma leva em si mesma; e o faz de modo tão arraigado comumente, que só prevalece em nós o deferido pela criação de nosso miradouro. Na feitura dessa temporalidade, fragmenta-se o painel em tantos rostos quantos são os atingidos por nossos olhos, sem que entretanto desse efêmero relevo, em que o objeto em foco emerge do conjunto cênico, se parta o elo de significação que os prende a todos, antes se coordenam e oferecem mais explícito o pequeno enredo; em alguns casos, a persuadir de tal forma, em virtude do processo que aplicamos, que o grupo dos atores, visto anteriormente ao emprego da sucessividade, mais parece o elenco reunido nos bastidores já com as vestes do desempenho, a aguardar o instante de iniciar-se a peça. Também decorrem ocasiões em que a lente, com o ânimo de captar de logo o assunto que o retábulo indica sem preâmbulos, o belvedere desconhecendo se todos os circunstantes a ele se ajustam, desenvolve um motivo até então inédito; como que os nossos olhos vêm a moldar os protagonistas ainda isentos de qualquer outro significado, os desígnios fisionômicos de cada um a corresponderem, sem relutância, ao teor que de imediato lhes inculcamos. Se, ao vislumbrarmos um ajuntamento fortuito, desses que se formam por intermédio de passeantes, descobrimos alguma personalidade de nosso conhecimento, há uma dissolução no ar e no ritmo do painel, como se algo estranho surgisse para interromper o nome em vigência, todas as aparições danificadas por ter a lupa recaído sobre o rosto que ali não devera estar para que se fizesse plena a desenvoltura da motivação; essa efígie, que se introduz no entrecho para lhe quebrar o encanto, apresenta-se sobrecarregada de resquícios de outra ordem, dos quais se contaminara através de sua convi-

CAPÍTULO 1

vência conosco, isenta da disponibilidade de que precisamos para o só domínio do conspecto. Em casos assim, a significação trazida pelo vulto que se dispõe agora a interpretar novo papel, interferirá de certo modo sobre este, afeiçoando um retábulo a outro pela conjuntura de haver sido em ambos; e tudo em face de a rigor não se libertar do molde que de si mesmo incutiu em nosso belvedere o semblante já inscrito em nós; havendo, portanto, na teia dos sucessos, um fio que se estende ao longo de nossa receptividade e que se constitui de ressonâncias que algum ator conduz consigo sempre que o observa o nosso miradouro. Inclusive sucede que, estando o súbito episódio sem nome ainda, eis que, descortinado o conhecido rosto, a motivação inserida neste, como não se sentindo bastante na anterior incidência em nosso álbum, insiste em nos reaparecer e com tal ênfase que o painel se rotula sem estorvo com a denominação que lhe vem de ser apontada pela perseverante efígie. Agravam-se em nós certos entrechos que, já havidos, e, portanto, parecendo invulneráveis desde que completos na galeria de nosso repertório, se consentem vivificar com a reedição que lhes promove o novo retábulo, com protagonistas outros, e em posições não de todo repetidas mas insertas no mesmo tema; entrementes o aceitamos como revindo para nos esclarecer que a circunstância de estarmos, em definitivo, com determinado painel, poderá transmutar-se quanto à fixidez das figuras, lembrando o quadro que, consagrado com as feições até agora exibidas, passa a expor, em seguida à aplicação de processos químicos, traços e mesmo fisionomias até então ignoradas, os quais, entretanto, não obrigam a substituição do velho nome que trazia no museu e no livro de reproduções. O nome costuma prevalecer com tal vigência que atuamos em vários assuntos a modo do empresário que, pretendendo um painel de multidão, não se demora em aliciar os tipos, antes reúne aqueles que se expõem mais de perto, convocando inclusive a ele próprio; igual precisamente ao que sucedeu conosco no domicílio de L... quando, sob a surpresa de retestemunhar o acontecido há muito em casa de R..., e como a empecer o desperdício do lema em episódio com atores e mobilidades diversas, e dar à situação qualquer coisa de figurativo que se houvesse mostrado no anterior ensejo, nos pusemos em atitude semelhante à do outro episódio, e fomos assim o elo fisionômico a unir a ambos os entrechos; cremos que o fizéramos com perfeição tal que algum espreitante, senhor também do primeiro retábulo, se aperceberia do nome comum aos dois em virtude da indicação externada por nossa efígie. As aparições de rostos, sem finalidade de representação em suas mentes, sem plano preconcebido, não impedem a unidade de composição com que se registram em nós, mercê do nome a que atendem, como se ensaiados fossem, e cuja fluidez lhes atinge as particularidades ou sob a forma de trazê-las à interpretação, ou sob o aspecto de permanecerem despercebidas, sem ofensa portanto à limpidez do assunto. Cenas constituídas pelo acaso, e que os transeuntes permitem que se percam malgrado a posição de seus olhos que, podendo desvelar o motivo em exibição, se detêm em geral sobre um e outro dos protagonistas, isolando-os esterilmente do discernível painel; os flagrantes de rua, embora venham a rotular-se de nomes, não os atendem os intérpretes de que se valem, nesse sentido de que eles, se porventura abordados a respeito do desempenho, manifestar-se-ão surpreendidos quanto aos papéis que encarnaram. À guisa de flocos de nuvem que tomam formas sucessivas, as aparições contempladas por nosso belvedere se transformam em outras, quando não se dissipam sem nos indicar, pela ausência de demora, uma denominação que também persevere em pausa o bastante para se perpetuar, transcrita, em nosso caderno de nótulas. À semelhança de atores que a meio do ensaio recolhemos, e que a ignorância da peça em causa nos impossibilita de perceber o que ora se distribui na rampa, muitas faces se exibem a nós em plena preparação a algo que desconhecemos, se bem que qualquer coisa nos informa que um nome se insinua a prevalecer no painel, cada qual das efígies a tender, de dentro do anfiguri, à coerência geral que em pouco nos esclarecerá de vez; como inversamente, os desajustados vultos assim vislumbrados, parece que derivam de um desfecho quente ainda de sua unânime integralidade; tendo acontecido uma noite que, na dúvida ante vários nomes a disputarem em nós o domínio do recente grupo, indagamos de um dos participantes sobre a teia de onde partira, e então pudemos registrar ao certo o acabado entrecho.

5 — Um tumulto de nomes nos acode à mente, se da janela observamos as figuras que transitam, e mais se agrava quando, indo a lupa a deter-se em cada um dos passeantes, os registra pelos caracteres que ostentam; assim, cada qual se nos expõe com o rótulo que deriva de seu aspecto, equivalendo o panorama a um cortejo de alegorias em que a disparidade é a norma dominante; como um desfile de atores de várias peças, com as indumentárias e as feições que se não conciliam por estarem todos fora do tablado, os vultos entretanto nos informam sobre generalidades que pertencem a cada um, indicações precisas concer-

nentes ao nível social em que se incluem; mas não são bem esses resíduos, essas virtualidades manifestas que nos prendem o miradouro e sim o tom facial, adstrito a sentimentos, que nos determina os nomes de que se acham imbuídos, segundo nós, os rostos em deambulação. Tais alegorias costumam ser efêmeras, dado que os gestos com que se exibem, soem mudar-se, muitas vezes, alguns metros após, o mesmo semblante sendo suscetível de apresentar, no pequeno trajeto diante de nossa vista, mais de uma representação alegórica; pode ele estruturar sozinho a teia de um assunto em que os protagonistas se perfazem em nomes, um único rosto a encarná-los, sem descer a bastidores, multiplicando-se no interior da cena segundo os ritmos que as nominações modulam. Sem cristalizar-se em nenhum papel, inscreveu-se em nosso álbum a efígie de C. R... que outro mister não exerceu em nosso repertório senão esse de nos ofertar certa manhã o políptico de vários nomes que se capitulara como a breve antologia em que o tédio, a resignação e o desespero confabularam em sucessivos aparecimentos; interessava-nos vê-la sem que ela nos visse, acompanhar a presença de tantos nomes em seu rosto, os quais se deram tantas vezes em nossa vida, e, por havermo-los freqüentado, sentimos então com referência a C. R..., a sinonímia das figuras de nós ambos; uma e outra identificadas em razão dos mesmos desempenhos, porque são os nomes, mais que as outras conjunturas da proximidade, o liame que nos estreita às efígies de nosso repertório. A situação de C. R... a nos oferecer, com o corpo, a repetição de nosso vulto, resultava preferível àquela em que, na posse de um nome, alguém se restringe a ele por inoperância de nosso belvedere que o não quis acompanhar alhures; só o descaso nos impossibilita de reavê-lo em outras motivações, desde que nenhuma face, por marcante que se apresente, deixa de servir, como intérprete, ao nome que porventura lhe estabelece a iniciativa nossa; vale dizer que a disponibilidade inerente a qualquer figura nos dá acesso ao predicamento de termos em cada qual o ator passível de restaurar, perante os nossos olhos, o nosso vulto que antes se ungira também dos mesmos significados; assim como, reciprocamente, possuem eles em nós o protagonista que é prestes a incorporar-se, com desenvoltura, aos nomes de que se impregnaram outrora, bastando-lhes para tal seguirem a nossa presença ou, em ficção, avocar a si, sem que o suspeitemos, o nosso pessoal semblante que aparentemente não se transfere mas em verdade redunda ser como os outros, em plena fungibilidade. Por isso que, havendo amargo nome repousado em nós, apressamo-nos em ir à procura de N. de A... que, lembrada ainda da incidência dele em seu vulto, pudera estender sobre nós a afetiva

compreensão, a estimular assim o nosso desempenho, e
ela própria a beneficiar-se ante o pensamento de que não
fora a única a suprir o exigente nome; acima de tudo, o
propósito em lhe levar o papel que nos ferira a ambos,
estava, a despeito da melancolia, em aproveitarmos nós o
ensejo de unir-nos os dois na contemplação da identidade.
No domínio das relações de ordem facial, a ficção concorre com a realidade, esta suplantando-a muitas vezes,
portanto sem necessidade de alguém resumir-se aos colóquios da quimérica invenção; pois a objetividade mesma é
pródiga em lhe exibir engodos que vão a coonestar as
primícias que lhe vieram à mente, propiciando-lhe os erros
de óptica, as falsidades de tradução, perfeitos entrosamentos
senão mesmo contos ou histórias que chegam a resistir a
posteriores retificações segundo a autenticidade havida; essa
persistência no ser, malgrado a palinódia, reveste-se tanto
mais positiva na ordem fisionômica, se considerarmos que
no plano do existir em nós, todas as ocorrências se equivalem enquanto conjunturas que têm, em nós, igual limite
de perduração, sem que, em nosso álbum, se diferenciem,
como valores, os acontecimentos da veracidade e os entrechos da fabulação. Em todos os casos de desempenho, a
lei da disponibilidade rege as efígies, à similitude do que
obtivemos no tocante a R... que nos forneceu longa
página com um nome que o enaltecia dentre todos os comparecentes ao nosso domicílio certa vez, que outra coisa
não deduzimos da posição em que nos situávamos, se bem
que, semanas após, várias testemunhas depuseram em sentido oposto ao que concluíramos, e em nosso caderno ambos
os episódios se estamparam sem que um viesse a consertar
o outro; lá figuram como dois eventos que se verificaram
no mesmo recinto, no mesmo instante e com as mesmas
personagens, o ser fisionômico a se prodigalizar sem mover-se de si próprio, inalterável, porém fecundo nas versões,
todas elas existidas e depositadas em nós. Descendo de sua
rampa, o vulto de R..., sob o fundamento de não nos
iludir, intentou apagar a significação que déramos, mas o
havido é irretratável, ocupa um lugar em nós que não permite a eliminadora superposição de outro objeto; e se aceitamos de R... a profunda emenda, esta se processou em
nosso álbum à maneira das que se operam em atas de sessões,
o certo e o irreal a permanecerem visíveis a quem folhear
o tomo das ocorrências.

6 — O ato da presença perante muitos olhos é caroável
a registros tão diversos quantas são as lupas testemunhantes,

havendo muita vez em torno da efígie em desempenho
uma série de nomes que disputam a legitimidade do ator
em observação; a concorrência se ativa mais tarde quando,
reunidos os espectadores, cada um expõe, com irredutível
ênfase, a versão que lhe compete manifestar; se se impossibilita o consistório dos depoimentos, cada um dos
observadores conserva, todavia, a significação que lhe adveio
ao se deparar com a cena; revelando-se uma tarefa sedu-
tora o irmos, se acaso a circunstância nos estimula e exeqüível se torna o encontro com os portadores dela, em busca
de cada qual, a fim de reconstituirmos, após o acontecimento — e tanto mais pretérito o fato mais preciosa a
restauração — os vários nomes que, naquele minuto, en-
volveram o estrado onde a figura, à semelhança da face
de O..., a nenhum deles sonegava o assentimento de seus
gestos. Lembramo-nos de O... que nos levou à curiosidade de, alguns anos depois, procurarmos saber como se
dera o retábulo de seu colóquio junto a outrem: não obstante
a estranheza que provocávamos entre as pessoas ouvidas,
foi-nos de íntimo proveito — alongando a retornada de
quanto houve, agora enriquecida com o inquérito, numa
ampliação que não alcançáramos no instante da nativa presença — verificar a auréola de nomes que marginaram a
atitude de O..., dentre os quais o deferido por nós e o
atribuído pelo próprio executor da exibição. Essa faculdade de ser multiplamente nos miradouros que a distingui-
ram, nos sugere que a face, em tais conjunturas, não se
isenta da modalidade neutra que a acompanha e de resto
costuma prevalecer sobre o único com que pretende im-
por-se em todas as ocasiões; daí imaginarmos o rosto como
nascido para variações extremas, e obedientes menos a si
que à natureza dos diferentes belvederes; e tanto mais
factível a mudanças se ignora a qualidade dos que lhe estendem o miradouro, e nesse caso persiste em nosso repositório o semblante do cego do R..., como alegoria da
pessoa que sente, em si mesma, a condição da disponibilidade. Por senti-la e não poder atenuá-la ao menos, em
seu rosto havia um ar propício a todas as designações,
acedendo de logo aos termos de quem o perscrutasse, prodigioso intérprete a atender a todas as convocações, alegoria
da pura entrega ao domínio dos nomes, talvez movido por
seu papel de indigente que acrescentava à medida do pedir
o ensejo de contentar a quem o satisfizesse, exímio em
sua fórmula para geral aceitação. Nas relações entre pessoas
— quando o intuito de a face bem servir a quem se devota
a revê-la, acontece presidir a contingência do colóquio —
se porventura despercebida de que esse olhar nela se deteve,
resta-lhe rememorar um a um os gestos que em tal instante
se lhe escaparam da efígie, para assim poder, quieta, reco-

nhecer que não decepcionou esse alguém que, sem revelar-se, lhe assimilou a fisionomia; se sucede descobrir que as atitudes expostas o devem ter vulnerado, por serem desarmônicas à natureza da amorosa receptividade, a figura em decesso tentará o extremo de fingir, em posterior ocasião, sem sequer lha facultar o conspecto do miradouro; e dessa forma procurará, como se fora uma cena em continuação àquela do desaire, e a se valer das próprias mesuras expedidas, dar novo tom, desta vez favorável e reabilitador. Impossibilitado de mover a face segundo os estojos dos passeantes, o cego do R... adquirira o ar que a todos se propunha com igual êxito, genérica exibição só alcançada à custa de nada possuir através dos olhos; escapando-lhe o predicamento de ter um álbum constituído de vultos em monólogo ou em dialogação e das teias que derivam dessas presenças; sobejando-lhe, em troca, o ser ele meramente objeto, sem prerrogativa de ver que é visto, privando-se de elos cuja ductilidade envolve inclusive a sua posição de estar em existência e com ela todas as fisionomias que se inscrevem em sua contemporaneidade. Os olhos incidem em todas as coisas mas se detêm, de preferência, nos olhos que os perscrutam, como que havendo o receio inconsciente de um interlocutor ser objeto de desprevenida observação por parte de quem o enxerga, tal podíamos ler na figura do mendigo que todas as manhãs, na cidade do R..., se repetia aos transeuntes; ele nos deixava a certeza de que o rosto se estimula ao contacto óptico, o belvedere de alguém sendo um espelho que à distância não reflete a nossa face, mas sabemos estar contida nele; preparamo-nos para vir a seu acordo e, em última instância, mais do que nos sentirmos em consonância com o melhor que supomos oferecer, há, no convívio com o olhar de outrem, a nossa própria investidura na existência desse outrem. Não sabendo como ia participar em cada miradouro, o cego do R..., afeiçoando o seu rosto a uma medida geral, compunha-no sob o tema piedade, nome com efeito mais propício à condição que lhe era natural, desse modo resumindo-se, como intérprete, à escala de um único desempenho, livre de descontinuidades; para a sua elaboração contribuiu de certo, dentro ainda do tema da piedade, o desejo de ser visto sem constrangimento dos possíveis olhos. A exemplo de uma obra de arte que expõe, ao lado da síntese, as marcas de sua confecção, o vulto igualmente exibido a todos, nos apresentava o ocorrido para chegar a tanto, atingindo com a amostra dos bastidores o final de nos comover mais ainda se apenas contássemos com o puro prospecto de seu semblante. Delicadamente composta para a acolhida unânime, a figura do cego do R..., por adstrita a um único desempenho e talvez pela impressão imutável que nos incutia, não teve em nosso álbum outro mister que esse transmitido por sua própria realidade; faltando-lhe, para outros e arbitrários usos, a prerrogativa da disponibilidade, que sempre encontramos nos que vêem que são vistos, e que tanto enriquece o nosso repertório ao se estender à extrema plasticidade dos nomes; ao cego do R..., de nada aproveita a conjuntura de serem os passeantes personalidades diversas, ele as tem como vultos uniformes, invariáveis no tempo, e, em qualquer lugar onde se demore, em qualquer paisagem que percorra, as atitudes manifestar-se-ão as mesmas, todos os recintos, no tocante aos transeuntes, se conduzem como um só recinto. Se conversamos com alguém através de pequena abertura, sem conseguirmos divisar-lhe os olhos, os trechos que captamos da fisionomia nos aparecem desordenados, elementos que, separados do corpo, do centro propulsor da gesticulação, obtêm, violando as leis da face, uma vida autônoma que não nos satisfaz porque não se ajustam entre si os traços que registramos; cada um, a despeito do nexo das palavras que a pessoa emite, a nos dar a sensação de que vai a extinguir-se de repente, e as próprias palavras parece que se dirigem a outrem que não a nós, tudo pela ausência do olhar sobre o nosso rosto. Prisioneiro em si próprio, o cego do R... não via as tessituras que às vezes se formavam a partir de sua presença, relações faciais oriundas de sua efígie como a fonte dos significados; também não via acrescer a sua humildade quando era outro vulto o centro das atenções, e ele a figurar no painel alegórico à espera do momento de ser em rampa, descoberto e imóvel em seu lugar; por não se regular ao módulo dos circunstantes, a sua fisionomia contrapunha a cada ocorrência um conspecto tardio ou antecipado, sem desempenho figurativo, obstinado num modelo único, somente aproveitável nos painéis em que surgia sem a feição de intruso, por efeito de nosso miradouro que sabia então introduzir, com legitimidade no teor cênico, esse rosto pelo que ele possuía de pobre versatilidade; ora se sobressaindo no centro das participações, ora na simplicidade de mero acólito, sabíamos como lhe preservar a conjuntura de ser em nosso álbum; nutrindo a sua presença com significados saídos de nossa factura, que de certo não a atingiríamos com a sua parca objetividade, a todo momento suscetível de esmaecer-se até a extinção, em face das outras figuras que, em excesso atrativas, lhe recusavam ocasiões de vir, com os próprios recursos, a fazer-se incisiva perante o nosso olhar; por motivo de os vultos comparecentes se mostrarem indóceis às necessidades de nossa retentiva, desde que o tempo de suas estadas em nossos olhos não coincide sempre com a duração exigida pelo enredo em determinado tema, levávamos ao domicílio os rostos que colhêramos em nótulas memoriais, e livres das implicações que a realidade concedera; sem contudo lhes alterar o aspecto, o nosso engenho se distraía com os encargos oriundos de umas existências há pouco sobrevindas nos retábulos procedentes da rua, agora com a significação que lhes dava o novo lema, a disponibilidade das figuras consentindo que o cego do R... adquirisse o atributo de ser, com a saliência que nunca suspeitara, em duradoura existência em nós, a única aliás a haver no intransferível panorama que nos pertence; ao lado do cego do R..., as outras efígies que o acaso nos fornecera, passando a servir de coadjuvantes, alcançavam também a fixidez de que se demitiram ao se exporem com brevidade e inéditas à nossa lupa, nascidas, portanto, para curta permanência em nossos olhos, mas que em virtude do cego do R... que as teve por segundos à sua margem, recebem doravante o privilégio de instalar a sua existência em nosso repertório; o seu rosto cria-se olhado de todos os ângulos e em todos os momentos, daí o aspecto de temor resignado, como a sentir-se o objeto de surpreendidas simultaneidades, de espreitas que sem dúvida lhe exigiam mobilidades e imobilidades impossíveis de satisfazer, de onde o geral de seu vulto que, ao emitir um gesto movido por si próprio, o fazia sem o adequar à específica recepção, e sim a todas, e no ato de tatear qualquer coisa transparecia a atitude de tatear o universo inteiro; sendo a contemplação a pura entrega da efígie por aquele que se deixa contemplar, o rosto obediente a atender à solicitação do olhar interlocutor, o semblante do cego do R... representava a oferta levada a esmo, pois desconhecia em que direção achava algum belvedere, como este se comportava, sem mesmo saber se porventura havia esse olhar; atitude frustrada da contemplação, ele nos expunha o procedimento passivo de seu rosto, feito de profunda absorção, de abandono, a todas as lupas dirigido, e ignorando a natureza dos distintos miradouros; de maneira a não se amoldar, em relações mútuas, com feições condignas a cada caso, e sim com feições de uniforme neutralidade, como se fosse concomitantemente olhado por todos os olhos; adquirindo, portanto, a feitura que não se endereçava a ninguém e por isso, segundo ele, a mais condizente com todos os circunstantes. Quem se desse ao ensejo de repousar em seu rosto um carecente olhar, não voltaria inteiramente em vão porque alguma dádiva conseguiria da genérica solicitude, uma correspondência qualquer se via em complacente plasticidade; a qual resultava da obliteração de sua vista que, ausente, sub-rogava em sua imaginação as prerrogativas de ver, a própria face revelando em seu ar, em suas mesuras, o modelo, para ela real, dos objetos que, contudo, não conferem, mas que não são dissuadidos de todo. De certo modo, participamos do receio inerente ao cego do R..., quando desconfiamos que a nossa efígie vem a estampar-se em outrem segundo a suspeita nossa de ser ela desagradável; efígie esta que, reconstituída por nós, mentalmente se agrava no negativo aspecto: tanto nos induzimos à desfavorável crença que, a partir de então, nos vemos por ela condicionado, ressentidas as ações de nosso vulto com a insistência de sua vulnerabilidade, prejudicando-nos a desenvoltura em concílios de nosso interesse, quando interrompemos a espontaneidade dos gestos sob o entrave de supormos que ressurge em nós o conspecto que nos consternava antes.

Capítulo 2

1 — *A fecundidade do rosto.* 2 — *A liturgia de ser em outrem — A casa em demolição.* 3 — *A outorga.*

1 — Fora na residência de B... que nos surpreendemos com o gesto que emitimos, além das vozes que o legitimavam; com o constrangedor espanto nos adveio a idéia de que, em outras ocasiões, agíramos do mesmo modo, suscetível, portanto, o nosso vulto de quebrar, no interlocutor e em eventuais coadjuvantes, o motivo que ele centralizava e em troca promover nos comparecentes a descoberta, em nós, da dissonante mesura; sem nos determos na busca de equivalentes desconcertos, outrora acaso expedidos, o externado em presença de B... foi bastante para nos levar à crença de que a desenvoltura adequada não era um dom de nossos desempenhos, o nosso rosto revelando-se mais de ouvir que de fazer; não desejávamos o que em outrem nos parecia por demais chocante: o gesto convencional que se ajusta a determinados dizeres, acompanhando-os no momento preciso e que se vulnera em desagradável dano se se precipita ou se demora num segundo apenas, o mesmo semblante a reconhecer de imediato o insucesso, sob a forma de pálido e contrafeito riso, tal como consta em exemplares que recolhemos em nótulas. As atitudes que, a rigor, a ninguém pertencem, emanações da face para uso de quem quer, sem autoria, portanto, merecem de nossa parte o reconhecimento de que — tendo nisso de comum com as de índole irredutivelmente pessoal — a exata sincronização com o sentido concomitante entre os atores em palestra, se perfaz sob delicadezas que, paradoxalmente, melhor se resguardam de imperfeições se advindas com

espontaneidade, em vez de expostas mediante treinamento. Em verdade, as figuras que habitam o nosso repertório são atores que nos deram os seus desempenhos sem preconcebidos ensaios, todos exímios nos papéis em virtude da disponibilidade a que estão sujeitos; facilitando-nos a tarefa as convenções figurativas a que ninguém se recusa, embora nessas ocasiões nos dispensemos de possuir o que é preciosamente válido para nós: a singularidade com que alguém é conosco em nosso álbum. Quando, pela primeira vez, ao contacto com um indivíduo cujas mesuras nos parecem familiares, temos a impressão de que o conhecemos, não sabemos de onde nem de que data, descobrimos, depois que a nossa memória nega o antecipado conhecimento, que essa impressão deriva do fato de a figura, presumidamente já vista por nossos olhos, provir do acervo dos gestos convencionais, não possuindo ela, pelo menos na ocasião do encontro, qualquer traço em seu rosto que a exclua do proceder genérico. Se este nos é familiar, se a idéia do ator traz consigo a da presença da indistinta idealidade em cujo seio o particular de toda hora ostenta o mesmo que se verifica alhures, em iguais circunstâncias, o vulto ora observado sem nenhum ponto inédito em seu comportamento fisionômico, restrito apenas ao conjunto de onde partira, do território dos gestos onde se fez ao módulo da convivência, a face então em nosso belvedere, posto que indigente à originalidade do repertório, nos oferece contudo, sob o ângulo das equivalências e das analogias, o incomensurável acervo que oscila do próximo ao idêntico; vindo, por conseqüência, até nós o que se verificou e está a verificar-se em inúmeras rampas isentas de nosso conspecto, mas que assim aparecem à nossa óptica, virtualizadas que são nesse interlocutor em quem tantos seres outorgaram o predicamento de surdirem, por delegação, na claridade de nosso miradouro. As constantes faciais propiciam, aos painéis do acontecer humano, uma forma de disponibilidade que se traduz, inclusive, na falta de surpresa no desenvolvimento da palestra, como também nos faculta pressagiar a expressão figurativa que virá bem depois, tudo a nos favorecer na confecção de histórias, muitas das quais nos dispensam de ir ao fichário dos atores: os que acodem de imediato, acedem em conduzir-se segundo os ditames do enredo que estendemos em retábulos. Em certas ocasiões, sentimos que melhor nos aproveitara o encontro com efígies que nos oferecessem gesticulações pouco freqüentes, de modo a, apagando a monotonia do comum, nos proporcionar o ensejo de inéditos cometimentos; e em outras vezes, não sendo possível de nossa parte revolver, em cada semblante que transita, a fonte de suas atitudes, para que se desenvolva o significado que teve início com a sua aparição,

CAPÍTULO 2

aguardamos que alguma contingência interfira nesses painéis sem dúvida retificáveis. Na tessitura do cotidiano, o contacto primeiro com alguém sob a ação coordenadora de nossos olhos, encerra um mundo de relações com outras fisionomias, não só por efeito de semelhanças faciais, como sobretudo por motivo de indicações implícitas no rosto em causa, com referência àqueles que lhe seriam coadjuvantes no assunto que ele próprio vem de sugerir com o simples ato de seu surgimento em nosso miradouro. Cada rosto conduz consigo uma entreaberta motivação a nos convidar a prosseguir nela até os últimos corolários, desde que os nomes pertencem ao nosso repertório e a vida de nosso belvedere se resume em preenchê-los com figuras que vemos; a toda hora nos comportamos à maneira de quem, estando nos bastidores e conhecendo a peça terminada ou em via de entrar em rampa, sabe os desempenhos que tiveram ou terão os atores com as vestes a eles apropriadas. O sentido, cuja importância nem sempre deriva do número de faces expostas, mas, em geral, da intensidade fisionômica de um vulto apenas, alcança em nós uma acentuação parecida àquela que nos veicula a habitual passagem de certo indivíduo por determinada rua, e que nos deixa a sensação de que o conduzimos segundo o nosso propósito: o significado, surdindo com as próprias coisas, coincide com a nossa disposição contemplativa, como no olhar recaem, sem esforço, os semblantes visíveis.

2 — Com a naturalidade maior que a de velhos atores, as figuras componentes das situações em ato se ladeiam, trazendo consigo as soldagens de suas conjugações, todas numa intimidade explícita para o nome com que em nós se intitula o painel; inclusive, parecendo procederem de convívio que fora o ensaio para a reunião de agora, cada uma participando do todo como na proposição participam as palavras; todavia, elas deixaram alhures os individuais predicamentos, as intenções de cada qual inexistem enquanto se demoram diante do miradouro que lhes aplicamos; ao se retirarem dele, retomam certamente a versão de que se imbuíram ao sair de casa, porquanto nós, impossibilitado ou indiferente à sua persecução, permitimos, com a nossa escusa, que as momentâneas efígies recuperem o não ser em nosso registro. Sucede às vezes que, variando a experiência em torno de como atuam diante de nós as faces que a rua nos propina, modulamos mentalmente os passos e a mímica oportunos, de conformidade com um

rosto bastante conhecido, para nos movermos à substituição de nosso próprio vulto; este, posto à margem do que ora acabamos de assumir, não testemunha por completo a perfeição com que, supomos, se desenvolve a atual investidura de nosso corpo sob a personalidade de B. N...; víamos, no olhar dos transeuntes, o cortejo dos belvederes incidindo, não sobre nós, mas em B. N..., e até readquirirmos a posse de nosso rosto, demos a esse semblante a ubiqüidade de que ele nunca se presumira, pois à mesma hora, adstrito ao aposento, não imaginara que estivesse em dialogação com uma figura que conosco deambulava já há alguns metros, e em cujo repositório procuramos introduzir a pessoa distante, agora ali presente nas inflexões das vozes e das atitudes; no íntimo lamentamos que esse vulto ocasional, detentor das maneiras de ser de B. N..., e movido pelo espanto, não se referisse, em louvor de nosso entretenimento, à alienação que dentro de nós era havida por verdadeira; tanto assim que, em nosso caderno de nótulas, as impressões colhidas ao longo da calçada, nessa manhã em que fôramos B. N..., se capitulam como pertencendo ao repertório dele, e não imediatamente ao nosso, se bem que nunca lhe disséssemos de sua ida, àquela data, à rua do I..., na cidade do R.... Iguais avocaturas se inscrevem em nosso álbum, que assim se constitui não só de eventos que se deram sob o nosso nome, mas de outros que se verificaram em presença de nossa efígie enquanto sub-rogada de outras, que a estas se destinam os retábulos feitos à sua medida. A velha casa onde residira T. L..., vindo a desocupar-se, estava prestes a demolir-se, sem que ele atinasse quanto à extensão do prejuízo que iria envolver mais do que imaginara, pois no rol das decorrências suprimira o que a nós parecera de profunda importância: a demolição atingiria o estojo de quantas figuras nele se modelaram, desde épocas anteriores ao próprio nascimento de T. L...; vale dizer, toda a vida de salas e corredores que, em mais assíduo e geral cometimento, obrigaram a uniformes condutas os corpos que aí se agasalharam ou percorreram; toda uma galeria de personagens, alguns de nosso conhecimento, se haviam tornado fisionomicamente idênticos por efeito da estada longa ou breve no seio da acolhedora concha que no dia seguinte se aluiria, desaparecendo a fonte dessas unidades preciosas, tão fértil de implicações de nosso agrado: sobretudo quando, vendo em simultaneidade a vultos muito díspares sob vários aspectos, avivávamos em nosso íntimo a circunstância de que eles foram um, apenas ao moverem os passos ou se imobilizarem em peças e recantos do edifício. As nossas relações com T. L..., até o momento, nunca nos possibilitaram a presença em tais recintos, contudo, à notícia do dano que se aprestava, introduzimo-nos pela porta aberta e sem ninguém, como a dizer que era franca a última oportunidade para quem quisesse inscrever-se na galeria dos idênticos. O nosso vulto, de si predisposto a participação dessa espécie, cumpriu a litúrgica do ser em outrem, e desta vez com a unção de certificar-se de um papel que desempenhava em adendo: o do fiel e reconhecido oblato que vem, por fim, a contemplar de perto, e reunidas, as coisas de que cuidava de longe e dispersas. Ao testemunharmos, diariamente, a destruição, em companhia do próprio T. L..., guardávamos em nós o motivo por que era constante a nossa presença, coonestando-a sob o pretexto de nos interessarmos pela natureza dos materiais antigos, o único, aliás, a convencer tal pessoa, assim destituída de delicadezas de outro gênero; quando, em verdade, nos oferecíamos, em ritual, à cena de certa modalidade de perecer, tendo ela, por mais significativa essência, a conjuntura de limitar por fim o número das identificações através de seu bojo; silenciávamos para T. L... o sentido de nosso desempenho lá em muitas manhãs, até que do edifício só restaram os sulcos no terreno; entretanto, reservamos o acontecido apenas para o nosso repertório que, dessarte, se enriquecia com o evento de havermos sido o último a se modelar segundo o velho molde, representando o nosso vulto o conspecto derradeiro no políptico do despedimento: aquele que, estando ao lado da principal figura, assiste à cerimônia de muitos virem, um a um, para dizer adeus, cabendo-lhe afinal a repetição do enternecido gesto; mas acrescido da circunstância de ter assimilado o integral cortejo que, pela ênfase, daria a um estranho que a meio houvesse visto o retábulo, a impressão de que nós dividíamos, com a personagem central, a prerrogativa de sermos, também, sob a significação do desaparecer de logo. Ainda como no painel do adeus, quando, à saída do cais, os aparecentes, que se não conheciam, permutam entre eles os fios de iniciais relações e talvez de possíveis intimidades, mediante o signo de quem no convés, à distância, não mais avivará os entrelaçamentos, o nosso corpo, ali no umbral da aluição, se sentia em apego junto a quantos rostos a memória lhe dava, uma aliança de singular teor a nos aproximar de seres ou indiferentes ou desconhecedores de nosso vulto, por havermos todos penetrado a casa de T. L...; no acervo dos identificados a nós, incluíam-se, em bem maior quantidade, os que, à revelia de nossa lupa e do testemunho de terceiros, se conformaram fisionomicamente à maneira de nosso rosto em igual recinto; o fato suscitando em nossa mente a intuição de a casa ser como o *nós,* todos os semblantes, os visíveis e os não presenciados, alcançando a unidade em virtude de seu ingresso na luz de nossa acolhedora lâmpada.

3 — Existiu a nossa incompreensão pelo fato de algum escritor, ao querer se aprofundar na vida e, conseqüentemente, na personalidade de certa pessoa ilustre por vários rótulos, ter perquirido em cartas que esta escrevera a indivíduos diversos, e, satisfeito, achou por bem publicá-las em volumes distintos, para isto vindo a solicitar, inclusive de estranhos, até um simples bilhete, conquanto inserisse a valiosa assinatura. Não entendíamos como o biógrafo se esforçara numa perspectiva apenas unilateral, que expondo tão-só as frases de preciosa autoria, deixava em silêncio as dos missivistas inúmeros que praticaram com o biografado, havendo, embora, nas deste, alusões ou mesmo estritas respostas a algo que lhe formularam; toda esta correspondência de vultos menores a repousar talvez em fácil acesso, em recanto da escrivaninha por seu turno considerada de extrema importância, porém tais vestígios de terceiros eram desprezados por motivo de importar somente o que saíra de fonte única; de certo que a individualidade em estudo necessitava desses documentos que melhor a modelariam ante os olhos dos leitores, devendo o responsável pela divulgação da merecedora figura, vê-la refletida em quantos nela se nutriram de alianças, à maneira de como procede o amador em relação à efígie amada, fomentando, às vezes sutilmente, nos seres que a conhecem, desde os de vista aos da intimidade, uma referência qualquer e reveladora de cena ou políptico em que ela houvera estado. Inadvertido sobre a reciprocidade, descuidoso de que alguém, ao permanecer em si, permanece também em outrem, o semblante de C. M..., ao nos devolver o objeto que lhe transferimos com o intuito de que em seu poder ficasse por muitos anos, nos compeliu a confessar-lhe a razão por que quiséramos que a coisa trasladada, nem à guisa de presente, nem a modo de empréstimo, se conservasse em seu poder, não obstante continuasse como propriedade nossa: um tanto de nosso ser a ocupar os seus olhos quando deles fôssemos ausente. A necessidade de sermos em outrem induzira, em nós, o mister de insinuações a salvo de inoportuno descobrimento, mas nem sempre bastante dúcteis para nos resguardarmos de insucessos iguais ao havido com o rosto de C. M..., em quem a sincera explicação obteve todavia, longe do embaraço, a adesão graciosa a essa liturgia

do encarecimento, com o gesto de ela recolher às mãos o livro que, junto a outros seus pertences, se sobressairia por inscrever-se nele, virtualizada, a presença de nosso vulto. Com a mesma intenção, havíamos utilizado, perante outras efígies, o processo de dação na costumeira forma de presente; no entanto, desvendamos certa vez que, não se gravando na coisa oferecida o nome do oferente, esta se arriscava, após curto ou longo tempo, a ser anônima ou de duvidosa origem; enquanto a cessão da posse, reservando-se-nos o domínio, impunha na pessoa depositária uma radicação mais viva, para se impregnar no objeto a nitidez de nosso rosto. Na seqüência dessas virtualizações de nossa efígie em outrem, a extensão dos exemplos é medida pela similitude de alma entre nós e os vultos que se preencheram de nossa existência neles, pois a falta de sentimento desocupa o próprio nome da face com que ele nascera, e mais ainda uma face de outra face. Acresce que C. M..., tal como quase todas as figuras de nosso álbum e dos repertórios alheios, nem sequer pensara nunca em transcrever em caderno os acontecimentos do dia-a-dia, no qual se teria instalado o nosso vulto, aliás sem variados desempenhos, e de forma que todas as estadas constituiriam um teor único de participação; a tal ponto que, se o diário houvesse, melhor fora reduzir os comparecimentos para a indicação de um apenas, à escolha da própria diarista quanto à data no decorrer de alguns anos; vale também dizer que a C. M... escapava, assim como à maioria das pessoas, o atributo de, em segundo álbum e só com os devaneios da imaginação, propiciar, às fisionomias de seu testemunho, as ocasiões de amoráveis desempenhos à revelia delas; se bem que os seres devotados, em grau maior ou menor, a esse gênero de disponibilidade, se privem de comunicar o exercício a que se comprazem, no tocante àquele rosto, as sondagens de nosso belvedere já haviam informado que a utilização de outrem em papéis alhures lhe era inexistente, inclusive como contra-regra em urdimentos comuns; contudo, almejávamos o abrigo no repertório de C. M..., e já antes as pesquisas nos revelaram que o mais proveitoso meio de assiduidade em sua existência, consistia em ativar-lhe a inclinação de exceder-se, paradoxalmente, no zelo das coisas que a ela não pertenciam, ainda com descaso das que possuíam o seu nome e residiam em seu lar; combináramos com esse favorável predicamento a natureza do objeto em sua guarda, qual fosse a de algo que, além de lhe trazer com freqüência o nosso nome e a nossa efígie, viesse, se possível, a despertar em C. M... a eventualidade de converter-se um tanto em nós, para isso outorgando-se na coisa em que, por nossa vez, nos tínhamos delegado; o objeto escolhido para tal efeito, e que repre-

sentaria em C. M... o nosso vulto nele virtualizado, fora
um volume de prosa que nos dera o autor, o qual, a partir
do tardo momento em que regressasse às nossas mãos,
haveria de estar sempre inoculado da pessoa de C. M...,
pela circunstância de, ao longo de muito tempo, ter substi-
tuído ante ela a nossa fisionomia, a coisa vindo, afinal, a
enriquecer-se da outorga de nós ambos. O insucesso dessa
facial liturgia, em relação à atitude de C. M... que a
conhecera graças a posterior esclarecimento, não impedira
o alcance de nosso intuito quanto à efetivação da ritualidade,
porquanto houve, a despeito do gesto que restituía a coisa
em representação, a outorga recíproca, a mutualidade fisionômica em nós; apenas, desta vez, mal ferida pela tradução
à viva voz, quando, costumeiramente e em favor de sua
constância e inteireza, ela se processa no desconhecimento
da efígie ou das efígies em causa.

Capítulo 3

1 — *A ubiqüidade em nós.* 2 — *As situações em ato* — *A face e o nome.* 3 — *A nossa interferência nos retábulos.*

1 — Da janela do aposento que nos facultava as observações sobre o logradouro de numerosos passeantes, detínhamos o olhar em grupos que se perfaziam em habituais recantos; os quais consentiam, muitas vezes, em acolhimentos por parte de nosso belvedere, de maneira a considerá-los como formações nascidas para o mesmo tratamento óptico: situações em ato que nos induziam à certeza de uma uniformidade fisionômica existente quer ali, sob o nosso miradouro, quer alhures, todas elas a expensas das ruas configuradas. Ao contemplarmos um deles, sem saírmos de nossa morada na avenida N. S..., sobrevinha-nos, favorecendo a aura dessa apreensão, a idéia de que um tanto de ubiqüidade havia em nós, dado que a mesma conjuntura de objetos se operava nesta hora e em outras horas, naquela cidade e em outras cidades. A situação que possuíamos no momento, representava, ou melhor, era o escorço virtualizado das que se exibiam na ausência de nossos olhos, resultando obviamente inútil que fôssemos em seu encalço, bastando-nos esta que, em ato, se fazia dócil como também se fariam as demais, para o entretenimento de nossa cômoda lupa. A natureza atraente do aglomerado unificando as fisionomias, e a chama contaminadora a deambular entre elas, inoculavam no conjunto o germe da uniformidade facial, num mecanismo de modelação tão sutil e rápido que a perscrutação atenta, recaída sobre ele, não alçava a retenção de todos os seus matizes. Ao serem tomadas assim englobadamente, as figuras incidiam, de uma a outra, no

mesmo ar, contagiavam-se a ponto de se deixarem traduzir no mesmo teor, abandonando os traços rotineiros e diluindo-se em substância comum, a modo de espumas que se dissolvem no próprio líquido; firmavam, perante nós, um aspecto de flexibilidade controlada, como efígies satisfeitas com a delimitação de seu curso, encontrando nesta a razão e a destreza de suas formas. Nenhuma face com a sua contribuição especial vinha a compor a cena e nenhum rosto se mostrava representativo de qualquer assunto particular; os vultos, distintos a princípio, se repassavam no idêntico sob o signo da presença unificada, como seres abstraídos no interior do gênero que os envolve. A modalidade de feição, que escapara, ou do tema de palestra inicial entre os figurantes, ou do agente motor que principiara o retábulo, recobria todos os corpos que, vistos de nosso ângulo, se expunham, reunidos, à semelhança de desmedida face, até a ocasião em que se aluía em fragmentos; então, cada uma das personagens da participação de há pouco, ainda alimentada pelo núcleo unificador, por instantes conduzia, com o nosso olhar acompanhante, o enorme rosto recém-dispersado. A experiência das situações em ato, sentidas e anotadas das diversas posições da lupa, nos esclareceu que, quanto maior for a distância entre nós e o centro motivador, mais se torna evidente a uniformidade fisionômica; e, se decorrer a invisibilidade completa dos pormenores, o grupo se ressente por motivo de produtividade menor ou mesmo nula nos efeitos que buscamos para o preenchimento de nosso álbum. Convém-nos, portanto, uma lonjura que, comodulada ao metro de nossa criatividade, propicie aos vultos em exibição a oportunidade de converterem as disparidades das aparências em valores suscetíveis de união no tema que as linhas gerais indicam, podendo-se dizer, no caso, que a dissimilação de rostos fomenta a unicidade próxima ou instantânea. As coisas do horizonte têm a fluidez de contornos que lhes dá a característica, e em virtude da imprecisão de seus lugares, a nossa perceptiva se escasseia de marcos, de cristalizações de gesto, de indicações de presença afáveis aos nossos desígnios, para de si mesma extrairmos o significado que a mente alvitra, por exemplo, ao defrontarmo-nos com o ajuntamento humano a alguns passos de nossos olhos. A indistinção oferecida pelo horizonte em paisagem, se porventura a inscrevemos na pauta de nossas assimilações, tem-no sido em visualidades de outro gênero, de muito alheias aos encontros de rua, no terreno dos planos avizinhados de nossa retentiva o suficiente para vermos como as figuras se prestam espontaneamente a impregnar-se do sentido que nelas infiltramos; o atributo da sinonímia, o pendor de cada uma substituir, no desempenho, a cada qual, segundo a iniciativa de nosso desejo, preside a facilidade com que dispomos de todas as que se apresentam ao nosso belvedere, e só a nitidez da visão, transmitindo as diversidades, nos habilita por último a bem selecionar o elenco. Lembramo-nos de uma vez em que nos utilizamos do horizonte marinho: o incerto final vinha aos nossos pés, todo o ar de neblina se alargava ao longo e nos surdiu o pensamento das situações em ato porque luziam brotos de espuma, imprevisivelmente quanto aos locais que preferiam; eles e o mar único nos serviam para a oportunidade de então, mas se ofertavam a nós à guisa de rua deserta, sem ninguém a atender ao nome sugerido em sua demorada face, o qual era, ora breve, ora extenso na forma de enredo. Em outra data, o horizonte fora da terra, bem estranho à fluidez das águas, porém, de seus pontos irremediavelmente fixos, não nos aproveitamos porque escondiam as modulações, os ritmos que sabíamos latentes, inapreciáveis, exceto para a cogitação do momento, qual fosse a de as coisas se preservarem sem o nosso olhar, procederem como não havidas em nós, embora, no mesmo instante, aprofundam, em nós, o seu existir.

2 — Nas situações acontecidas nas ruas, nas praças, o nosso miradouro não distingue, de logo, entre o aglomerado e os vultos da vizinhança, qualquer linha demarcadora que venha a mostrar, de um lado, o painel em efetivação, e de outro, seres esparsos a constituírem ou a platéia dele curiosa, ou a indiferença espargida a despeito da interessante contigüidade. Com efeito, acontece não haver nenhuma separação, salvo a artificiosa que usamos por necessidade de nosso tema, quando isso requer: o tema que inclui a reprodução, no recinto público, do palco e da platéia; nos demais motivos, só há uma platéia que é a dos nossos olhos, perfazendo o caso da eventualidade, no logradouro, de uma cena larga, com gradações de ser representadas pelo conjunto em desempenho e as figuras das cercanias, sem que nenhuma destas se ostente em contrário do que se veicula no ajuntamento, a viger em todo o panorama a lei da permissibilidade facial, a lei primeira de todo o nosso repertório. A legitimidade de presença confirma o estar dos semblantes, mesmo daqueles que se excluem do centro em que o motivo se exerce, como nos espetáculos ao ar livre os rostos, que à saída vislumbramos, nos deixam a impressão de que, sem exceção nenhuma, todos assistiram à peça que vem de acabar, embora no íntimo tenhamos a certeza de que alguns ou muitos não estiveram conosco na

tenda da exibição: o rosto coletivo alberga todos os figurantes, como se a unidade de aparência, irresistível a quantos se oferecem ao nosso olhar, fosse uma categoria de nosso belvedere, tornando inconsiderados o inoportuno de presenças, o adverso, o prematuro, o cedo e o tarde das aparições. Estas são vultos convindo a todas as circunstâncias, elenco enorme, e cada um de seus componentes é prestimoso em acudir ao só pretexto de ali achar-se. Os nomes, os assuntos que pertencem ao nosso temário, revelam, sempre, que se situam em lugar adequado; há uma norma a prescrever que, na rua, todas as coisas são passíveis de ocorrer em nós, nenhuma impressão de conflito a nos constranger na ocasião de assinalarmos, à vista, o animado núcleo e os corpos da adjacência. Essa integração dos vultos em ambiência propícia se manifesta mais clara quando, na mesma artéria e na mesma perspectiva, em sucessão imediata, a face coletiva da rua, a nós aberta, não se perturba com tais adventos, sem embargo de, às vezes, diferirem de muito as situações em ato que se avivam, e os seres marginais tampouco se ofendem com as suas efígies consentâneas com todas as conjunturas. Os temas em efetuação podem, inclusive, não se comunicar idealmente, mas as faces circundantes, com a sua completa disponibilidade, tanto se mostram naturais a uma como a qualquer outra das representações, e às duas à vez, como figuras ubíquas apesar delas e dos motivos em que se encontram. O papel de cada uma dessas fisionomias corresponde à parte transitória da cena que, em certos instantes, à qualidade de ser em nós, acrescenta, em virtude de estar à deriva do desempenho, o valor de equilíbrio composicional que nos obriga, posteriormente, a fatigar a memória para repetir a localização de um e outro durante os minutos da receptividade. Na cogitação a propósito das situações em ato, inserindo os rostos o atributo de atenderem, solícitos, a quaisquer desempenhos que lhes adjudicamos, há que especular sobre o nome absoluto — a significação como algo puro em si mesmo — uma entidade a pairar independentemente das coisas, desde que nenhuma encarnação específica vem, necessariamente, a subordinar o assunto à peculiaridade fisionômica do ator; ao inverso, sem recorrer a concreções singulares, o título, que se nutre de participações nele, recai, entretanto, na comodidade do aparecimento que dita o nosso miradouro, em exercício que lembra o alegórico, no qual o artista pretende, à sua maneira, aproximar-se do nome, e depois de feita a obra, se a confrontamos com a legenda por ele estabelecida, verificamos que realmente se ajustam entre si a figura e o rótulo. Menos esforçado que o artista, porque a prodigalidade compete aos surgimentos da ocasião, o nosso olhar promove, ao nomear a mente as situações de rua, a liturgia consagrada à existência dos nomes que melhor se abrigam em nosso álbum; e, com esses alimentos de fácil encontro, a presença deles em nós se grava como no altar da Vesta o ritual costumeiro, a nossa visualização em seqüência traduzindo o gesto de retomar para nós o que está conosco. Igualmente ao fichário de semblantes que se possui para efeito de aproveitá-los, um dia, na confecção de alguma peça, habita em nós uma variedade de nomes que apetecemos ver com o nosso miradouro, descidos de suas pairagens para a terra das personificações segundo nós, que sabemos do prospecto desses avatares, alguns de tão discernida composição que, se trouxermos ao nosso lugar alguém que a testemunhe, ele confirmará o perfeito nexo entre a face e o nome.

3 — Há tempos, na cidade do R..., agradava-nos a diversão de obter, com a cumplicidade de N..., situações partidas de um núcleo artificial, a fim de vermos os intérpretes se revestirem do nome que lhes determinávamos antecipada e intencionalmente; o que representava um modo de, sem os alterar a fundo, mover a objetividade aos ditames de nosso empenho, retirando-lhes toda possibilidade de entender que, assim, atuavam sob a regência de nosso belvedere. De ordinário, se compunha da efígie de N... que se dirigia, por diligência nossa, ao trecho de rua que o trânsito de pessoas estimulava, e, por exemplo, deixando cair e espalhar-se no chão os objetos que levava negligentemente, sobrevinha a confusa e obsequiosa contribuição de outros protagonistas, cada qual a refazer a atitude de N..., formando o coro da solicitude, tal o nome que escolhêramos à véspera; a ponte de M. N.... era um local propício ao tema da adoração das águas, de efetivação simplíssima, bastando apenas que o nosso coadjutor se detivesse no peitoril à maneira de quem enxerga qualquer coisa de estranho a flutuar, enquanto se reuniam, em redor do mirante, as figuras que dessarte concorriam, com o gesto imóvel e atento, para o coro que nos deleitava assistir em horas de sombras favoráveis. Acontecia que nem sempre a objetividade se expunha em correspondência com o nosso propósito, mas a tentativa não era de todo frustrada; porquanto, aceitos na memória os adventos nocivos, nos minutos imediatos ou, cansativamente horas depois, procurávamos, nas fichas dos nomes, aquele que de mais perto se vincularia ao retábulo dos indóceis participantes, nome que, uma vez descoberto, convertia o desarranjo da cena

em painel de coerente estrutura. Recordamo-nos da tarde em que, na mesma cidade do R..., uma recepção festiva incitara os comparecentes a vir, em massa, numa só direção pela rua que divisávamos, inteira, do sobrado posto em frente da longa artéria, de modo a vermos a turba caminhar para o nosso miradouro; aguardando o momento preciso, enviamos o complacente companheiro em direitura oposta à da multidão, e assim alcançamos, com o seu vulto a excetuar-se do movimento coletivo, implicações faciais que eram passíveis de nomes, de títulos diferentes, quer partíssemos do grupo compacto, quer da efígie contraditória de N. ... Lamentáramos que não fosse ubíqua a nossa lupa, de forma a estarmos, no mesmo instante, em significação diversa, tendo o rosto de N... no primeiro plano do retábulo e, no fundo, o coro dos hospedeiros; críamos então que o quadro único nos facultaria mais de um nome, e, com efeito, de um só aparecimento e graças à importância que reside, para a nomenclatura, o ponto em que se coloca o nosso olhar, de um só entrecho podem revelar-se títulos de natureza vária, multiplicando-se com eles, sem contudo alterar-se fisionomicamente, o painel de rígida integridade. N. ... parecia muito pouco hábil para substituir-nos a lupa nessas ocasiões, e bem quiséramos que fosse L. I... o igual de nosso vulto e à noite, durante o registro em nótulas, ele viesse a aplicar o nome ou os nomes encontrados através de sua lente, e, juntados aos do nosso miradouro, víssemos ambos a multiplicidade do ser único. Resultando, a rigor, impossível a ubiqüidade, entretanto auferíamos, de algum modo, os nomes inerentes ao painel, mas invisíveis à nossa espreita, prevalecendo-nos, para tanto, dos recursos que oferece a sucessividade figurativa e outros de ordem fisionômica; entre estes, o depoimento de interpostas faces, a galeria das ilações, que todos nos clareiam, em harmonia com a exigência interna de nosso repertório, o séquito das ocorrências alhures, à revelia de nosso belvedere. Nas facturas das situações em ato, experimentamos, sobre o efêmero, modalidades diversas de repercussão em nosso espírito, ainda hoje lembradas em virtude de haverem contribuído para que déssemos preferência mais a um tipo de confecção que a outro: em verdade, inclinamo-nos por aquelas que, embora produzidas pela só objetividade, conferiam com o nome que previamente estabelecêramos, constituindo um contentamento à parte a circunstância de ela parecer obediente ao nosso aviso; ao passo que, as executadas mediante a nossa interferência, ou de outrem a nosso mando, não obstante a láurea da criatividade, nos infligiam singular tristeza por evidenciarmos que os protagonistas eram, em nós, autômatos, e a mágoa acrescera desde o instante em que soubemos da participação de E... numa dessas situações em ato; se bem que na época o não conhecêssemos, tal atenuante em nada nos minorou a pena de certificarmo-nos, agora, que uma tão delicada pessoa, justamente por ser caroável a análogos aproveitamentos, se movera sob o exclusivo reclamo de nosso intuito, a sua facilidade de consentir na participação, a nos compelir, no futuro, a dispensá-lo de semelhantes desempenhos.

Capítulo 4

1 — *A acessibilidade ao idêntico.* 2 — *O lugar e a cena.* 3 — *A fisionomia e o passado.*

1 — A cidade que, de costume, conhecemos em determinadas horas, apresenta-nos, em outras, uma feição que mais a aproxima, em nós, de cidades que temos percorrido; parecendo haver nas ruas habituais uma ordem própria no exibir-se ante o nosso belvedere, qual seja esta de nos programar, para assimilação de outras, as oportunidades em que os passeantes se ausentam das calçadas, oferecendo-nos, com o vazio das artérias, uma peculiaridade de contemplação de que se isentam as vezes dos numerosos transeuntes. Talvez o fato de nos aparecer em menos ocasiões, assim esquiva e desolada, concorra para se aliar, em nós, a cidades que outrora vimos também desertas, mais do que nos instantes de tumulto, embora se assemelhem todos os tumultos, mas é sempre das ruas despovoadas que conseguimos a aura de efêmera ubiqüidade; o nosso vulto ouve os seus passos, ao mesmo tempo, em todas as ruas de igual aspecto, cabendo às constantes figurativas do não haver ninguém e das portas fechadas, singularizando o silêncio e a quietude, a origem de nossa preferência em buscar à tarde, na cidade do R..., aquelas ruas que sonegam aos domingos a atração contente de outras datas. Não nos atingem as diferenças entre as fachadas, nem quaisquer outras porventura discerníveis; ao contrário, sentimos uma atmosfera de perseverança, de uniformidades extensas e todavia sem delimitações, generalidades que se patenteiam sem esquinas, concedendo-nos a sensação de estarmos em todas as outras do mesmo gênero, a de agora denotando ser, sobre

essas, apenas o vestíbulo de acessibilidade ao idêntico, em nós. Nas deambulações pelas ruas desprovidas de composições, o nosso rosto, ao inverso de sua presença nas horas de agitação, quando era a testemunha curiosa de sobrevindos painéis, se transformava, segundo nós, no elemento animado da própria rua; a espontânea indisposição de procurar temas e atores, e a pontualidade de nosso comparecimento em dias e horas certos, davam-nos, respectivamente, a naturalidade precisa em relação aos efeitos que desejávamos; e a perspectiva seria registrada talvez por alguém que, em sua mansarda oculto, veria na presença de nosso corpo o advento igual ao da concisão com que o seu olhar, dirigindo-se para defronte, se inteirava da cornija imóvel em sua caducidade. Tínhamos realmente a preocupação de, aos domingos e feriados, ir ao bairro do R..., devassar-lhe os logradouros mortos, e por último, em momento exato, nos pormos no usual recanto da rua do B..., em plena liturgia do recolhermos, em nós, a incorporação de nossa efígie nesse ambiente da cidade do R... e de outras cidades. Os rituais desse gênero costumam adicionar-se, prodigalizar-se de novos conteúdos que se juntam à profundidade e à densidade dos antigos, à maneira dos gestos de nosso vulto que os primeiros aceitavam como legítimos e bastantes nos retábulos do votivo desempenho; assim, já no final das idas à rua do B..., compreendemos que a nossa fisionomia lá integrada, a cena costumeira da unicidade entre nós ambos, adquiria uma significação de outra qualidade, mais uma razão de nosso êxtase em contemplar a artéria dormida e a integração dormente de nosso vulto em nós. Com a rua liberada de trânsito, o recinto nos propiciava a ausência para a qual fora destinado, o sentido de seu ermo era o anúncio das coisas que se operavam nela nos outros dias; a significação se ampliava da mudez de sua condição de agora para a conjuntura de se deixar traduzir, à feição de um texto, aduzindo-nos a loqüela de suas marcas, ou no genérico dos contornos, ou nas individualidades que expunham o chão, as calçadas, as frentes, os patamares, muitos corroídos; notávamos, ainda, os trilhos em desuso há longa data, e um perscrutador qualquer fixaria, vendo e revendo cada amostra, o calendário das inúmeras ocorrências para as quais se abriu a rua ora em virtualização; esse mesmo perscrutador, possuindo o halo de intuitivo aspergimento, dissera, movendo a alma à outra dimensão, que a rua domingueira se aproximava bem mais dessa mesma rua outrora que no dia seguinte, quando as coisas, subentendidas na véspera, assumiam então o ato de sua concreta presença. A nosso modo, poderíamos ter, isto importando no detrimento das outras significações, buscado e rebuscado na rua do B... a iconografia de seus conteúdos;

CAPÍTULO 4

mas, lucrativamente para nós, ausentamo-nos dela, sem testemunharmos como se perderam as formas gerais e particulares, sobejando apenas o nome e as nótulas de nosso álbum; sentimos em tal privação a ara que, desfeita, impossibilita o gesto com que o religioso se estende de si próprio. Essa intimidade e suas conseqüências, em virtude da circunstância de se haverem dado pela primeira vez naquela artéria, a tal extremo a impregnaram, que as sensações transcendentes e alcançadas no bairro do R... nos pareciam peculiares da mesma rua do B..., que nenhuma outra em parte alguma nos descobriria as reveladoras evasões de nosso belvedere; essa impressão de exclusividade, como que ciente do privilégio, veio a imitar depois, em ruas análogas e suscitadoras do mesmo predicamento, o inconformado exegeta a persistir, fanático, nas levantadas primícias, existindo no fundo da persistência um preito à idéia pelo só motivo de se ter ela feito inaugural; em verdade, sempre que nos encontramos em ruas similares à do B..., convertemos a prática das recepções no regresso homologador a esta rua do B... que antes nos permitira estar onde estamos alhures.

2 — Obedientes ao sentido que lhes ditamos na ocorrência dos painéis do anonimato, as figuras assim despidas de seus nomes próprios e só entregues aos nossos desígnios, são abstrações que, isentas de análises que lhes possam restituir o incomum que porta naturalmente cada qual, fomentam em nós a ilação de que se deixariam permutar por outras, a óbvia substituição residindo nelas como faculdade imanente a suas aparições. O rosto de V. L..., cujo desempenho, numa dessas situações em ato, descobrimos muito depois de tê-lo incluído no elenco de nosso particular apreço, inscreve na sua existência, em nós, esse prelúdio de permutabilidade, que não servira para treino das relações estreitadas posteriormente; pois V. L... assumiu em nosso repertório uma posição de tal encarecimento que significa o oposto do primeiro e facial contacto; por isso, ao certificarmo-nos de que ele se houvera, na vez lembrada, destituído de seus pertences fisionômicos, a partir da hora da revelação, veio a estimular-se a nossa lupa em discorrer sobre as linhas, os tons, a natureza dessa efígie que antes se dera, em nós, exatamente porque a quiséramos à medida que nos ocultava esses valores da detida aparência; agora disponíveis e sem a negatividade de utilização primeira, os seus traços admitiam o nosso

belvedere em repousada detença; e à semelhança de afeto que se amplia por virtude de precedente desamor, inclusive compensando de forma intencional algum sucesso ora em fase de arrependimento, conduzimos o semblante de V. L..., livre de sua suspeita quanto ao nosso empenho, ao recinto da inicial passagem; então se processou a cena da contrição, desta vez exercendo a figura, pela estima renovada, o mister de refazer em si própria, com a aliança do ambiente, a disponibilidade de ser íntima do nosso álbum, desde o nascimento de sua fisionomia em nossos olhos. Uma espécie de retificação do anterior retábulo se impunha ao nosso pensamento de retirar da face de V. L..., em nós, a parte mínima de impessoalidade, havida, entretanto, sem que a tivéssemos praticado com direta malícia; porém, à maneira de uma sensação de culpa, ora desobrigada, o propósito era o de conceder ao nosso olhar a ocasião de vê-la, no mesmo ponto da rua, a nos exibir a completa externação de sua individualidade. Uma das essências do lugar consiste no atributo de permitir que as situações possam retificar-se, ele mesmo favorecendo, com a perpétua e cômoda passividade, o entrecho que é o antagônico daquele que se verificara no seu bojo, a solicitude vindo a ser substância do recinto a que recorremos em busca de maior versatilidade dos intérpretes. Poderíamos ter confessado a V. L... o intuito ao levá-lo, à guisa de passeio, à rua S..., mas, resultaria danoso para a unidade facial somente nossa, a efetivação dessa consciência em outrem; a transmissibilidade, ao próprio ator, da ótica a nos pertencer com exclusividade, sob pena de aluir todo o espontâneo, quer do protagonista, quer do episódio; a fluência da situação, do conto, do pequeno enredo, se romperia caso disséssemos ao figurante o papel a incorporar, sobrevindo-nos uma sensação de absurdo cometimento igual à que nos fere quando, no teatro, após descer a cortina sobre a última cena, e a pretexto de dirigir-se ao público, acorrem os atores, ainda com as vestes da representação, para agradecer as palmas ou mesmo proferir alocuções de todo alheias ao que vem de acontecer no palco. Indo em companhia de V. L... à rampa da primitiva cena, aspirávamos à reconciliação do individualizado rosto com o lugar que desse modo não o contivera ainda; comparavelmente a outras oportunidades em que a pretensão, além de correspondida, se vê aumentada de conseqüências que resultam ser outros painéis sobre o mesmo estrado, assistimos ali, não só a amorável integração da figura singularizada no meio que assim a desconhecera, como também, em seguida a esse liminar episódio, a conjuntura de V. L... na qualidade de remanescente da remota situação, a personagem que, já diversa no sentido e

CAPÍTULO 4

na aparência, retorna ao ponto em que se permitira gravar, incisivamente. O novel entrecho nos evidenciava, não o protagonista de outrora, porque nos era impossível restaurar em V. L... a só permanência de sua generalidade, o anônimo da inicial urdidura, mas algo tecido de referências ideais, sob o esforço de nossa intelecção e fora da matéria estritamente fisionômica, um elemento, enfim, que estava mais perto do nome que do rosto de V. L.... Não conseguimos, portanto, desvestir, de súbito, a roupagem atual do figurante e substituí-la pela clâmide incaracterística de outra hora; contudo, adveio-nos a impressão de que V. L... desempenhava a contingência do vulto a regressar ao seio de passada significação, a restante personagem que conduz consigo, aviventado pelo ambiente, o rótulo do sucesso que nele se efetuara. O recinto, com efeito, abre-se liberalmente aos contextos da face e às intercessões do nome, torna a presença qualquer coisa ora fixa, ora nuançada, consentindo que o tempo estabeleça o atual da fixidez e o matizado das nuanças: tal a condição de agora com V. L... a perder a tonalidade do momento para adquirir o extremo de uma gradação a partir da face, qual seja o nome, a referência mais próxima de V. L... como participante, indistinto, na situação em ato havida na rua S.... A eventualidade, parecendo insatisfeita com a nítida exibição e depois com o regresso de V. L... enquanto figura reposta no lugar de anterior políptico, e estimulando no ambiente a abundância de sua versatilidade, nos ofereceu, em continuação, o painel de V. L... a outorgar-se desse mesmo ambiente, a fim de passar doravante a substituí-lo, em nós, sempre que, necessitando o nosso miradouro de algum entrecho ali a desenrolar-se, estivéssemos, no entanto, na impossibilidade de, pessoalmente, acorrer ao original recinto. Coube-nos auferir, sem nenhuma alteração da cena, uma cena outra, a do intérprete ungido da incumbência de significar um recanto de logradouro que, pela atmosfera bem de nosso agrado, sem dúvida voltaria constantemente à nossa lembrança e, com esta — sem o ensejo de o revermos, diante de nosso olhar e com os vultos no instante disponíveis — o mesmo entrecho que sabíamos fértil de motivações. Com o desígnio de subestabelecer em V. L... as prerrogativas do lugar, sobreveio-nos a sentida coincidência entre ambos os dois, inteirando-nos de que não era uma artificial qualificação o atributo cometido ao outorgado; mas, como que a tardia descoberta de similitude, que, apesar da insciência, nos insinuara, em mistério, a nova inserção de V. L... em nosso repertório. Realmente, eles possuíam traços que se urdiam para certa comunidade de efeitos, alguns gestos habituais no protagonista se adequavam ao gesto imóvel do recanto; surpreendíamo-nos pela

incúria de não haver consignado a analogia entre V. L...
de costas, que a doença inclinava como a somente ver os
pés, e o lugar que o tempo carcomera e trouxera a nata
de cinza úmida. Nas seguintes vezes, quando, na ausência
do outorgante, recorríamos a V. L... na sua condição de
local onde se cumpriam os investimentos fisionômicos, de
certo que auxiliados por conjunturas propícias, mais se afir-
mava, em nós, a coerência entre os dois seres, com V. L...
a estender as projeções localizadoras de seu vulto, à maneira de velhas alcatifas que se desenrolassem dele. Assimilávamos então a verdade existente na prática das contem-
plações, a de haver a hora que é a hora de determinada
efígie, aquela que lhe corresponde consangüineamente, que
nos envida a procurar, com atenção mais delicada e solícita,
o rosto condizente e conhecido à puridade, a exemplo de
V. L... que adquiria a sua plenitude nas sombras iniciais
da noite; e como um ser cósmico, ele nos deferia uma
seqüência de escuros que, segundo o motivo em causa,
vinha facialmente dele e não do céu, tal no episódio em
que morria N... e quiséramos que fosse naquele recinto,
e o foi pela presença de V. L... àquela hora.

3 — Havia um gosto de tarde que se transferiu da
rua para a fisionomia de V. L..., um gosto de passado
que, ao perquiri-lo, vislumbramos nele a saudade de eventos
acontecidos em outrem, de fatos, de contos, de histórias que
sucederam em outras vidas, alheios por completo às nossas
interferências, uma sensação do outrora de que se incumbira
V. L..., e não era mais do que a do antigo local cedida
ao seu rosto; existindo, em nós, o irremovível enternecimento por quanto de amável se verificou alhures, a doce
acomodação a retábulos que sabemos por interpostos meios,
a figura de V. L... se elevou em nosso álbum com a
importância que não assumira se lhe tivéssemos recusado
as participações que o seu próprio vulto sugerira, tudo
partindo de uma ocasião primeira em que intentávamos
fugir de pequeno mas assíduo remorso; a fisionomia complacente, se dispensada de vir ela mesma ao painel da
contrição, possivelmente nos escusara os valores com ela
obtidos; e talvez com outra não se inoculara, em nós, essa
intuição de vermos, inerente ao rosto, um calendário que
reúne os dias, as horas ausentes de nosso caderno. V.
L..., nos meses restantes de sua vida, se se expunha durante muitos momentos à vista de nosso olhar, representava
a parcela da rua tão conveniente à nossa sensibilidade;

como se fora um instrumento de geral delegação, satisfazia diante de nós as implicações imanentes ao logradouro, entre elas a da quietude que nos parecia uma das grandes portas para o nosso advento ao êxtase do passado. A calma presente à superfície das coisas, em especial aquela aderida ao trecho da rua e trasladada ao semblante de V. L..., se equivalia, para nós, à calma em que jaz todo o pretérito, e a sua acessibilidade à nossa contemplação era deveras simplicíssima nos colóquios entre o nosso rosto e a efígie de V. L...; os quais perfaziam a litúrgica aos mortos, e, sempre que íamos ao encontro dele, cumpríamos a amena obrigação de trazer os finados ao pensamento de agora. À feição de determinadas peças que ostentam em preâmbulo a generalidade em que hão de suceder, um a um, os acontecimentos estatuídos, a conversação se originava à guisa de prólogo, pela incursão a um fato ou enredo de antigamente, de primazia algum da contemporaneidade de V. L...; em face de nosso descontentamento, durante a palestra, por qualquer alusão de natureza vaga, não podíamos alimentá-la com o difuso que também abrangesse os capítulos em continuação, daí a escolha vestibular de uma ocorrência, conquanto havida naquele outrora, significar a referência a todo o pretérito em virtualização; acrescendo que, se nos concedia a contemplação a faculdade de inserir, no mesmo instante, a aura de todo o passado, não acusaríamos melhor e mais integral deleite que o da tomada de curto sucesso, sob o prestígio de amoldar-se ao nosso gosto, assim nos proporcionando a docilidade na plena investidura; sendo escassa de motivos que não os de toda a rua, entretanto, sem sairmos dela, retirávamos de outra, de uma casa a ela estranha, da campina, do mar, qualquer acontecimento sob a mera condição de que tenha havido; e nele, sem pesá-lo, víamos ressumar todo o pausado sentimento, o invólucro dos fatos e das coisas que se deram em sucessão ou em concomitância. A fisionomia de V. L..., outorgando-se também da tarde, da hora implícita no trecho do logradouro, oferecia-nos, recobrindo diafanamente todos os lugares, como que um único e só lugar a conter o imenso repertório, assim interpondo-se na unidade da quietude a unidade do recinto; as pessoas idosas sempre nos foram mais úteis à ordem figurativa, e em particular as do teor de V. L... que, hábil em narrações e escólios ainda de sabor antigo, nos coadjuvava tão consentaneamente que se outro nos vira a ambos e conhecera o nosso intuito, dissera que o interlocutor se compenetrara de tudo quanto lhe atribuíramos. Procedêramos dentro do mesmo estilo, e motivado por gratidão e pena, quando, de volta do enterro de V. L..., que ocorrera, em tocante coincidência, à tarde, nos dirigimos à parte da rua que perdera nele as oportunidades de vir semanalmente ao nosso domicílio e conceder à ternura a ocasião de pairar longe dela, mas sobre ela à nossa vista, e com ela o que transcendia de sua imobilidade; havia também nessa ida à face do outorgante o funeral de todo o pretérito enquanto imergido no rosto de V. L..., em forma de perecimento que acontece a cada passo, mas se acentua e comove especialmente se o nosso miradouro destina alguém a encerrar as categorias de outrem, à distância. Como no cibório partido, ressaltando-se a fidelidade de alguém que apanha, por se haver impurificado a hóstia, os fragmentos e os aproveita com a unção habitual porém acrescida do pesar pelo acidente, o nosso vulto, em presença do local, tinha, em nós, o sentido de um remanescente da custódia que há pouco desaparecera, vindo-lhe a anunciar o dano. Infelizmente, seria insólita, se bem que o merecesse, uma lápide com inscrição a dizer que ali, no túmulo, se continham V. L... e o passado; contudo, há em nosso álbum, entre muitas outras, a legenda dedicada a V. L... onde lemos tudo quanto ele representou da existência em nós. À similitude do religioso que condensa em demasia, na imagem, o preito a rigor devotado além dela, consubstanciamos na efígie de V. L... uma virtualização de maior gênero.

Capítulo 5

1 — *A autonomia das situações em ato.* 2 — *A dispersão dos intérpretes.* 3 — *A abstração do lugar.* 4 — *O rosto em virtualização — O painel do Julgamento Último.*

1 — Na tessitura das situações em ato, as efígies expostas ao nosso belvedere vêm a despir-se de suas modulações individuais, incorporam-se ao ritmo geral da cena; de sorte que se dilui, no entrecho à vista, a fonte menor e singular das gesticulações de que se infunde cada rosto que, desapercebido assim de nossa presença, recai, em virtude de nossos olhos, no painel de ordenada abstração; à maneira de círculos concêntricos, existem, a rigor, dois planos de gesticulação, mas, em nossa visibilidade, a estruturação figurativa do episódio elimina aquela que é inerente ao rosto participante, residindo nessa desindividualização do ritmo a condição de o vulto mover-se ao módulo de nosso intento. Sabemos que toda face dispõe de grande acervo de mímica, de feições, algumas próprias e a maioria por efeito de contágio; no entanto, elas se demitem de tais modos congênitos ou adquiridos, para, em nós e dessarte, sem contudo se desfazerem de seus pertences, virem a integrar-se no conjunto como elementos a ele necessariamente ajustáveis: há, portanto, uma unidade de cena que se perfaz, não de atributos surdidos nos bastidores, mas originários de desaparecimentos fisionômicos; as coisas se perdem a si mesmas a fim de lograr a existência em comum, no quadro autônomo. Se porventura resistem as faces ao tratamento que lhes aplica o nosso miradouro, dá-se a recusa ao desempenho e as situações se tornam impraticáveis; acontecendo que os olhos se nos fatigam de um a outro vulto, procurando neles a disponibilidade de acolhimento

ao nome que, desprovido deles por motivo de nos escusarem a insinuação, está em nossa mente a insistir em repousar no elenco. Todavia, ocorre muitas vezes, para fomento de nossa delonga ao recolher a dádiva, que um ou outro corpo traz consigo aparências fidelíssimas ao nome em foco; e de tais premunições nos redunda a sensação de termos, fora do local em que se exibem, a colaboração de algum contra-regra que, no momento exato, conduz à rampa os atores propícios. Como nas cenas em que, do mirante, vemos todos os dias, à mesma hora, certo rosto a descer a rua e penetrar, por fim, em determinada porta, e então sentimos a aura de os nossos olhos lhe dirigirem os passos, tão obediente o presumimos à certeza que é já um ditame de nossa mente, da mesma forma os seres — que antes de se revestirem de seus papéis nas situações em ato, os vinham desempenhando à puridade — inserem em nós a transitória crença de existir uma consangüinidade entre os vultos em consideração, os que se comportam além de nosso olhar, os recintos em que eles se acomodam e a urdidura em plena efetivação. Nos casos em que se opera a negação das fisionomias ao apelo de nosso engenho, com os vultos a perpassarem ou a se deterem sob a nossa janela, refletimos que, em sendo infecundos ao nosso propósito, podem entretanto revelar-se férteis para o miradouro de alguém que, desejoso como nós, de lhes extrair a significação posta em sua agenda, está algures a observá-los de vantajosa espreita; essas efígies, apresentando-nos aspectos sem virtudes, todavia os mantêm caroáveis a tal miradouro, a quem ostentariam, sem dúvida, a naturalidade de ser dentro do escolhido nome, de todo inacessível ao nosso belvedere; lamentamos o descaso com que às vezes, diante do insucesso, dizemos que tais rostos são isentos de interesse, quando, na realidade, eles podem exprimir a conjuntura de se darem aos olhos de outrem e, inclusive para o nosso álbum, vão a inscrever-se entre as figuras enquanto cometidas à estranha lupa, se bem que perscrutadas simultaneamente por nossos olhos. Sucede, ainda, contrariando-nos o desapreço, que as efígies, com o ar anódino em relação à leitura que diligenciamos, resultam ser faces recém-saídas de algum assunto que se verificou marginalmente a nós, sobrevindas de situação composta para ninguém, oriundas desse infinito repositório dos urdumes que se tecem em nossa ausência, desaproveitados por todas as lupas; intuímos que a cada instante, em muitas partes, se agrupam, à sombra de significados, fisionomias desse mundo inatingível a nós, que não nos surgirá por efeito de sua imensidade e por inexistir um miradouro que, atuando por delegação nossa, nos venha a repetir, com palavras, as atitudes, os gestos, as aparências, o episódio enfim, que pertence a esse território livre de nossas diretas intercessões. No entanto, a certeza de nossa exigüidade não nos impossibilita de, com atenção aprestada no vestíbulo da ausência, dosar, em cada rosto que se retira do incógnito ambiente, a marca de sua participação nele, e, na posse de às vezes curto vestígio, restaurarmos alguma cena efetuada sem a nossa óptica. São vultos que, deixando revelar-se por mal desfeitos de anterior desempenho, traduzem motivos que se deram fora de nosso olhar, vale dizer, informam sobre uma dimensão a mais em nossa ordem fisionômica; e particularmente valiosa porque nos acresce a natureza de nossa lupa enquanto claridade que leva à existência em o nós as próprias coisas supostamente indeferidas por ele; ainda mais nos aumentamos nesse capítulo, se pelos sinais em relevo de quente incisão, preferimos, em lugar dos nomes que a mente nos faculta, os nomes da realidade que, de si, há pouco viveram esses semblantes logo dispersos ao terminar a cena. Eles passam a constituir os painéis dos rostos apenas considerados na medida em que nos cumprem o mister de desvendar a nomenclatura a que se haviam conscientemente vinculado, proporcionando ao enorme elenco de nosso convívio um adendo bem mais numeroso e emergido a expensas de ilações, de subentendimentos sobremodo irrefutáveis, nutridos por nós.

2 — Também o vulto que se retira do painel, no qual desempenhava um acontecimento de sua própria vida, exonerando-se, por conseqüência, do assunto que o envolvera, conduz para a ausência, transferindo-os além de nosso olhar, oferecidos e entregues à lente de outrem situado alhures, os resquícios do entrecho que se verificara diante de nós e tão eficazes que estendem às novas testemunhas a natureza do painel ora a diluir-se. Às vezes, o encaminhamento do retábulo pela distância afora se processa à maneira de homologação de quanto vimos, tal a curiosidade com que escutamos, ao longo da rua percorrida pelo intérprete remanescente, as vozes a respeito do sucesso cuja tessitura acabara de viger. Enquanto se delimita e nomeia o quadro que apreendemos, qualquer rosto participante justifica uma consideração que transcende a de seu papel na plenitude do contexto, a qual incide sobre essa qualidade de elastecer o teor da desaparecida cena; como em algumas telas em que os seres estão sempre em atitude de mobilidade insinuante e parecem o convite ao espectador para se não deter unicamente na figura central, e esta se localiza de

modo a convertê-las ao seu ditame inspirador, assim do episódio em contemplação, cada efígie de valor secundário habilita-se a merecer de nós a fixação de sua atualidade em cena; e, à semelhança do coadjutor que, recortado da obra, é de si bastante para mover o restaurador a pronunciar-se quanto ao motivo desta, igualmente o vulto que abandona o recinto de sua prática, desvela na ausência o que já foi extinto em nossa lupa; se, em presença desta, o retábulo continua com o abandono de alguém, uma sensação específica, divergindo da que se cumpre na obra de arte, é a que nos sobrevém em seguida ao afastamento do figurante que assim se apressa a anunciar, na ausência, o políptico em efetuação: a da inexistência, em nós, da necessidade de preencher-lhe a vaga; na sua inferência exclusivamente facial, sentimos que o episódio em nada se molesta com a deserção do arauto, antes, aproveita à sua propagação à deriva de nossos olhos; nem o retorno dele vem alterar a designação que já se nos mostra acrescida por esta conjuntura de haver inoculado a ausência com o sucedido perante nós; o nome, com efeito, resiste a modificações faciais, a oscilações do elenco havidas em seu bojo. De seres menores podemos chamar a esses protagonistas que deixam a rampa do acontecimento ou a ela voltam sem que se desvirtui o entrecho; os quais, no decorrer do trânsito, não se desnudaram do papel adquirido, e de seres maiores àqueles que incorporaram a si o núcleo da denominação, o elemento que difunde em parcelas adjetivas, em halos de serpeante solidariedade, a matriz da urdidura. Houve uma tarde, na rua de nosso domicílio na cidade do R..., um episódio cruento de que fomos ocasional testemunha, mas atenta para ver, logo desaparecida, a figura originadora da designação; depois de breve tempo, na esquina a vários metros da rampa, tivemos os atores accessórios, todos em prolongação ao retábulo recém-dissolvido; os novos participantes a que nos havíamos aliado, ante a insciência do ocorrido, se nos mostraram surpresos com a feição de nosso conspecto, e no ar de espanto traduzimos a súbita assimilação do gênero em que se capitulava o episódio, à guisa de preâmbulo a acomodar os espíritos ao embate das próximas incidências, proporcionando ao retábulo, por parte dos vultos receptivos, o apropriado acolhimento; passado o prólogo da conciliação, no qual nos fizemos o mudo pregoeiro, dois semblantes penetram no recinto de nossa estada, cumprindo conosco a sinonímia dos aspectos, e trazendo nas mãos pedaços de vestimenta colorida de sangue e pertences do ser maior que não mais se situava no local da tragédia, pertences que transmitiam uma impressão mais lutuosa e profunda que os restos vermelhos; com que piedade, com que rara e dilacerante melancolia todos nós nos movemos a contemplar as coisas que o ausente figurante consigo levava na certeza de que, em sua residência e junto aos familiares, as apresentaria com justo encanto, que tais coisas eram uns instrumentos de metal, indenes de qualquer utilização, carinhosamente resguardados no lenço que, pela alvura, não se amarfanhara no decorrer do dia, tendo-o assim preservado para que os pequenos objetos, talvez destinados ao prazer de uma criança, se eximissem de mácula, durante o painel que se esboçara apenas e nunca se completaria; e como a pobreza nos pareceu mais respeitosa que se se exibira no corpo inteiro, ao anotá-la agora virtualizada no chapéu de abas rotas, objeto despegado de seu dono, e em que se fizeram implícitos o ato mesmo do abandono, a tristeza da indigência e o inopinado de sua perda ali na rua que diariamente lhe modulava os passos; deixadas as coisas no balcão da tenda em cujo derredor se reuniam os finais intérpretes, elas substituíam fisionomicamente a efígie que se abatera, formando o velório assim antecipado, com todos os gestos e o silêncio a corresponderem, sem a menor derrogação, ao mesmo nome que se exerceria caso o entrecho se não tivesse deslocado do ambiente primeiro e derivador.

3 — Esta mesma rua, na forma de outras, nos ofereceu, certa manhã, um episódio do qual ela se excluía enquanto logradouro definido por seus comuns caracteres, em supressão explicada pela inaderência do intérprete ao solo em que se mantinha em realidade; facultando em nós, por motivo dessa inadaptação recintual, a regulação da lupa, de modo a ver, nas demais coisas presentes no local, adesões implícitas à personagem em estranheza e não ao lugar que todavia era o continente de sua aparição. Na situação em ato de logo estabelecida, o ambiente que se firmou diante de nosso belvedere, provinha do rosto cujo conspecto, sendo pródigo de sugestões e de virtualizações, estendia de si mesmo o local em que estaria em nós, obrigando à inaproveitada ausência, à maneira do palco em que o novo e menor cenário é inserido dentro de outro maior já existente, mas de uso procrastinado, as duas filas de prédios e mais coisas impróprias ao atual entrecho. Reproduzindo estratagema do velho teatro, o vulto surgira a indicar uma região que, imediatamente, em expansão de contágio, afluiu de sua distância para a direta comunicabilidade com o nosso miradouro; o recém-vindo a ser o próprio lugar que fazia condizentes, segundo os seus ditames, os demais protago-

nistas quer animados, quer inanimados; encontrávamos nessa ocorrência, ali, numa só unidade de tempo e de espaço, os contemporâneos e conterrâneos do labrego que trazia em cestos ao ombro os legumes de remota procedência. À efígie do vendedor ambulante, que inoculava na cena o ar de feira, atraindo para o seu aspecto todos os demais circunstantes, de tal forma irresistível o seu influxo, a deter-se ante um ajuntamento de indivíduos que dele não se davam conta, vieram a associar-se, para o súbito alcance da designação, as árvores da rua, como se, na misteriosa elaboração do segundo cenário, alguém, a dispor de ambos, consentisse em ceder uns elementos da anterior cenografia, acelerando, para os nossos olhos, o acesso à nova contingência, com a estimulação da cor local. As coisas irremovíveis e que, em última análise, constituíam a fixada ambiência, o meio incólume de todos os transeuntes, ileso a todas as passagens, a nossa consideração retirava do elenco porquanto incompatíveis com o nome que aplicáramos ao painel; resultando que a presença dos rostos se configurava pelo atendimento à linha nominal que nos acudia no instante, em vez de sê-lo por estar de alguma sorte visível ao nosso olhar. Assim como tivera o recém-chegado o condão de aliciar ao seu mister as faces suficientes para a momentânea feira, com idêntico sortilégio extinguia da rampa, em nós, aquelas figuras que exorbitavam dela, se bem que ali permanecessem em contínua claridade porém insensíveis ao nome; em nosso álbum, um capítulo especial vieram a merecer as árvores que, a um tempo, eram da presença instituída por nosso miradouro e do prospecto que a realidade comum a todos os olhos fazia perseverar. À similitude daquelas árvores, o cortejo das presenças, em nós, agrega a assiduidade de vultos que se desdobram, obsequiosamente, como a afirmar que há sempre uma predisposição da realidade em favorecer nossos desígnios, de certo modo conivente conosco na tarefa das situações em ato. A impossibilidade facial de existência, que no retábulo abrangia os fios de iluminação e outros corpos alheios ao tema em causa, vem a ser freqüente no decorrer de nosso caderno, afeiçoando um tipo de ausência que se conceitua como algo que, embora aparente à nossa vista, repousa longe de nós, inclusive no plano das coisas não havidas. Tais dispensas do assunto em foco são habituais na vida rotineira, embora sem o sentido que faculta a modulação de nosso belvedere; por exemplo, nos conclaves em que o intuito do principal figurante consiste em levar a voz a poucos, sentimos que ele cancelará, na hora, a personagem de quem se esquivou de particular atenção, tal o evento sucedido na casa de P. S. ... Porque este reparava mais na seleção dos convivas pela importância social do que na

escolha deles pela correspondência dos caracteres, veio N...
a comparecer à festividade com o desinteresse humano que
expunha cotidianamente; possuidor de incontida loquacidade, comprazia-se em ver na face dos escutantes o êxito
de suas máximas e circunlóquios, estabelecendo como platéia
única a formada pelos seres daquela categoria, não obstante
poderem estar, no círculo da conversação, pessoas sem as
credenciais de que era exigente; então, estas representavam
tanto, mesmo na hora das confidências, quanto um objeto
do mobiliário, ou melhor, não existiam na qualidade de
pessoas; assim, coube a I. L..., cuja delicadeza de sentimentos era um de seus atributos, ouvir de N... alusões
desprimorosas sobre alguém de seu mais íntimo afeto, e
o delator, para maior eficiência do painel do descaso, sabia
das relações entre I. L... e a personalidade em vitupério;
I. L..., no exercício da costumeira virtude, nem um gesto,
nem uma palavra deixou transparecer, menos pela timidez
de afrontar a N..., ou por ingratidão de silenciar o protesto, do que pelo ressonante agravo de, fazendo-o, perturbar o entrecho em que muitos se aprestavam em exibir o
contentamento, para júbilo do narrador à espreita; minutos
após e bastantes para que ninguém interpretasse o seu afastamento como repulsa ao que se dera, I. L... se retirou
da sala e sem despedimento, a modo de quem se esgueira
a fim de que se conserve inalterado o módulo da palestra;
I. L... soube, em nós, cumprir o painel da indiferença,
parecendo que todos, ele inclusive, ensaiaram o acontecimento sob as determinações de nosso desejo que iria aos
bastidores; à semelhança do dramaturgo que, feliz com o
desempenho que acaba de exercer o ator, o acompanha na
rua depois de ultimada a peça, no retábulo do apreço e
do reconhecimento, assim levamos I. L... a seu domicílio,
contudo não tivemos nome com que lhe designar a mudez,
em profunda existência, em nós.

4 — O lugar costuma persistir em nosso caderno,
mercê de uma simples situação que nele se efetuou, uma
situação dessas que são exclusivas de nossa lupa, endereçadas unicamente a nós; tal a ênfase com que se impregna
no logradouro, às vezes de si escasso em nos oferecer
outras razões para permanecer no rol dos ambientes privilegiados. À lembrança ele nos sobrevém sempre que nos
deparamos com um dos intérpretes ou com o nome prevalecido no episódio, os quais se instituem em fontes de perdurabilidade, em acervo de aproximação entre nós e o recinto

que à distância não podemos rever como outrora; dentre os laços que estreitam as relações do afeto, há, de nossa parte, esse com que determinada efígie se aumenta, em nós, da prerrogativa de intensificar a existência do meio em nosso repositório; acontecendo, como no caso de A. F..., que, na falta de outros sentimentos e interesses que nos conjuguem a interlocuções, resta somente, para gáudio de nossos encontros, a contingência de haver sido um dos figurantes do painel na rua de R..., na cidade do R.... Tal rosto possui em nosso álbum o mérito de haver, desde o minuto seguinte à extinção do entrecho, representado o ambiente onde se verificara o políptico náutico, de cedo predisposto A. F... a nos mover à recapitulação sobremodo estimada, tanto nos pareceu discernível e curiosa a cena da rua convertida em embarcação. Após dissolver-se o retábulo, o nosso belvedere se demorou no semblante que desempenhara o ofício de recolher a enxárcia, e, vendo-o desobrigado do papel, já na plenitude da realidade que nos trazia a ambos à igualdade de ser, assimilamos o quanto ele se ajustava aos dois misteres, o rosto anfíbio cuja naturalidade levaria às cenas da terra o atributo das águas e, reciprocamente, transferia ao episódio marítimo o apanágio da rua de R.... Dispensando-nos da segunda eventualidade, desde que raramente nos premunimos para efeito de ocasionais tessituras, tivemos a perfeita e depois comprovada intuição de que A. F... nos daria, sempre que o avistássemos, o logradouro em cujo seio se processara, diante de nossos olhos, a situação que a leitura sobre naufrágios de antigamente suscitara em nosso espírito e com tanto relevo como se proviera de atuada experiência. Se porventura retornássemos à rua de R..., com certeza a não captaríamos enquanto lugar que, uma vez, nos propiciou a história trágico-marítima, com a mesma claridade que a envolve se transmitida pela face de A. F... que, desta forma, assumira a incumbência que, a rigor, devera recair na própria rua continente. A surpresa, quanto ao encaminhamento da outorga, nos adveio quando, horas depois, transitando naquele sítio, procurávamos, num gesto de reconhecimento junto a atores, na maioria inanimados, o ambiente prestativo, e o logramos em termos de despojos de segundo e imenso naufrágio: o que fizera perecer o barco e as águas; todavia, ruas além, defrontámo-nos com A. F... e nele vimos o marinheiro de determinado galeão e determinado mar, aquele que especifica no conspecto todos os valores da procedência. A análise que sobrepusemos à sua fisionomia, à maneira das mais perscrutantes que sobre uma testemunha opera o inquiridor que a conhece intimamente, assim com mais vantagem que alguém tão-só conhecedor do fato ora em averiguação, a análise de nosso belvedere perfazia o

CAPÍTULO 5

ensejo, menos de alcançar as ratificações da descoberta que
— já ciente de sua importância, em nós, doravante — de
promover-lhe o batistério de encerrar em si o local e a
respectiva cena. Conferimos-lhe, portanto, os poderes da
virtualização apropriada a nós, bem diferente daquela que
se estampa no rosto do pregoeiro e se revela a todos os
espectadores, em comunidade de interpretação, dado que
ele apresenta, em fácil leitura, os sinais da própria missão.
A. F... passou a catalogar-se, em nosso repertório, exatamente
como a face que nos restitui o entrecho há muito
acontecido; mas a retomada da urdidura se ressente do
curioso espanto com que a vislumbramos na edição primeira,
esse imponderável encantamento que se não repete
com sua modalidade original, a coisa única do efêmero
que a engenhosidade do belvedere deixa subtrair-se porque
o hábito de reavê-la através de interposto vulto consome
em nós a aura do surgimento. Assumindo a figuração de
uma nótula, que dispõe o nosso miradouro a perseverar na
unidade de seu ânimo, evitando que a tessitura se elasteça
e fragmente o inconsútil de suas malhas, o rosto que nos
defere a presença antiga, compensa-se de desacompanhar
o congênito e remoto enlevo com a faculdade, que lhe é
própria, de sempre estar prestes a participar de novas situações,
não em virtude das inerências de sua individualidade,
e sim como o outorgado no ofício de sua outorga. O aproveitamento
da face em virtualização requer mais esforço
à lupa, mas, em lugar dos protagonistas que à nossa visão
se ostentam — sem embargo de estes poderem, de modo
ocasional e espontaneamente, permitir a aliança com o vulto
portador de alguma delegação — preferimos o elenco oferecido
pela memória; e, à mesa, como se elaborássemos uma
peça escrita, com desenho e palavras, situaríamos, em qualquer
logradouro complacente, as posições dos intérpretes que
exigisse o nome; em contigüidade com eles o vulto, não
em si mesmo, e sim na função de representante de um
painel já sucedido e que, de sua ausência, compactua assim
para a atual e envolvedora designação. Isto porque há
lugares, contos, pequenas histórias que, em outro enredo,
valem como personagens, vêm a reunir-se ao episódio com
o comparecimento e a participação a que nos obriga o
nome carecente dessas parcialidades; ao ocorrer um painel,
ninguém dirá que ele, à analogia do ator profissional que
se transformará em papéis subseqüentes, prestar-se-á um dia
a ser o coadjuvante ou o centro irradiador em uma urdidura
maior e também unitária, à maneira da cena do Julgamento
Último. No registro dos atores que se deram em
nosso álbum, a face inscrita por causa de algum desempenho
ao longo de nossas nominações, a par desse mister, pode
aduzir-se pelo atributo de em si conter algo de que ela

é o ente virtualizado, e em tal caráter ocorrer ao chamamento para remover consigo, de uma rampa à outra, o lugar e os seus pertences, em nós. A. F..., além do repositório de suas virtualidades, acedeu, sem o suspeitar, em ser o representante da nave em destroços, certa vez em que, na praça I..., a colhemos como parcela de um políptico; e dessa maneira sentimos que o retábulo transcorrido há tanto e sobrevivente graças à crônica fixadora, saía das páginas a fim de receber, em nós, um tratamento diverso mas que lhe resguardava a existência; a própria desigualdade de estilo, em lugar de parecer uma arbitrariedade de nossa mente, valia por afirmação de sua riqueza aparencial, sendo a ordem fisionômica o instrumental de si prodigioso e único para atender àquela fertilidade, consentindo em trazer para o nosso cotidiano o evento que, afluído, não mais volverá exatamente sob a mesma forma; a impossibilidade de possuírmos a cena tal e qual a apreenderam as testemunhas de então, sobre não nos desestimular ao ânimo de atenuar, ou mesmo de lhe abolir, o nunca de sua presumida essência, costuma alentar-nos à redução de seu rigorismo, de modo a propiciarmos a um vulto de nossa contemporaneidade essa feição de ser ele o acontecimento que se demora ainda; sucedendo, em algumas vezes, que só a continência óbvia nos impede de declarar à figura recém-liberta de sua representação, o texto que ela vem de cumprir no retorno de um pretérito havido por irreparável. A presença se nos dilata à medida que os seres do comparecimento se desnudam da atualidade para vestirem-se com a participação que lhes estabelece o nosso miradouro quando, em certos casos, ao fomento de mera e curta analogia, o existido painel retoma o pulso de seu estar em nós; em outras oportunidades, o entrecho de ficção que, arquitetado à mesa, veio depois a encarnar-se em figurantes à nossa visão, contribui para dizermos — não porque isto nos acode por motivo de igual método, mas por uma intuição em face do obscurecido em que repousa, na terra, a infinidade de acontecimentos — que, consideradas desse ângulo a que se ajusta o nosso belvedere, todas as efígies e retábulos que se foram, nivelam-se às efígies e retábulos da ficção, os nomes a pairarem incólumes quanto aos seres e modos do preenchimento, indiferenciados os vultos e os episódios do verídico e os vultos e episódios da quimera. Com efeito, o painel fabulado por nossos artifícios e pela aquiescente ductilidade dos figurantes, repetirá uma cena outrora havida ou agora a processar-se longe; posta a consideração sobre o nome em que incidem o retábulo do momento e o do passado ou o ora sucedido à distância, extinguindo-se neles, conseqüentemente, as circunstâncias de temporalidade e espacialidade, temo-los por fatos que se integram no ser nomi-

CAPÍTULO 5

nativo que, dessa forma, os encerra em uma só presença: tal no painel do Juízo Derradeiro, quando as cronologias e as localizações originais se dispensam, e se incutem no espectador ajustamentos e discriminações de outra natureza. O novo modo de capitular os entrechos cinge-se aos subtemas que são nomes cabíveis no seio da designação geral; aberto o espetáculo de cenas que em seqüências se alongam, em virtude de assim exigir a lógica das continuidades — lógica íntima do imenso painel e não as conferidas pelo advento dos passados cotidianos — assistirá o contemplador ao cortejo das figurações análogas ou idênticas, em cujo fluir a repetição se ordena; e de maneira que as passagens vistas se lhe assemelharão ulteriormente ao trabalho que o ficcionista veio a compor segundo os ditames da repetente realidade, esta definindo-se como o ato primeiro em que o nome se fez visível.

Capítulo 6

1 — *Existir em nós — O nosso vulto na acepção de existenciador.* 2 — *Os painéis habituais — O não-ser e o ser em nosso repertório.* 3 — *A integração na nominalidade — A metáfora no dia da morte de D. R....* 4 — *A metáfora.* 5 — *O atendimento ao nome — O recheio e o vazio da nominalidade.* 6 — *A outorga.*

1 — Muitas pessoas, curvadas no mangue à procura de mariscos, deram-nos a impressão de estarem a orar de joelhos; assim nos coube, na cidade do R..., certa manhã de baixa-mar, o painel da genuflexão coletiva, que, insuspeitado minutos antes, assumia a existência em nosso repertório porque nos deslocáramos em direção à ponte de S. I...; pois, do lugar de origem de nossos passos, ao belvedere não se expunha o largo panorama. A dependerem de nossas deambulações, salvo nos momentos em que as faces se encaminham para nós, ou as anotamos em virtude de interpostos meios, e então se trata de um estar sem a limpidez da presença, as efígies da ausência nos aguardam de seus recantos a fim de que, pelo favorecimento de nosso intuito ou do acaso em nosso trânsito, elas se verifiquem em nós; e assim obtenham o existir em nós que é o existir da última instância e o único a lhes assegurar a equivalência com os demais seres da ordem fisionômica. Sem o direto ou indireto registro em nosso olhar, as coisas que longe se situam obscurecem-se em dimensão sempre à margem de nós, a dimensão do nada, que o inubíquo de nosso miradouro não nos impede de devassar os breves trechos que se confinam com o nosso vulto; acontece, quando outra preocupação não nos absorve, irmos ruas afora com o ânimo só cuidado em recolher, para nosso repertório, as faces que imersas naquele nada continuariam se porventura lhes tivéssemos sonegado o momento de virem ao nosso alcance. Diferente do artista que, tendo à mão a

matéria de sua arte, a inaproveita por indisposição ou por atendimento à solicitação de outra natureza, deixando conseqüentemente de produzir a obra que talvez lhe fosse a mais alta ou o veio a partir do qual surdiria a intuição a vincular o autor ao mundo a seu redor, o nosso semblante, com o belvedere e a mente favoráveis, é advertido de que as figuras vindouras se entregarão muito bem a nós, sob a condição exclusiva de nos pormos ante o cometimento; considerando a similitude entre o nosso miradouro e os seus objetos, e a maior freqüência, diríamos melhor, a assiduidade com que ele se comporta na assimilação das fisionomias — a matéria de nossa prática — bem que podemos afirmar, vantajosamente, ser a receptividade de nossos olhos uma criação contínua, desde que nos movamos ou, do mirante inflexível, apanhemos os rostos que passam; e a matéria se faz pródiga, uma vez que nenhum objetivo particular a que nos propomos, se vamos em sua busca, nos aliena de outras faces e entrechos que observamos no caminho ou à margem do almejado conspecto; redunda ser este não só algo a se instituir na existência, como o elemento propiciador que gera a oportunidade de outras efígies e episódios nela também se estabelecerem; a face da destinação, por mais reclusa que se anuncie, concede a outras a vez de estarem na existência em nós; alertado dessas associações, sempre que nos dirigimos à meta de qualquer coisa figurativamente desconhecida, aprestamos o olhar aos endereços do caminho e do alvo em que repousam, na plenitude do nada, os seres que a imaginação fabrica, mas em contornos que hão de submeter-se às ratificações de nosso belvedere em marcha. A exemplo desses vultos que, por acumulações da experiência, temos a certeza de que se fixam ou se alteram fora de nossos passos, residem alhures, em recintos de todo isentos de nossas possibilidades de encontro, as galerias, unas ou dispersas, de retábulos que se insculpem em nosso repertório no grau apenas de presumidos, os quais não se apresentam em explicitude para se demoverem do nada em que se somem. Outrossim, entendemos que, à distância, devem os nomes estender os seus temários para o fim de preenchimentos, entretanto, as urdiduras por eles acobertadas se nublam sem condensações que as retirem da pura nominalidade, vazias dos entrechos que lhes adjudicaria o nosso miradouro, caso as visse na lucidez da receptação: tal a notícia que lemos ou ouvimos sobre sucessos afastados e que nos fomenta tessituras próprias ao título em causa, mas inomologáveis por nossos olhos. Somos, à medida que avançam nossos passos, o criador de existências que, sem o prospecto de nossa lupa, se manteriam, quando muito, no capítulo dos eventos em imaginativa conjuntura, os rostos no mesmo nível das personagens de ficção: incorporeidades com que também se alenta o nosso repertório que assim se abastece e faculta às efígies da ausência, devassando-a, a prerrogativa de serem em nós, que é o mesmo existir de sua exclusividade. A ausência assemelha-se à obscuridade e o nosso belvedere à lâmpada que dela uns trechos apenas ilumina no decorrer de sua passagem, e as coisas que nele se não situam permanecem dessabidas e portanto inexistentes e ininseríveis no relatório sobre esse trânsito que permitira e originara as presenças, em geral mais retificadoras que ratificadoras. Em verdade, quando à véspera da deambulação, e a modo de apercebidas visualidades, suscitamos na mente o exercício dos presságios, sem impedir o óbvio entorno das singularizações, temos que no dia seguinte, no cometimento da excursão, os subentendidos painéis e vultos em isolamento costumam ceder o lugar às telas e rostos da surpresa; aqueles se extraviam para uma folha menor e secundária, cujas inscrições, se não se tornam esquecidas, de certo se recusam a concorrer com as novas e verdadeiras; no entanto são elas inexcedíveis porque são faces que respondem ao nosso chamamento, revindo a nós a fixidez e o perdurável de sua individualização. As figuras da premunição apresentam-se de ordinário esquivas e têm a infirmeza do nicho habitualmente difuso e rarefeito, enquanto as da realidade, por nós trazidas à existência, nos aparecem como gravadas em profundas incisões, fortalecendo as marcas o recinto em que se dão; este vindo à existência integral, porquanto, além de ser unanimemente assentido, lhe anuímos também a qualidade de premunição, em índice mais denso que o reservado aos devaneios de nossa imaginativa. As estampas, as narrativas, mostram-se insuficientes em nossa decisão de vê-las ratificadas, menos pelo desencontro de topografias e humanizações, que pela aura com que descortinamos, diretamente, o instruído logradouro: fato que significa o nós enquanto luz a clarear em torno, algo difícil de dizer, mas que se essencializa no ato de termos conosco, de assistirmos a claridade nossa retirar da meia-sombra o jardim, a rua, a fachada que se expunha como que num semi-existir em nós.

2 — Satisfeito o nosso belvedere com a presença que acaba de concluir, recomposta a lupa em seguida à aura do existenciamento, descobrimos que os vultos encerram facilidades de indicação que nos inspiram a idéia de transitarmos para lonjuras insinuadas agora à maneira de inten-

cionais reclamos, de convites a preconcebimentos, em presenças vestibulares que assim, no interior do painel, os semblantes nos reafirmam o puro estar em nós; e, simultaneamente, nos oferecem as faces como a equivalerem àquelas antevisões, àquele semi-existir com que à véspera da viagem, e sob a feição de gravura ou de página escrita, nos habilitamos a ir ao programado ambiente. No jardim, na rua, ao pé da fachada, há passeantes que, no momento da solicitude no existir em nós, nos deixam traduzir o idioma de suas aparências; deveras surgindo, e em nossa ótica, um texto que desvela as primeiras opacidades de onde eles procederam, as virtualizações de que se outorgam, coadjutores de extrema prestimosidade nas vezes em que aumentamos o nosso cabedal de existências, a umas vencendo, e, no mesmo ato, devassando a outras, em preliminar conjectura. Sempre que nos detemos, impedindo a lupa de movimentações criadoras, estanca-se a possibilidade de estendermos o clarão dela aos vultos em escuridade; mas resulta em privilégio de ser em nós a continuação dessa presença cuja demora favorece os liames entre o nosso miradouro e as faces em conspecto, sob a modalidade de não sentirmos, por mais leve que seja, o menor descompasso na clarividência e na inteireza do confronto. Nenhuma excitação advinda por efeito de nossa chegada, nenhuma dormência oriunda das coisas em aconchego súbito, nenhuma curiosidade inédita a mover o nosso olhar em ritmos ansiosos; tudo, enfim, a retirar de nossas cogitações os laivos quaisquer de íntima desarmonia entre nós e os rostos do hábito, que, postos no cômodo estojo de nosso belvedere, absorvemos ambas as parcialidades e nos incorporamos num ser único e alheio às prévias distinções, tal o painel em que se nos configura o aposento a longas horas. Da inviabilidade em adquirir semblantes e entrechos, nos compensamos com a prevalência dessa unidade de ser, em que o nós parece que tanto se origina do seio de nosso vulto como de uma efígie mesmo inânime, tal a difusa e equitativa luminária com que nos aglutinamos todos do inconsútil elenco; mas, se particularmente nos ressarcimos com a estada do nosso miradouro no aposento, de outro ângulo de consideração nos advertimos de que há, de nossa parte, o transcendente mister de promover à criação os rostos que habitam a inexistência em nós, de ir afora a estimar o convívio disperso e vário como a intransferível missão de nosso belvedere, entretanto defeituosa e incompletiva por natureza; de qualquer forma, cumpre-nos fomentar presenças, não tanto por novidades que deleitam ou interessam em grau comum, ou ainda por satisfações a vultos que do nada nos acenam, mas pela inclusão deles no existir que se circunscreve tão-somente a nós, adstrito à perdurabilidade de nossa própria existência.

CAPÍTULO 6

Para o encargo dessa instância, anima-se a nossa lupa em deslocações que significam a seqüência do acontecer que nos coube assimilar, na maioria das vezes em atendimento a nomes que se abrem de todo o sempre; outras, a nomes que ocorrem por vocação de nosso miradouro que, afeito a certas categorias, modela o episódio segundo os seus ditames, uma e outra qualidade a se constituírem sem dano para o sortilégio entre o não ser e o ser em nosso repertório. Quando, após regressar ao domicílio, recolhemos a pauta dos sucessos que vimos de criar, pelo só ato de havermos sido a testemunha deles, a memória no-los oferece à fixação em títulos que são denominações nunca inteiramente ocupadas, e a nova conjuntura que a um destes se agrega, o faz sem lhe interromper a película infinitamente elástica; esse encarecimento aos nomes nos persuadira e depois nos obrigara, por interna imposição da própria ordem figurativa, a capitular as cenas consoante os rótulos a que se vinculam, e não de conformidade com a sucessão no tempo; de sorte que o nosso álbum encerra entrechos que, efetuados em épocas distintas, se justapõem às vezes em contemporaneidades alheias às cronológicas. Em virtude dessa peculiar ordenação, o painel que vislumbramos certa manhã, na cidade do R..., quando íamos em direção à ponte de S. I..., desligou-se dos demais que o dia nos favorecera, e veio a unir-se àqueles que o nome piedade recobre inumeravelmente e abriga desde remota era; havendo, portanto, nessa contigüidade, muitas cenas que adquirimos através de variados meios, suscitando-nos um método para situar, dentro do mesmo nome, os múltiplos retábulos; e ele consistiu em centralizarmos os provenientes de nossa visão direta, por força da ênfase que lhes acentuou o fato de surgirem inéditos aos nossos olhos; a cena de mais claro matiz acerca-se dos nuançados episódios que abrangem, do mesmo gênero, os polípticos da leitura ou do ouvir dizer e os havidos por exclusividade de nosso miradouro, que nestes se incluem vários obtidos igualmente em livros, estampas ou vozes, dissentindo dos nomes que lhes impuseram os autores; como também sob o dístico da piedade, se bem que em número inferior, mas em reservada secção, se distribuem os entrechos da realidade comum ao belvedere e aos seres participantes, em junturas que apontam a fidelidade do painel à alegoria configurada em nossa imaginação. Sem dúvida que possuímos, para nomes de tal assiduidade, os moldes respectivos que a mente esculturou e assim conserva, aos quais nem sempre sói corresponder o assentimento unânime; este se vê inaplicável em confrontos entre sucessos e o nome tal como se costuma nutrir de nosso álbum, provindo desse desajustamento a falta, muitas vezes, de homologação por parte da alegoria gravada em nós; enquanto assim nos dificulta aquela realidade, a outra, a que se processa tão-somente para a nossa lupa — as situações em ato — se revela mais aparentada ao modelo alegórico; e na vez dos homens à cata humílima, na vazante das águas na cidade do R..., a cena da genuflexão coletiva nos surpreendeu pela consangüinidade com o nome de há muito abastecido de episódios em que à tristeza, contida em certo grau, adere um halo de resignação pelo motivo que originara a ambos os sentimentos. A delonga da vista sobre o retábulo proporcionou-nos à lembrança o discorrer, em análise, dos protagonistas que nele cumpriram seus papéis; no aposento, de volta da positiva excursão, fizemos com que as figuras inanimadas, os móveis de nosso uso, e que se mostram freqüentes como ponto de partida da claridade do ser em nós, atendessem ao recuo em nossa consideração; e cuidando unicamente do novo acréscimo em nosso repertório, as faces empobrecidas até a última indigência grifaram, como nunca, a tristeza contida e acenderam na resignação a auréola de incomparável enternecimento; as posições dos atores, os gestos por eles emitidos, não se endereçando a alguém que porventura ali estivesse a nuclear o entrecho, mas dispersivo cada qual em seu desempenho, propiciavam a certeza de que o objeto causador da mágoa residia longe e na ausência se configurava ainda o contra-regra a lhes estabelecer os postos. Os evidentes sinais que transpareciam em todos os semblantes, eram concordes em externar a terra de onde procediam, mas desse longe não estavam senão eles a desempenhar o duplo mister do nome e do agente motivador; contudo, por exigência íntima do retábulo em nós, o miradouro se fez, passados curtos instantes, no só desígnio de pairar sobre a designação isolada de suas antecedências, isentando-se de ir à fonte das atitudes, embora esta se mostrasse explícita ao engenho de nossas ilações. Assim deserto o episódio no tocante à efígie central, dessa forma contrariando a regra com que os artistas hão adotado o mesmo tema, o nosso belvedere se retraía a ver os rostos na visualização da piedade; ele uma vez ainda a dispor da cena um tanto à maneira de insólito pintor que, a tela realizada, e não a considerando, todavia, a obra que pretende, se compele a mutilá-la; e depois, selecionando os fragmentos ajustáveis ao fim, os ladeia em ligaduras de reconstituída solidariedade, desprezando, por inúteis, aquelas sobras que a solicitação do próprio quadro tem por externas e vãs, como se foram, numa superfície à parte, manchas em que se adelgaçara o pincel.

CAPÍTULO 6

3 — O modelo alegórico, segundo o qual inscrevemos o entrecho recém-exposto, é por sua vez aberto a muitas e variadas matrículas, sem a rigidez ditada pelas figuras e respectivas posições; algo que representa a própria nominalidade no seu ditame de a si mesma persuadir-se do limitado de sua ourela, um molde a afeiçoar na medida de só prevalecerem as marcas circundantes, enfim, significa o nome no seu contemplativo mister, em nós. A faculdade de acomodação que este possui, se facilita mediante analogias faciais entre o painel de agora e outros que o precederam na investidura da intitulação, equivalências necessárias que, faltando, a prejudicariam com grave desconcerto ao nosso repertório; havendo nessa conjuntura mais interesse em não fugirmos à tarefa das situações em ato, porquanto com elas nos compensaríamos se porventura a inoperância da veracidade nos indeferisse, para sempre, os sucessos de que se nutre determinado nome; descontente com a perda, o nosso miradouro viria a dedicar-se às formações exclusivamente nossas, que lhas não recusaria a obsequiosa disponibilidade dos vultos embora alheios a elas, tornando menos lutuosa a semântica das presenças em nosso olhar; entretanto, vemos a cada hora que a objetividade se repete, cumprindo a figuratividade do nome; e se por acaso nos detemos em dado episódio com o ânimo de assimilá-lo como se fosse o único de seu gênero, o encarecido zelo prende-se à circunstância de ser ele o efêmero que reúne em si a mais pura integração na nominalidade, aquela que melhor se perfaz ao módulo de nosso espírito; inclusive, com a condição de pertencer a uma escala pequena do nome, a um subtema, com efeito, mais raro, porém que pode caber, com autonomia própria, dentro do título genérico, da linha maior que outros nomes concentra. É especialmente nessa eventualidade, quando o nosso belvedere se demora, com particular ternura, sobre a concreção de efígies que vem de efetuar-se perante ele, que a sensação em nós despertada pelo descobrimento, isto é, a natural incorporação do grupo ao nome em que se abriga, se revela idêntica à outra que sentimos no êxtase ante uma obra de arte que aparece de súbito aos nossos olhos. Com que singular e leve encantamento assistimos a desenvoltura do entrecho a acobertar-se do nome que de logo está conosco, uma alegria que consentem a disposição de nossa alma e a inocuidade do título em relação a tristezas que ocorrem no plano da veracidade, que as acontecidas e rotuladas no domínio das situações de nosso engenho não vulneram a conjuntura entre a face e o nome; porém, se se opera no instante a urdidura da realidade que se eiva de designação ofensiva à nossa quietude, temos que o nome em vigor se não deixa pronunciar com a presteza com que se exerce nos episódios da ficção; ao

contrário, ele se obstina em não atender à prontidão de nossa agenda, em virtude de estarmos nós de todo entregue ao desempenho das fisionomias; restando para depois, quando de volta à tranqüilidade que não houvera antes, a recomposição mental do episódio e a subseqüente aparição do nome, mas aposto com fria neutralidade. Existe, na elaboração do álbum, o propósito de contenção que nos faz, muitas vezes, deixar em vazio o nome que pretendemos ocupar com algum painel, isto em virtude de — apresentando-se a realidade comum a todos nós e a disponibilidade dos semblantes de todo desprovidas das correspondências que desejamos — nos desconvir a destreza de, à semelhança do pintor insólito, justapor no mesmo retábulo os fragmentos de sucessos que ocorreram em épocas distintas e que, aparentados então sob artificiosa unidade, venham a preencher o título que está deserto de seres fisionômicos. As provisões de nosso repositório costumam viger-se de conformidade com uma norma que seria a lei do local, entendendo-se por ela a sujeição a que se consentem os rostos no tocante ao recinto em que surgem, suprida a necessidade metafórica mediante o uso de faces que se exibem nesse mesmo ambiente; a despeito de o álbum, que o nosso miradouro abastece prodigamente, admitir mutilações de tal natureza e suscitadas por exigência do nome que, de imediato, queremos preenchido; a despeito, ainda, de o nosso caderno ser constituído de cenas em palavras, e o emprego destas abrir liberalmente a nós as imagens que se oferecem distantes e assim fora do lugar em apreço, dando-nos oportunidade de junturas mais fáceis que as propícias ao ordenador da tela, preferimos que a lupa se não desgarre e possa o nome, à maneira desta, auferir, das coisas vindas ao seu encontro, a integridade que o momento auspiciou, e com ela os vínculos entre os figurantes e o cenário, não esgarçando a tessitura já de si efêmera. No políptico da morte de D. R..., e para relevo do perecimento desta pessoa como algo a envolver a nós, comparecente, que no instante a assistíamos junto ao leito, desde que participávamos também do mesmo fim, conquanto havíamos sido existente nela, introduzimos a circunstância de, após a saída do féretro, e sem ninguém a restar na casa, termos fechado as portas e as janelas, deixando-a vazia e só entregue aos móveis, no arranjo que a seqüência do velório lhes ditara; de certo que o encerramento dos vãos representava um túmulo a antepor-se àquele que os acompanhantes compreendiam unicamente; e seria espanto maior se lhes disséssemos que, nessa conjuntura, a desocupada habitação era a metáfora que, assim considerada a princípio, logo depois, no alongamento de nossa reflexão, transcendia de si própria, vindo a concorrer, no plano da realidade e superiormente, com o verídico da morte só exclusiva de D. R...; sem dúvida que freqüentemente a metáfora se entorna de seu mister realçante, por motivo de sua farta disponibilidade, para se converter no cerne da composição, esmaecendo-se a contextura, básica até então, em face do predomínio que assume o que na origem fora apenas o sinônimo vivificador ou o coadjuvante ornamental; quando partiu o enterro, sentimos que mais ficava no prédio do que levava o esquife, que a morte de todos os companheiros de D. R... residia na casa juntamente com a de seu dono, para nunca mais nos conter a todos que íamos ao cemitério segundo que o primeiro já nos incluíra na vala comum do sótão, da sala da frente, dos quartos, do corredor, os continentes que, ao nos abrigarem, nos fizeram sob o molde de suas limitações, numa uniformidade de ser fisionomicamente como agora o somos nesse morrer em D. R...; e a fim de que se conservassem completas, em nosso álbum, as urdiduras, e a da casa não perdesse a significação que adquirira desde o seu conspecto de metáfora, a ela não voltamos nunca; para maior rigor no atendimento àquele propósito, agimos de maneira que nenhum dos participantes do velório a ela regressasse, cedendo-a a outrem que, desconhecido do elenco, não se lhe daria de transtornar a obra em que fomos, além de protagonista, o contra-regra e o espectador.

4 — Da mesma forma que impedimos a diluição da metáfora no caso de D. R..., parecera natural cometimento que, na impossibilidade de atermo-nos sempre numa única morada, a todas defendêssemos de profanações ao estar de nossa presença nelas; constituindo-se a proteção no impedimento de aliená-las àqueles que não desejamos para a identidade com nosso rosto, em face da desatenção que insinuam no tocante a condutas desse gênero, a unções presididas menos pela amizade em relação a nós do que pela investidura dos subseqüentes habitadores no ser fisionômico e de pura índole arquitetural. Um pouco à maneira do homem ilustre para os demais e para si próprio, que certo de vir a residência a transformar-se no museu de suas coisas — quando melhor seria que fosse considerado o ambiente em que os visitantes se fariam em identidade com o habitante último — seleciona as dignas de se exporem, sem exclusão daquelas que testificam a intimidade, resultando dessa conjuntura do exibir-se póstumo a vaidade de esconder objetos e combinações julgados inconvenientes mas que lhe revelariam melhor a autenticidade, ao transferir-

mo-nos para a cidade do R..., cedemos a casa a N. de A... que no caderno avulta como semblante dos mais queridos de nosso prestimoso abecedário; tendo em vista que a preciosa ocasião nos propiciaria, meses depois quando a ela retornássemos, o sermos na plenitude da identificação com N. de A..., procedemos de modo que o mobiliário, em distribuição estranha à de nosso uso, adquirisse a versatilidade suficiente para que a novel ocupante, livre do eventual intuito de preservar o arranjo segundo o nosso modelo, pudesse dispor, de conformidade com o seu molde, de todos os utensílios e recheios; assim os conservaríamos, quando de nosso regresso, configurando-se, pois, e em grau de extrema aliança, a unicidade entre a nossa efígie e a de N. de A.... Se obviamente nos priváramos de estender à pessoa amiga as imediatas continências em que se perfizera o nosso rosto, desde que a intenção consistia em promover a identidade a partir dela e não de nós — método paradoxalmente mais proveitoso e mesmo simples, a despeito de importar em iniciativas que avocamos e em escolha de faces a que haveremos de ir — desde que deixamos para N. de A..., como a configuradora de nossas atitudes no viver doméstico, e que envolveria a nós ambos, o receptáculo da arquitetura, a comum realidade anuiu nesse favorecimento ao painel da identificação, escusando-nos de erguer à metáfora o prospecto geral do tecto e das paredes, compondo-se o retábulo a expensas de naturalidades oferecidas. Entretanto, à maneira do escritor que a metáfora elastece muito além do que bastara para a assimilação do cursivo pensamento, inclusive mostrando-se mais desenvolto e hábil na confecção desse processo, com o qual nada veio a perder a compreensão, antes se animara esta por força das palpitantes e seguidas imagens, temos consentido que o relevo das figurações se demore a ponto de parecer que independe da inicial reflexão que por si não fora suficiente para os efeitos que programara o nosso intuito; ainda à guisa de alguém cuja idéia conceitual, por ser facilmente encarecível, prestes se revigora com a face que a ele surge em estreita associação, o nosso belvedere — ao incidir sobre a urdidura das pessoas que, igualmente a nós, eram hospedadas em hotel da cidade do R..., e como tal destituídas de suas incorporações alhures, porém não ao extremo de nos impedirem, no salão de palestra, o descobrimento de fragmentadas e remotas gesticulações — se distraía em recolher de movimentos e imobilidades o que pertencia ao hotel e o que se cristalizara à distância, em cada um; enquanto à noite, em horas tardias, cada qual em isolados mas uniformes ambientes, se impossibilitava à observação de nosso miradouro, no dia seguinte, depois do último repasto, eis que todos se dirigiam aos nossos olhos, e parceladamente íamos ora inovar em matéria de virtualização, ora ver ratificados os registros de datas anteriores, os vultos dispersando-se logo após como obedientes à exposição em hora certa; ora se salientavam em nós, menos pelo conspecto que exibiam do que pela indicação de velhos hábitos, incluindo nela a procedência e ilações outras, às vezes igualmente encontrada a mesma atitude em mais de um figurante, fato este a nos sugerir a presença de um hotel preliminar em que viveram juntos os similares de agora; assim como o artista expositor que, fora do horário da amostra e quando ninguém mais no recinto permanece, ressurge então sozinho, e pelas manchas no soalho e vestígios outros, dentre os quais a nota de aquisição prendida em telas, se informa quanto ao interesse havido na diária visitação, costumávamos, antes que o sono nos atingisse e com ele a integração de nosso corpo na uniformidade que prescrevera o hotel, sentar na mesma poltrona das receptividades e levar a lupa aos móveis que eram estojos vazios e postos em geométrica ordenação, a nos apontar, de início, que alguém, fora de nosso olhar, desfizera o fecundo desarranjo, em que se achavam, no momento de, por nossa vez, aderirmos à dispersão além da porta; no entanto, diferente do artista que a desoras aparece e lê rapidamente a externação das coisas, o nosso belvedere assinalava a extinção dos restos, o apagamento das inscrições feito à revelia de nossos olhos; e ao obséquio da lembrança remetíamos o que nos denegava o miradouro, em cumprimento a um ritual em que houvesse a oração descritiva, como preservação do efêmero em outrem. A seqüência que nos expunham as fisionomias, durante a estada no hotel da cidade do R..., toda ela constituída de episódios que ilustravam o pensamento nessa mesma semana despontado em nossa conjectura, antes que nos movêssemos a estudar o comportamento dos hóspedes, representou em nosso caderno a metáfora daquela reflexão segundo a qual os seres ora se delegam em um apenas, ora se restituem a estanques individualidades, e o nosso vulto, para havê-los de uma e de outra forma, tem de conduzir-se a ambas as situações, até ocorrendo sair-se de si mesmo.

5 — Que convencimento de exceção nos incutimos no momento em que, participando no mesmo retábulo com outros, dele nos afastamos em mente, a fim de contemplá-los, de devido modo, na conjuntura de sermos todos sob um único nome; isto de maneira que só o registra o nosso miradouro, enquanto a solidariedade de nossos

gestos ao grupo confirma a impressão geral de que somos
um deles; mas, dentro de nós sentimos o ator que ao papel
se dedica em virtude de automáticos atendimentos, o ouvi-
do à espreita do que profere o ponto que, naquele caso,
lhe fazem as vezes o título e suas decorrências que o painel
origina e alonga; o nosso desempenho a consentir, sem
dano para a integridade da cena em que estamos, que o
espectador se instale em nós e nada perca de toda a urdidura. O reconhecimento da culpa, se foi comum entre as
pessoas de nossas relações na sociedade de A..., de todo
ausente era na personalidade de S. C..., não obstante este
recair, com assiduidade, em situações que por si próprias
induziam a espontâneas franquezas; tal o estilo de convivência que se adulterava ante o conspecto destoante e de
incurável aleivosia, a quem nenhum dos confrades se contrapunha por motivo de reais contribuições que lhes dera na
fundação do grêmio, e ainda porque ninguém ousava atrair,
da face extemporânea, a cólera obviamente justificada; a
sua presença nas sessões, desde que o assunto vinha a envolver a alguém que lhe caíra em desgraça, alterava o
desempenho dos demais figurantes, parecendo que estes se
conduziam em ensaios e de repente o diretor da peça a
todos repreendesse, pois não seriam aquelas atitudes as que
prescrevia o texto, e depois atônitos em face da reprimenda,
se desconcertavam, cada um ajustando a seu modo o que
se lhe revelava condizente com a escritura, e de maneira
que os gestos já emitidos fossem de alguma forma apro-
veitados; os desencontros faciais exprimiam desordenada-
mente a circunspecção do assunto em pauta e o constrangimento pelo desabrido escólio, cujo autor observa, com vitoriosa atenção, os efeitos de sua malícia, acontecendo insistir
nela quando se descontentava com o mero desajuste fisionômico, sendo-lhe então preferível que todos abandonásse-
mos a ocupação a fim de lhe satisfazermos o vitupério
minucioso; cessado o intrometimento, a discussão proveito-
sa reassumia a pauta, mas ainda sob desalento e indis-
farçável contragosto que, após a questão decidida, éramos
de íntimo parecer que ela se não resolvera tão bem como
as anteriores, de certo em virtude de lhe haverem faltado,
para a tensão uníssona, os gestos modulados de acordo com
a agenda das proposições; entretanto, na reunião seguinte,
compensávamo-nos do insucesso fisionômico ao ouvirmos a
leitura da ata, em que, sem embargo dos pormenores que
habitualmente se inseriam, nenhuma alusão era feita às
palavras de S. C..., que, inclusive, a ratificava sem propor
a adição delas; a omitida conduta, se atendia à sensatez
protocolar e à certa prudência quanto à documentação
subscrita, significava, em nós, a verdadeira realidade do
que houvera no concílio; no entanto, uma outra modalidade,

existencialmente imposta pelo nome, a que se vinculava o painel, imergia no inexistente aquelas coisas que se davam e se processavam nele mas que nenhuma adesão as unia à nominalidade em causa. A inexistência a anuir-se ao ponderarmos que, surgindo, de futuro, alguém a manusear o livro, com o interesse voltado à reconstituição dos episódios ocorridos na sociedade de A..., e extintas as reminiscências das intrusões de S. C..., que ele as divulgava com aplaudido sabor, para esse curioso alguém só restariam como verdades inconcussas e donas de toda a realidade, as descritas e obedientes ao nome, as quais vieram, por fim, a prevalecer no plano do existir autêntico. Na transferência de nosso belvedere a outrem, verifica-se uma filtração da realidade que pertenceu a nós, sobejando, na inexistência perante esse rosto que nos substitui, os fatos que no painel foram excrescentes ao nome dele; quanto maior a distância que no tempo separa o nosso vulto do leitor só a contar com o tomo dos assentamentos, mais pura se realça a prevalência do nome que assim sugere desobrigar-se de seus recheios e até restituir-se ao som de sua vacuidade. Certa noite, na ausência da efígie que secretariava as sessões, competiu-nos o encargo, e para melhor nos havermos no mister de outrem, a sua poltrona ocupamos e favorável ao cometimento de vermos, de posição vantajosa, o desenrolar das atitudes como se fôramos a testemunha apenas, com o acréscimo interessante de olharmos a cadeira vazia onde sempre ficava o nosso vulto; lida e aprovada a ata, recolhêramo-nos à tarefa das anotações, umas para a documentação oficial, outras para o caderno de nossas urdiduras; de logo, entre estas, se sobressaiu a circunstância de os comparecentes às vezes apontarem os gestos para o assento vago como se nele estivéssemos, e, imediatamente, surpreendido o engano, os infletiam em direção ao nosso rosto que portanto, se duplicava e infringia a regra do câmbio figurativo, perfazendo-se a conjuntura de sermos, a um tempo, o semblante nivelado aos outros e a personagem díspar a lhes gravar as vozes; à maneira de certas composições, em que as cenas iniciais pressagiam a atmosfera dos episódios ulteriores, o desarranjo primeiro e que bem desejáramos pudéssemos incluir em ambas as lavraturas, a fim de que o imaginado pesquisador viesse a ter o completo conhecimento dos fatos que existiram, o desconcerto preambular recebeu a confirmação do estilo quando, fazendo uso da palavra a pessoa de S. C..., nos moldes em que discorria freqüentemente, eis que no recinto penetra alguém sem a toga devida, sob o mal-estar dos presentes e do orador em particular que, não perdendo a calma consentânea, ordenou ao inoportuno protagonista que com o secretário se entendesse, continuando a argumentar no mesmo timbre; enquanto nós abríamos, na suposição de tratar-se de correspondência social, o telegrama que, endereçado ao presidente do sínodo, lhe comunicava a morte do mais íntimo de seus familiares, também íntimo de nós pelos tocantes merecimentos; o abalo de nosso espírito, sem dúvida exposto a quaisquer olhos, parece que se recusava aos de S. C..., zeloso de que lhe ouvíssemos expressões que não inseriríamos na ata; inquieto em face de nossa absorção, desempenhava ele, nessa parte do políptico e na exclusiva assimilação nossa, o papel de todas as sessões, o da descaridade, sendo que a feição de agora possuía o cunho de exercer-se à revelia de seu intento; algum indivíduo com o dom de registrar a cena e sabedor de nossa inclinação para exauri-la em termos fisionômicos, interpretara a nossa atitude imóvel como o aproveitado ensejo de sublinhar a configuração do desamor; mas, de repente retificaria o erro, porquanto nos levantamos, e, calando o vulto de S. C..., a reunião extinguimos, que o episódio se convertera em outro painel, o do luto à puridade. Por motivo, talvez, da saliência que nos coube, na fusão dos dois retábulos, o nosso belvedere igualmente fundia à tristeza própria a compunção dos demais, atento às condutas e nelas integrado à semelhança do ensaiador que, dada a inalterabilidade do coro com um participante a mais, nele se envolve harmoniosamente, enquanto o olhar perscruta as ações de cada qual e aufere do conjunto a necessária impressão; e ainda, à maneira do ensaiador que, ao anotar o acerto com que se houveram os participantes, a si avoca o prazer residente em cada um, e lhes manifesta a estimuladora alegria por vê-los alegres, sentíamos que o nosso desempenho se efetuava em ondulações da tristeza, ora ao verificarmos o espontâneo de cada rosto a associar-se ao nome em tarja, ora ao observarmos o concerto fisionômico, ora ao ungirmo-nos com o consolador reconhecimento de que éramos todos no mesmo luto, S. C... conosco e redimido por ter agora entregue a face à plenitude da nominação, esta de tal forma profunda que a ninguém excluía.

6 — Depois, indo a retirar-se o protagonista que fora o centro do episódio, resolvemos todos, sem consultas prévias, acompanhá-lo até o domicílio que ficava à pequena distância; a rua tinha o adequado silêncio e raros transeuntes que afeiçoavam ao coro da tristeza a atmosfera que ao autor de ficção acudiria caso o painel surgisse imaginário, tão convenientemente intercederam, na prática da

litúrgica, as coadjuvações nascidas a cada passo, conjunturas que se repetiram na seqüência da ritualidade pela noite afora, e nunca nos pareceu tão sem artifícios a colaboração que o fortuito nos propiciava; mantínhamos ao longo do passeio a uniformidade das efígies isentas de gestos, o geral comportamento a se deixar melindrar por mera apreensão acerca de alguma testemunha que de si lhe indagasse o conteúdo: de tal sorte as efusões se contiveram, a densidade sem diminuir-se com o tácito assentimento de que assim devera ser o retábulo ao ar livre, sob o olhar de estranhos, e a modalidade tanto mais pura quanto não combinada, e espontânea; o corifeu, sem embargo de o nome incidir sobre ele focalmente, não se localizava, durante o trajeto, de maneira a exprimir-se como o fanal do cortejo, antes se desordenava com os acompanhantes que, nenhum pretendendo salientar-se em torno daquele vulto, se revezavam em assimetrias condizentes, e se porventura o testemunhante soubesse que a mágoa preferira um deles, não o identificara na deambulação do cometimento; chegados à porta, ainda se constituiu em natural consenso a dispersão do viático, a ida apenas do mais íntimo ao elevador e ao aposento onde um painel discorreria mas sem caber os demais do séquito; dispersão obviamente imposta aos que restamos, por absoluta impropriedade de conversações, e em cada um de nós o desejo de transferir do coro certos predicamentos que se dariam com delicadeza mais terna se abrigados em solilóquios; com que desvanecimento vimos que, ao se afastarem três dos intérpretes, entre eles S. C..., um conhecido se aproximara e todos, feitas as saudações de estilo, foram embora sem o menor espanto para o interferente, o entrecho a nos confessar que o anterior, apesar de diluído, continuava ainda neles; quanto a S. C..., a meio encoberto pela escuridão, nos parecia igual ao ator que, ausentando-se do estrado e dizendo adeus aos outros figurantes, segundo o texto da peça que não mais o inclui nas cenas seguintes, tem o seu gesto de despedida, além da vinculação ao enredo, algo que transcende a este, qual seja o adeus aos espectadores em virtude de não mais voltar à exibição, que, no caso de S. C..., equivalia à verdade que corroboramos enquanto o vimos depois por muitos anos: nunca mais ele se integrou em cena que o remisse, em nós; se presente estivera o ocasional testemunhante, ao sairmos em direção à artéria que antes percorrêramos em grupo, de certo confessara que nos imbuíramos do mesmo papel que desempenharam os outros no comum saimento, pois em nós permaneciam as mesmas atitudes e, alimentando-as, a tristeza tal como existira há pouco; e assim levávamos, ao longo do passeio, e virtualizado, o coro de que havíamos sido um dos participantes; detivemo-nos diante da fachada em cujo interior se deram os entrechos, dos quais, apenas o segundo insistia em ter, em nosso rosto, a desenvoltura de transitar fora do recinto e volver a ele, com o propósito coonestador de, se alguém nos surpreendesse, sozinho no salão, dizer-lhe que ali estávamos à procura de papéis, mas nenhum engano se fez preciso nem ofenderia a sacralidade de nosso retorno ao local de origem; iluminado ainda, e com os móveis no desarranjo em que os deixáramos, o nosso vulto aspirou densas melancolias como a fim de mais prover-se para subseqüentes deambulações a que ia, não em si mesmo, porém na representação do coro que jamais se recomporia, salvo sob esta forma de reaparecer virtualizado; pouco importando que o reconhecimento de tal outorga fosse de nossa exclusividade, porquanto os atributos com que se expuseram as seqüências do cortejo só em nós se verificaram; todavia, da prática da convivência pode revelar-se que certa efígie, por aguda observação aliada a entrosamentos do afeto, nos entenda e faça coincidir a sua interpretação a respeito de nosso rosto com a legitimidade do que nele ocorre, o que se passara nas relações que mantivemos com a figura de N. de A... que, devolvendo-nos à rua, encontramos em profundo advento; nutríamos a convicção de que ela assimilara alguns teores de nossa litúrgica e os silenciava, e nesse silêncio víamos o adequado modo de os compreender e aceitar; mesmo porque, numa ocasião há tempos, nos levou à escola que freqüentara na infância, havendo escolhido uma data em que todas as peças estavam ermas, usando assim um comportamento — o de retomar os objetos pelo só vazio do estojo — que mais de uma vez ela assistiu de nós sem que lho explicássemos; o acaso favorecedor, ao afastar de nossa conjectura a impressão de artifício, o ritual vindo a ser a realidade mesma e em comovente identidade, a ponto de que se fora uma seita, o membro fidelíssimo ousara a interrupção, no suposto de esta não ferir o aviamento da solenidade, o acaso favorecedor iria prolongar, com a presença do doce acólito, a plenitude de termos em nossa efígie o coro das mudas lamentações; com efeito, na indagação do que houvera, partida de N. de A... e com a voz de meio reconhecimento, acudiu-nos a sensação, sobremaneira confortadora, de que, desta vez, a liturgia não se positivava em solilóquio, mas se ratificava, ou melhor, segundo vimos no decorrer da seqüência, a ela se associava o semblante que, se nos fosse dado escolher entre os muitos de nossas relações, seria o da preferência; logo justificada ao nos conduzir, como se atendera de súbito à convocação ao desempenho que passara a exercer, ao mercado de flores ali bem próximo e talvez ainda aberto, no qual nós ambos nos animaríamos ao fingimento de selecionar as que pudera receber a face extinta e longe; porém, já era tarde e o edifício tinha fechadas as portas, parecendo que a realidade, continuando a fundir-se com a litúrgica, estava a nos dizer que, na impossibilidade do oferecimento, não necessitávamos de estendermo-nos à quimera; e que a materialidade do rito sem dúvida se configurava na cerimônia de se manterem encerradas as portas, o não ser das flores a coincidir com o não ser de nossas faces na pessoa que veio a falecer: quanto a nós, em grau de havermos sido nela, e quanto a N. de A..., em grau de nunca recolher o prêmio de ter sido o mero hóspede ou habitante do existir em quem se fora com nós ambos; a ritualidade se confina para maior detença de sua fixidez em nosso álbum, e também para melhor unção em si própria, de onde o interesse em que ela se não escoe e flua indefinidamente; daí porque, àquela noite, ao despedirmo-nos de N. de A..., inscrevemos, num só e último painel, o seu vulto a exibir do carro o gesto da dissolução do coro, e a rua inteira com as casas dormidas.

Capítulo 7

1 — *O painel da realidade e o da quimera.* 2 — *A identificação na morte.* 3 — *A prática fisionômica.* 4 — *A presença real.* 5 — *A indiferença — O olhar cria o painel.*

1 — Na factura do álbum, quando o enredo nos encaminha o belvedere — o enredo descoincidente com o da autenticidade própria dos protagonistas — reparamos que as figuras, embora exercendo o mesmo ritmo de ações, nos indeferem a verdade contida em suas desenvolturas, em troca das contingências da narração que preferimos; a qual, muitas vezes, assume em nós um relevo superior ao das legitimidades realmente proferidas. Acontece freqüentemente que o pequeno conto, segundo nós, se distancia tanto das origens que os intérpretes inspiraram, que um ou mais de um destes abandonamos para, em seu lugar e sem prejuízo da urdidura, trazermos à rampa uma coisa inanimada que lhe continui o papel, a modo das que marginaram V. R..., ao recolhermos os elementos que nos proporcionara o encontro em casa de L.... Aquele semblante apareceu inesperadamente com a mala a expor os anúncios dos navios em que viajara, e tendo no rosto o espanto de quem chega, sôfrego menos por ser entre as pessoas de outrora que por mostrar-se no recinto de antigamente; mas indicando ausências que quiséramos conhecer em sua companhia, passagens de logo subentendidas nas estampas em que era evidente o mar, e o salão da casa de L... como que se convertia no último porto; depois de formuladas as efusões do contentamento — fórmula, com efeito, pois V.R..., à parte as nossas estreitas vinculações, representava para todos uma inoportunidade, e quanto a L... o incômodo de tê-lo a co-participar da residência — o re-

cém-vindo, que interrompera agradável conversação, e sem
o cuidado de permitir que ela fosse ao desfecho que abreviaríamos num minuto a fim de atendê-lo naturalmente,
passou a referir-se, em vozes e gestos altos, e, de acordo
com as suas predileções, aos acidentes da vilegiatura, sentado na mala das enunciações silenciosas; transcorridos
alguns instantes, L..., em atitude gentil e desembaraçadora,
promoveu, pelas mãos dos serviçais, o transporte do assento
para o quarto de hóspedes, e uma ordenação mais tranqüila das cidades que percorrera V. R... que, sem demorar muito, foi à mala e trouxe um instrumento musical logo
posto em sons, mas com reduzido sucesso porquanto sobreveio o aviso de que o almoço estava à mesa; durante o
repasto, V. R..., ou por excitação das palavras, ou por
uns restos da instabilidade a bordo, movia o corpo numa
oscilação conveniente a quaisquer das conjunturas em que
se vira e relatava, os olhos a incidirem, em dose igual, em
cada uma das faces comparecentes, e assim miravam com
o fito de obter o assombro que, no mesmo índice, sem
dúvida estarreceria a todos nós do cenáculo; por fim, enquanto dois grupos se formavam à varanda, V. R... dirigira-se à peça que lhe fora destinada, na certeza de que
ambos iriam circunscrever-se às impressões que dissera, o
que realmente houve de alguma sorte; isento porém do
calor e delonga que ele almejara, e cremos que mesmo a
escassa ressonância somente se fizera em virtude de nós que,
sabiam, o considerávamos alguém de bastante interesse. À
noite, retomando o caderno de nótulas, seriamos à nossa
feição os acontecimentos que, em casa de L..., nos pareceram consentâneos com os nossos desígnios; apenas, em
vez de aproveitá-los segundo sucederam, e o pudéramos
desde que a realidade não dissentira completamente da facial
predominância, lhes alteramos a ordem de certos fatores
da composição e a natureza dos significados. Movera-nos
à adulteração o prazer de melhor assunto a que nos animamos à vista das estampas de vapores, inclusive acrescentando à nova seqüência alguns fatos e minúcias que
omitira a legitimidade, além de complementações metafóricas a nos oferecerem do conjunto uma dimensão mais
repleta de sentido; em verdade, fora precisamente o sentido
a entidade que impôs, à nossa particular confecção, a diretriz dos encaminhamentos, o conspecto dos locais, a medida
das escolhas e o mais conveniente à elaboração da obra,
resultando que sentíamos uma concorrência criadora que
era independente de nossa arbitrariedade. Quem lera as
duas versões, e não atinara com o sentido que à segunda
impusemos, haveria de considerar inócuo o esforço que a
esta dedicamos; e mesmo, atendendo à circunstância do só
uso figurativo, ao exigente leitor caberia a alegação de que

a urdidura da veracidade se fizera principalmente com os meios fisionômicos, e os acedidos por vozes pouca ou nenhuma contribuição apresentaram para efeito do entendimento de todo o políptico; mas, esclareceríamos que, afora o sentido, e mais a eleição das contexturas exclusivamente visuais, influíra em nós a desfavorável posição em que se houvera o rosto de V. R... junto a neutros e protocolares indivíduos, contrariando o afeto que lhe devotamos e acrescido àquela hora pela frieza manifesta, malgrado as nossas adjudicações intencionalmente amigas; não fora a primeira vez que, no caderno, reservaríamos ao fingimento a atribuição de amorável conduta à imagem por outros contrafeita; e com a preventiva esperança de, se em longe futuro vier a memória a obscurecer-se, o registro enganoso poderia apontar-se como verdadeiro e, quando menos, a confusão que adviria do cotejo entre as duas páginas, seria preferível à convicção a um tempo constrangedora e de impossível controvérsia. Em todo caso, voltando agora a reler as duas seqüências, o nosso agrado se demora na da quimera, com V. R... a desembarcar contente e todos a nos dirigirmos a seus abraços, enquanto no fundo do entrecho restava o navio como à espera de que se ultimassem os júbilos, ele, a personagem presente aonde fossem os nossos olhos, inclusive no salão em que os passageiros abrem os volumes aos inspetores; e o sentido a insinuar-se com a persistência do navio no fundo do painel, depois, lentamente, a exibir-se na atitude de V. R... que, sentado numa valise, levava o miradouro ao primeiro plano de uma etiqueta nela aposta e com o nome de outra nave, e em seguida punha-se, com a mesma saliência, a observar as etiquetas restantes em malas e valises, cada qual com o nome de diferente vapor, só imperante o olhar de V. R... no recinto da alfândega; transferido de V. R... para o ponto neutro, o miradouro recua ao fim da sala, mostrando que se removem uma a uma as bagagens e vão com elas as pessoas que enchiam o ambiente, sobejando por último o recipiendário e seus acompanhantes, todos agora em palestra de teor inútil à compreensão do entrecho, pois representava as efusões de estilo, e quaisquer digressões além, habituais em instantes dessa espécie, em nada ofenderiam o discorrer unicamente fisionômico; por iniciativa de V. R..., o grupo deixou o local, e o belvedere, posto agora na calçada do edifício, veio a registrar os figurantes que seguiam para a escada de bordo, com V. R... a iniciar a fila; tal visão a fundir-se com a dos mesmos conciliares no salão do botequim e em assentos em torno de mesas, numa estada que, diferente do almoço em casa de L..., teve a duração menor, bastante apenas para deter os sinais de uma vida em comum e diversa, desde que a lente, ao penetrar no bojo da embarcação, começara o seu intuito de só deixar prevalecer a vigência do navio, indo pouco a pouco perdendo os seus relevos as imagens indiferentes, a fim de que se ressaltassem os valores da instabilidade, os da ausência em trânsito; a cena seguinte foi a da peça de muitas poltronas, na qual o miradouro, situando-se, em tempo igual, nas costas de cada um dos comparecentes, tendo por vinheta o respectivo rosto, via, em realce, pinturas, fotografias e gráficos referentes a cidades e portos havidos e prestes a haver; demorando-se, segundos a mais, no último desenho em que estava o porto do R... que, assim, valia, na linguagem da configuração do esquema, a um ponto simples e, nesse caráter, não obstante compreendermo-nos em plena coincidência da realidade com o asterisco, era este que se sobressaía na ocasião, como se, longe, algures do mar, todos nós, talvez aspirando a terra do desejo, e premunindo-nos dela, nos resumíssemos à contemplação do mapa; em prosseguimento, pelos corredores e vias irregulares, fomos a repetir e, em termos fisionômicos, a ser, estando no interior do navio, os presentes em todos os portos e águas em que ele se constituiu em conspecto; parecia comprová-lo a circunstância de visualizar-se o camareiro sem nenhum espanto, sem a surpresa no menor gesto, a olhar todos reunidos no camarote de V. R...; este sentado em sua valise, como se fôramos vultos do itinerário em seqüências, no ato derradeiro do políptico em cuja sucessão das partes se fizera constante a ausência, a grande personagem que o sentido ditou.

2 — Se a reformulação de alguma passagem, em virtude de o verídico não corresponder à idéia que temos do figurante, vem a favorecer a posição por este assumida em nosso álbum, e que talvez se isente de nossa memória, em vindoura releitura, a benéfica e intencional modificação que introduzimos na realidade do acontecimento, sobre redimir do intérprete a conduta às vezes irregistrável, e atender à lógica íntima das confecções, avantaja-se à exclusão completa pela conjuntura de subordinar-se plenamente à condição de serem, o episódio e o elenco, entidades cujo existir se dá em nós e dependem, para surgir à luz, da lâmpada que representa a nossa receptividade. Assim como o mesmo sucesso costuma variar de acordo com o depoimento de cada testemunhante, a nossa prerrogativa de ver e de nominar, retirando-se de possível consenso, se alteia quando

compõe e mede o seu repositório de conformidade com o gosto, o módulo, a unidade de ser integrantes de nosso belvedere, acrescidos do pensamento de que, observados de um ângulo que há de ocorrer sem dúvida, os retábulos tidos por verdadeiros e os de nossa ficção se equivalem no inexistir em nossa morte; e, à maneira de vestibular indicação, já figura, nesse nivelador predicamento, o anônimo dos que viveram e não nos deixaram nenhuns restos de suas vidas. Portanto, a ficção se coonesta ao longo de nossos entrechos, concorrendo com a realidade na tarefa de preencher os nomes, que estes se não ressentem ante as origens das investiduras; ao contrário, têm o seio infinitamente amplo, e no tempo do abrigo, se houvera um miradouro que assimilasse a plenitude de todos os episódios na sua designação, informara, depois de vê-los, que em nenhum instante se lhe acudira a idéia de separar uns dos outros, os que nasceram de si próprios e os oriundos de nosso engenho; de nada lhe importaria o saber quanto à proveniência dos painéis em que O... se nos afigurou extinto em face da extinção de H. B..., embora jamais se tivessem conhecido, cremos que nem mesmo de nome, o que amenizaria a escura fatalidade de, tão feitos um para o outro e residindo ambos na mesma cidade do R..., haverem vivido sem mútuos entendimentos de gestos e de vozes; culpamo-nos de incúria pelo afastamento dessas fisionomias, nas quais, além das similitudes, oposições se evidenciavam mas de natureza que, em lugar de litígios, se compensavam para efeito de uma consonância maior como a do diálogo de figuras que, focalizadas em binômio, nos indeferem as feições de serem uma e uma em particular, à guisa de composição pictórica em que as atitudes dos semblantes se apresentam com tanta reciprocidade que, vindo alguém a disjuntá-las em corte, e exibido um fragmento a quem não os conhecera vinculados em única superfície, este notara logo, a despeito da mestria do disfarce, que o rosto se complementa com outra efígie; se depois desta conclusão, se lhe mostrar várias estampas de possível cabimento, dentre as quais a legítima, ele acertará, prestes, no rosto do natural liame; acresce que, para atenuação de nossa negligência, sem embargo de tardia no tocante à prática individual de cada um deles, a preocupação de obtermos agora a aliança de O... e de H. B... se revestia de unção especial e sobremodo litúrgica, um ritual para nós somente e cujo teor nos valia perante a consciência da falta; mudas em solilóquio: a contrição pelo que nos omitíramos e a emenda que nenhum outro suspeitara, inclusive o atual participante do episódio, o sobrevivente que ia perecer na junção enfim alcançada; mantivéramos consistentes relações com a efígie de H. B..., indo todas as semanas à sua casa, no último ano que vivera, e sabíamos do mais que lhe preenchia as horas, coisa que igualmente ele poderia ter dito a propósito de nosso vulto; mas, no tocante a O..., éramos escasso de certos conhecimentos, se bem que alguns dos assimilados nos induziam à convicção de que grande parte de seu repertório muito pouco interessaria à condição intelectual de H. B..., apesar de este acolher, prazerosamente, no rol das amizades, fisionomias que se impunham, pelo comportamento humano, e O... se valorizava por esse efeito e o reclamava como se todos devessem assemelhar-se a ele; a pretexto de mostrar a O... o mobiliário da residência de H. B... ainda incólume de modificações, lá estivemos facilitados pela desenvoltura com que éramos assíduos mesmo depois de sobrevinda a morte, e isolados os dois no salão de estudo, intencionalmente ocupamos a poltrona que preferia H. B...; de modo que o interlocutor não desconfiasse da mudança de ser, operada em nós, havendo escolhido um assunto condizente com a lavra de ambos, isto é, de O... e de H. B... já em nosso rosto, fizemos as vezes deste, sentindo-nos em seus gestos, nas pausadas explicações, nos silêncios, e sobretudo na maneira harmoniosa de entendermo-nos, uma simpatia a dois que mais se evidenciava ao vermo-nos, com o pensamento, adstrito à figura de H. B...; no dia seguinte, e atendendo à óbvia e convidativa sugestão, comparecemos à casa de O..., para trato de matéria alusiva a móveis, crente de que o ritual se avivaria com essa reciprocidade firmadora do elo entre os dois semblantes; o que em verdade aconteceu em nós que nos desincumbimos em outorga de H. B..., tanto assim que o abraço de O..., no ato de despedimento, fora, consoante nós, não propriamente extensivo, mas destinado tão-só ao vulto que morrera; postas em intimidades as relações entre O... e H. B... — para a qual muito contribuíra a visitação à casa do primeiro, onde nos demoramos o suficiente habitual de H. B... e não o costumeiro nosso que seria de curta duração, e no uso desse tempo alheio à nossa individualidade, medimos, ainda mais, o quanto éramos na efígie ausente — estabelecido o viver em mutualidades, fomos, no dia ulterior, sem a companhia de O..., à residência de H. B...; então, o nosso intuito se prendia à oportunidade de — no interior da peça onde H. B. ... se delongava e recebia os visitantes, e ainda impregnada de seu rosto como se tivesse se afastado para volver a qualquer momento — não vermos a figura de O... na poltrona que lhe seria destinada, nem vestígio nenhum de sua presença no ser de H. B..., enfim, o sobrevivente em realidade a se converter, segundo a nossa ordem fisionômica, no desaparecido, por efeito da desaparição do que perecera; por alguns dias, perseveramos no propósito de cometer a certas ausências de O... a significação de que elas se vinculavam à ausência de H. B...; dessarte perfazendo-se, em painéis sucessivos, a compensação, através de nós, pela fatalidade que se eximira de apor, em algum recanto do repertório deste, a efígie de O... que, muito propícia a tão amorável concha, sem dúvida haveria alcançado nela, e com o decorrer do convívio, uma posição de relevo igual à nossa, e conosco a analogamente inserir-se no funeral genérico, em virtude de H. B... falecido; mas, se a morte de alguém inclui, a despeito da impossibilidade do deferimento por parte do belvedere extinto, a todos os que se ocultaram dele, impregnava-se de sentido o nosso miradouro, na unção de capitular o não ver a O..., em determinados recintos, como o sabê-lo ausente na ausência de H. B..., aglutinados no mesmo falecimento: íamos aos lugares a que H. B... costumava ir, afora as visitações à sua casa, e como fecho às seqüências da liturgia, houve a semana em que o não observamos, valendo a restrição de nossos olhos a inserir, por inteiro, a ambos os intérpretes no mesmo nível de ofuscamento, na morte; lembrando o fiel que, recebido o sacramento, se afasta da igreja e na rua prolonga em si o que no altar lhe adviera, o nosso vulto, crente de que, ao situar-se nos ambientes que acolhiam H. B..., vulnerava o rito no tocante a nós enquanto desaparecido no desaparecimento dele, passou a evitar os mesmos recintos a fim de que se não salientasse a presença nossa; e, se alguém da família do morto nos indagasse a razão de nossa incúria, responder-lhe-íamos que em tempo algum fôramos tão próximo de H. B....

3 — Na confecção dos rituais, juntamente com as atitudes que nos mostram os intérpretes, mercê das injunções que para tal aduzimos no decorrer do retábulo, há gestos que, sem a nossa mínima interferência, e entrementes originários da intenção que move os protagonistas, vêm a corresponder, com rigorosa concordância, ao sentido que paira sobre a cena, como se a ocasionalidade possuísse atributos de contra-regra e se conluiasse conosco, às vezes vantajosamente em sua espontânea perfectibilidade. Indo certa noite ao espetáculo de um drama que oferecia o teatro S. I..., logo após o cerramento do pano que ultimava a peça desenvolvida sob elevada temperatura, com a transpiração dos assistentes só agora por eles sentida, que se absorveram nas emoções que dirigia o palco, umas pessoas, receosas de que

alguém interpretasse a conduta de levarem o lenço ao rosto como a comprovação de lágrimas, permaneceram no embaraço da exsudação; todavia, outras pessoas menos recatadas e, sem dúvida, menos sensíveis em relação à peça, também descuidosas de existir alguém que as observasse, fizeram uso do lenço em alívio da incômoda transpiração; mas, fisionomicamente, foram estes vultos os que desempenharam o auto de transição da platéia, modulada pela rampa, à mesma platéia já dispersiva, porém sob os efeitos de longa uniformidade. O que nos importava era apenas a linguagem figurativa, o domínio dos gestos, a exclusiva consideração dos rostos e incondicionada pelas disposições internas de cada um; retraímos do álbum aqueles semblantes que, preocupados de como se exibiriam a olhos indiscretos, escaparam entretanto da verdade cênica, ao inverso dos outros que, sem o intuito da apresentação, a deram segundo a legitimidade conveniente a nós, e nem sequer a estada de nosso miradouro pressentiram. Cremos que, se fôssemos um empresário e na véspera recolhêssemos os atores que, em face do anúncio, houvessem acorrido ao nosso encontro, escolheríamos aqueles que, parecendo mais caroáveis às comoções, no entanto esconderam a plenitude das lágrimas, intérpretes faltosos ao cumprimento do que pretendíamos; assim, a aptidão do ator para o nome a que se aplica a mente e que a visão tenta descobrir, resulta incerta quanto ao aproveitamento que lhe deferimos; a própria disponibilidade que, no mesmo índice, encerram todos os rostos, nos momentos inúmeros em que prevalecem, para a efetivação do significado, os contornos a que ninguém se recusa, e além dessa disponibilidade os meios que faturamos se a eventualidade não nos é de todo propícia, as conjunturas que envolvem as situações em ato vêm a nos persuadir de que a realidade, inerente à figura, se vê empregada no papel que desempenha diante de nosso artificioso olhar. A lógica do acontecimento em ficção, mesmo ao inspirar-se, de partida, no rosto cujo viver conhecemos, passa a fluir por força de si própria, sem embargo de acontecer que, revelando-se o sentido em detrimento de pessoa de nossa diuturna afeição, interrompemos a via da nominalidade, à maneira de quem se oculta a fim de que o semblante em constrangedor mister não saiba que o vimos em escura condição. Houve certa vez em que surpreendemos S. N... num urdume da veracidade que obrigaria o afastamento de nosso belvedere, tanto mais que de sua voz ouvimos alusões bem desamáveis ao nosso vulto; e o espanto, em lugar de nos atrair à partitura do entrecho, dela nos ausentou coadjuvado pela compaixão de termos de inserir, na página sob a invocação desse rosto, umas linhas que contrariavam a seqüência de benesses, de proteções, de há muito favorável a nós; o imprevisto de nosso comparecimento anotara S N..., e supuséramos que discreta permanência de nosso vulto, inclusive com ligeira contribuição ao retábulo, segundo nos pareceu consentâneo, isto é, de modo que revelássemos entendimento diverso do verdadeiro, e ainda a modesta e oportuna retirada, dentro da versão que imprimíamos ao sucesso, eram bastantes para convencer S. N... de que não registramos o desairoso cometimento; todavia, mal calculáramos, desde que, alguns dias após, ele, entremostrando a argúcia insatisfeita, nos compeliu a extremar a argúcia nossa, esta insistindo na iniciada ficção, já agora com minúcias que fortaleciam o fingimento, levando a pessoa de S. N... a aderir, perante nós, à quimera sucedânea da realidade, e superior enquanto políptico a estender o fio lógico de outros retábulos e o merecido prêmio ao afeto que nos pertencia. Recordamo-nos também de A... certa noite em que o recebemos em casa, e então nos apareceu investido de duas acepções, embora ele acreditasse se conter apenas em uma: aquela da simples visitação conforme prometera e cumprira mediante um aspecto que, apesar de inteiramente posto no ato de vir àquele efeito, se prestava, nos diferentes graus do visível, à acepção segunda e por nós desejada ardentemente; pela tarde, e sem que pudéssemos obter elementos informadores, correra a notícia de que alguém da intimidade de A... perecera alhures, e o nosso interesse quanto à verdade, se bem que dominante, sofreu a contingência de aguardar ainda algumas horas, inoculando a véspera com o pensamento na alternativa de ele comparecer ou não comparecer, num caso o desmentido e no outro a confirmação; porém, no instante aprazado, ei-lo que penetra alegremente pela porta deixada aberta como a configuração de um anseio difícil de sopitar no término da expectativa, oferecendo-nos, com o mero estar conosco, a certeza de que não houvera a morte; além disso, os corolários de sua presença, as vozes e os gestos da satisfação, homologavam, no interior do entrecho, o que já fora esclarecido pelo só conspecto de A....

4 — Ao vermos explícitos os rostos, em relação ao significado de que se desincumbem, e que lhes fora por nós estabelecido, nos advém uma sensação de integridade conosco e de tal maneira confirmadora de nosso estar que o conceito de objeto se nos afigura inócuo; em lugar de a noção viger, ela, a sensação, nos incita à conjectura, sob o estímulo da mesma aura, de seres em continuado

atendimento aos nossos ditames: e a própria realidade a eles inerente e legível, se demorada diante de nós, com o nosso miradouro dela afastado ou a discorrer de seu núcleo em digressivas dimensões, nos aparecerá como suscetível de merecer os comentos que às situações em ato dirigimos. Equivalera a estas a seqüência de todas as visualizações que constituem o repositório da rotineira existência, a teia enorme de que todos participam, ora com originalidades, ora, sobretudo, com repetições, nenhum retábulo a nos infringir a intuição de que os temos em consonância conosco, daí alongar-se a sensação de posse de coisas que nos pertencem por domínio congenial. Depois, quando no álbum inserimos o painel que se fez à nossa vista e em cuja composição nada promovêramos, mas que se ajusta no estojo elástico e irrestritivo, que a tanto se assemelham os nossos olhos, acontece — pondo à margem, por indivisível, o enlevo com que nos surge o rosto ou a cena — impregnarmos o sucesso possuído com o tratamento que às situações em ato dedicamos. Tais como se fossem estas, os ocorridos em casa de V... e consubstanciados no rótulo, que todos os figurantes, se perguntados, ratificariam o nome agora em desempenho e o único a prevalecer sob aquele teto, com as faces despidas das injunções que certamente as amoldavam ainda há pouco, se ordenavam tão corretos no tocante ao atual sentido como se nasceram para ele e sem necessidade de preparações. A lupa nos consentiu que, à semelhança de oportuno escoliasta, expuséssemos na mente, enquanto víamos, a conjuntura de o ato da participação perfazer-se pela revelação repentina de acordos, de pontualidades, de inéditas comunicações que, no instante, excluem em nós o pensamento de que os intérpretes possam vir a ser outros, de que os semblantes em apreço possam vir a cooperar em formações diferentes, para outros fins e para outros olhos. O registro dessas observações, embora cabível em todas as passagens ao miradouro afetas e talvez que externado com diferentes dizeres, entretanto na casa de V... assumiu em nós uma ênfase inolvidável, a cuja explicação não nos movêramos de todo, crendo todavia que a causara não a contingência de serem os atores já conhecidos de nosso belvedere, e sim a gratuidade de nosso espírito na ocasião de recebê-los, a nominalidade aparecendo de súbito e com ela também os participantes. Nenhum agente situado perto ou longe das fisionomias as orientava no sentido a exporem, nenhum ponto ou contra-regra lhes ditava a posição e a natureza de suas desincumbências; elas próprias, sem que anteriormente houvessem combinado a fórmula das atuações, deixavam que as doses da cena total se distribuíssem na ocasião, incompetindo a nós o julgar das omissões ou excessos, se porventura sucederam, nem tampouco o advertir

CAPÍTULO 7

de que eram inadequadas e de que outras melhor serviriam à coonestação da presença. Não nos ocorria pôr em dúvida a veracidade de aparência de que os rostos se achavam investidos, mesmo porque tínhamos diante dos olhos um texto original que a primeira leitura só nos induzia à mera assimilação, a novidade do ensejo a nos impedir de, atenuando o olhar sobre o conspecto, vermos nos comparecentes os vãos de descortináveis perspectivas. Assim como em peças de teatro se conceitua a cena pela estada do mesmo número de protagonistas, adotando-se outra desde que um se afasta ou acresce, o retábulo na residência de V... se constituiu em único enquanto perdurou a nominalidade, e nesse tempo, nenhum vulto a menos ou a mais alterou a extensão útil ao desdobrar do cometimento. Sozinho na sala, eis que se abre a porta e um grupo de quatro pessoas vem em direção à nossa efígie, todas na uniformidade do nome que era o do despedimento, segundo expresso estava em seus rostos como se o houvessem dito desde o patamar; o movimento que fizeram para o nosso olhar imoto, traduzia a legitimidade de pertencer a elas a iniciativa de nos dar o adeus, penetrando em nosso miradouro como o habitante penetra em sua casa, sem conferir surpresa aos que nela também residem, o chegar equivalendo-se a um ato do permanecer doméstico, e o abrigo, recebendo-o, absorve em si o adequado vulto para quem, no interior, reserva gerais e especiais recantos, em que ele acomoda o existir de sua aparição; sentimos que o belvedere, ao preencher-se com as fisionomias que se aproximavam, as absorvia como um ato continuador de posse, tal a incolumidade de nossa receptiva, apesar de esta aumentar-se de mais um entrecho, como a luz se mantém ilesa ante os variados surgimentos; os olhos albergam tanto as cenas do vaticínio como as da imprevisão, à maneira da hospedaria que não adultera a concha nem as subconchas de seu teor, quer o hóspede de há muito pertença ao rol da clientela, quer tenha ali entrado sem nenhum aviso, parecendo afinal que os últimos da estação foram os primeiros que a inauguraram, tão caroável ao acolhimento se manifestou a feição intacta do edifício. Motivado pela semelhança com que se operaram em nós a cena em casa de V... e aquelas das situações em ato, decidimos estabelecer, em várias conjunturas do caderno, igual tratamento para ambas as modalidades, sempre que a sensação de possuir vultos, ou o painel em mira, os integrava entre os nossos pertences, além daquelas efígies ou retábulos que se perderam e se perdem em nosso cotidiano; isto em virtude de a posse induzir à familiaridade e esta à habitualidade anódina que, de costume, tanto consente que escapem de nós muitos sucessos em que a cogitação não pôs o necessário grifo.

5 — Com freqüência, a posição do protagonista encerra em si própria o significado que lhe coonesta a presença, a modo daquele entrecho na casa de V..., quando verificamos o propício que fora o gesto de os comparecentes virem ao nosso encontro, que a tal movimento correspondia a conjuntura de dizer adeus, o motivo dessarte preestabelecendo a forma de sua exteriorização; assim, cumprida esta, resulta que o nome, ao indicar a maneira de sua facialidade aos nossos olhos, insere, entre outros poderes, o de insinuar, ou mesmo delinear, a liturgia de que ele é o fundamento. Quantas vezes, incidindo a lupa no ocasional ou no faturado painel, observamos que certo rosto, a ele vinculado nominalmente, isto é, convicto de que à significação se incorpora, no entanto melhor estaria se na desenvoltura de outro nome, apesar de não ferir de exceção o retábulo em que se acredita condizente; os polípticos dessa natureza se constituem nos mais férteis a descobrimentos, embora de ordinário dissentamos do assunto que ora se exibe; e, para que estes mais se acentuem, costumamos seccionar a cena e conduzir o ator versátil a um nome que, à distância, paira deserto, em nós. N. de A... que compusera, em casa de V..., o grupo em direção ao nosso olhar, comparecera, meses antes, ao episódio havido na arquibancada do F..., que, em virtude da escassa assistência àquela noite, nos permitira obter as espontaneidades que eram possíveis sob as limitações do ambiente e da qualidade da circunstância; acontecendo que a fraqueza do espetáculo prometido aos espectadores, facilitava, em nós, a perscrutação de outro espetáculo em que o centro de interesse residia na própria N. de A... que nos escondera o gosto pelas cenas esportivas, ora evidente nos discretos aplausos; lugares vazios propiciavam, de muitos ângulos, diferentes aspectos de N. de A... e seus acompanhantes, sabido, inclusive, que, de cada uma dessas posições alcançaríamos do quadro nominação diversa; entretanto, para essas eventualidades não se moveu o nosso miradouro que preferiu estar no mesmo ponto, dividindo a curiosidade entre os atletas e o vulto de N. de A..., este em degrau inferior e lateralmente a metros de nossa efígie; em acomodação final ao nosso belvedere, depois de intervalados recaimentos sobre a figura em causa, a indiferença foi o título a que se devotava quem, na realidade, nutria predicamento oposto; a versão que assim se expressava nos pareceu bastante nítida, em objetividade fisionômica, de forma a excluirmos da nova impressão quaisquer laivos dissolventes porventura aderidos à inconstância ritmada de nossos olhos; N. de A..., vista de nosso recanto, nos mostrava — por lhe não sabermos em que recinto se fixavam os olhos seus a nós ocultos, e além disso, pela geral composição do gesto curvado sobre

CAPÍTULO 7

os joelhos, em depressão indeterminada — o alheamento em relação a todos os conspectos, e quando expedia júbilos, os rostos vizinhos para ela se voltavam incontinenti, e satisfeitos não pelo ocorrido abaixo, e sim por vê-la excepcionalmente alegre, em nada refutando a indiferença o ato de fazer-se em alegria para o contentamento de outrem; ao inverso, as breves palmas se revestiam do mesmo rótulo porque, segundo a nossa observação, que se omitia de conhecer a meta a que ia o miradouro de N. de A..., elas se assemelhavam a atitudes sem concreções onde pousar e conseqüentemente cabíveis a quem quer que as colhesse, um tanto a modo do cego que distribuía o rosto na cidade do R...; a partir do momento em que nos avistou, cessaram-lhe as efusões para melhor desenvoltura no papel que assentíamos, o acanhamento a representar o intromissor que, anulando os efeitos de uma verdade, origina outros de legitimidade paralela, neste caso os jogos a não merecerem os regozijos de ainda há pouco, embora os demais de seu círculo permanecessem entregues às mesmas excitações, o que comprovava existir o merecimento; assim, o nosso belvedere, em vez de simples receptor, atuava criadoramente, dele promanando o desígnio de como continuar o episódio; a presença exclusiva de nosso vulto, enquanto miradouro estendido no semblante de N. de A..., promovia a cena que nos interessava, a protagonista a acompanhar o libreto que à distância e em silêncio expúnhamos, e agora, desobrigada de exibir a empenhada satisfação, e só afeita ao nome da indiferença, de todo configurado; a arena vazia, os espectadores retiraram-se pela artéria que levava à mesma porta, e no ponto de convergência, antes do entrecho de nos cumprimentarmos, e como um sucesso ainda homologador daquele nome, ouvimos que N. de A..., na conversação que mantinha com os adjacentes, cuidava de um assunto de tal maneira estranho ao espetáculo e ao recinto, que a indiferença, diante de nós, se alongava como se a rampa não bastara à sua plenitude; um instante após, ao nos dizer surpresa em nos encontrar, desse modo negando que nos vira há demorados minutos, sentimos que a indiferença, em recuada dimensão, atingia o nosso rosto para tristeza nossa; entretanto desculpável o leve engodo se o interpretáramos à guisa da criação que defende a autonomia de sua objetividade, convencendo, portanto, ao autor, de que unicamente ele pode inteirar-se da circunstância de ser a origem do que lhe deram os olhos; a persistência do nome alentava-se à aproximação da rua, com N. de A... intercalando aos dizeres, que iniciara, desinteressadas perguntas no tocante a nós, tão completa a sua incorporação ao título da indiferença, que, em analogia a quem vem de compensar a outrem com uma dádiva ainda maior, nos registramos com mais rigor no seio de sua indiferença; nessa qualidade de criatura, inseríamo-nos entre as coisas que, não obstante avivadas para curiosos investimentos, em quantos se punham na arquibancada, no entanto agora se recobriram da indiferença e da terna mágoa nela implícita. Na página alusiva ao mencionado evento, comentamos que em todas as relações e urdiduras há a prevalecer umas categorias de sucesso que não volvem nunca a repetir-se completamente, mesmo que o local comum venha a fomentar ensejos, como em ocasião posterior procuramos e obtivemos a reprodução do painel de N. de A..., na qual houve quase tudo; mas, ou por motivo dos trechos que faltaram, ou por disposição diferente de nosso espírito, a verdade é que, apesar do esforço de concentração, não assimilamos, com o plexo daquela vez, o nome da indiferença; a prática de ver a assemelhar-se à movida no tocante a uma obra de arte qualquer, ao poema cuja releitura nos atesta que não fora ele tão acomodável a nós como em anterior oportunidade; em tais categorias de acontecimentos, assistimos que o único mede a ordem das participações, e ele se sublinha sempre que o nosso miradouro se alerta diante do episódio que desejávamos repetido como se não houvera o tempo; resultando, da fatalidade de o painel ser único, o zelo em nos demorarmos o quanto possível na sua contemplação, certo do ineditismo e do perdimento em nós, que o essencializam; contudo, a irrepetição literal nos comprova a existência de enorme acervo que seria o idioma de criadoras efemeridades, pelo fato mesmo do efêmero aliado ao único, ora abrangendo em sua sintaxe as composições iniludíveis, ora apontando, através de figuras comparecentes, a fisionomia ou a tela que a ocasionalidade ocultou aos nossos olhos; ainda anotáramos que — em virtude de ardilosa curiosidade, se intentamos influir no decorrer do painel, a fim de apreendermos a extensão facial do nome que pretendemos dirigir — o nosso olhar cria a cena; tal houve durante uma palestra com alguns, e almejando o nosso miradouro assinalar um entrecho parecido com o de antiga data, utilizando assim a matéria mais disponível, e atendendo ao anseio, que, a rigor, não se farta, de vermos reconstituído um passado sucesso, incidimos, com propositada e oportuna insistência, a lupa em determinado semblante, e os demais, percebendo a demora, infletiram-se para ele, em gesto cujo automatismo nos proporcionou o que aspirava o nosso intuito.

Capítulo 8

1 — *Os gestos excedentes.* 2 — *As sobras do nome.*
3 — *O nosso olhar existenciador* — *A linguagem figurativa.*
4 — *O preenchimento de nosso álbum* — *O tempo nas confecções que nele inserimos.* 5 — *O lugar assemelha-se ao nome.*

1 — Não obstante o constrangimento que a muitos importava, a nós oferecia interesse o velho semblante de C. A... quando, concentrado na escolha dos termos com que iria continuar a história ou mesmo a série das conjecturas, se omitia de desfazer o gesto logo que se afastava a razão íntima de seu aparecimento: a face a permanecer conforme com a motivação passada, enquanto as vozes já discorriam sobre outra coisa; nem sempre o anterior pretexto era bastante forte para justificar que o seguinte não se expusesse facialmente, ele ainda a prevalecer em dano do posterior que, pela falta mesma de exata configuração, se artificializava e quase se reduzia a sons, tão indigente era em tal investidura; de ordinário, qualquer que fosse o pensamento sob gesticulação, o ulterior se recobria de feição imprópria, de aparência sobejada e perturbadora da compreensão; não redundaram poucos os momentos em que, diante de sua loquacidade, assistimos a perda de assinaláveis mesuras, pela só contingência de predominar ainda a atitude retardada e dissonante. Em certa ocasião, ao palestrar conosco à janela de nossa residência, um fato inédito ocorreu na observação em que o mantínhamos, e decorrente do desacerto entre as palavras e as atitudes; o qual consistiu no painel de alguém ao passar defronte, justamente no segundo em que a sua mão levantada já não correspondia a um trecho de narração; esse alguém, que o conhecia de passagem, presumindo um gesto de amistoso cumprimento, lhe acenou com semelhante mímica, assim estendendo-se pela

rua, e em outrem, o eco fisionômico. Lembramo-nos de uma noite antigamente, com E... e N... que se não falavam por efeito de profundas dissensões, mas, no tumulto do ambiente, o primeiro emitira um gesto afável em direção a nós, e N..., supondo-se o alvo da carinhosa saudação, a retribuiu calorosamente, datando dessa hora o retorno à primitiva amizade, e nunca lhes dissemos do equívoco, inclusive nos alegramos com o gratuito de nossa participação. C. A... é falecido há muitos anos, e soubemos que a repentina morte se verificara no instante em que relatava um sucesso de sua existência; entretanto, as testemunhas não informaram se a revelação da morte, nele, se trajara de veste consentânea com um pensamento de sua vida; ou se, de todo esgotada a figuração em restos, e sobrevindo outra em consonância com o pensamento da morte, não teve ele mais nenhuma ideação onde fizesse repercutir a derradeira atitude, por fim expirando diferentemente do que fora, corrigindo-se, então, porém, como sempre se mostrava, de maneira tardia. Assim como há no vulto a expressão sobeja, há também no episódio os figurantes que, terminada a vigência do nome, prosseguem todavia com o desempenho dele, não obstante a presença já de outra nominalidade; daí a confusa encenação que se processa ante o afastar-se de um sentido e o aparecer de um novo em sua substituição, pois em nós quase nunca um entrecho demoradamente se exibe desnudado de nome. Quer ainda no mesmo local, quer em logradouro distinto, a significação costuma fluir visivelmente fora do limite de sua temporalidade, através, senão de todos, de alguns ou de um dos participantes, a exemplo do teatro quando, acabada a peça ou o ato, os protagonistas circulam nos bastidores com o panejamento da representação e falam sobre assuntos alheios ao que conduziram no proscênio; à feição das noites em que a hilaridade atraía, na cidade do R..., muitos comparecentes ao teatro de S. I...; em cada uma delas, aguardávamos que o último bonde, coincidindo com o término do espetáculo, se enchesse dos espectadores que iam a vários subúrbios, a rir ainda como se estivessem em suas poltronas, sem cuidarem da desoras e das pessoas que lhes desconheciam a procedência; nos pontos de parada, as que havia na rua externavam surpresa diante do insólito comportamento, no qual os vultos, que antes foram a platéia, expressavam agora, num palco em trânsito, a modalidade de atores em cena de alegria que, sendo contagiante, levava a elas um tanto do papel em causa; e estas, por sua vez, posto em movimento o carro, propiciariam a outras, recém-chegadas ao poste, os derradeiros rastos do contentamento, apagado de há muito no recinto de sua originalidade; à similitude da entrada do cemitério de S. A..., também na cidade do R..., quando ao entardecer, ao sairmos de algum enterramento, anotávamos que inúmeros circunstantes presentes ao retábulo, que tivera por núcleo a ação dos coveiros, e ali se houveram com a perfeita obrigação, repetiam, na calçada do pórtico, o abraço do compadecimento e as vozes da adesiva tristeza, enquanto a efígie, objeto da mágoa, reconstituía, para cada um, os silêncios e as breves palavras antes surgidos naquele entrecho; eram inerentes ao nome fertilidades incontidas, ninguém acreditava que a sua própria conduta se expusera bastantemente aos olhos do enlutado, todos queriam enlutar-se perante ele; existindo, na vez em que o sepultamento fora o de um homem de largo poderio, os acompanhantes que o levaram mais para serem vistos pelos que, ou por motivo de curiosidade, ou por modesta gratidão, preferiam situar-se nas fímbrias dos agrupamentos, a fim de que obtivessem destes, se conhecidos, a inveja pelo ensejo vir a proporcionar tão incisivas efusões, se estranhos, a possibilidade de indagar àqueles, gravando assim na memória o rosto prestativo, quem era de tanta intimidade nas relações do morto; com que sofreguidão se davam à platéia de muitos, esforçando-se cada qual por igualmente aparecer, segundo o protocolo que lhes convinha, nos miradouros dos discretos e dos anônimos que se disseminavam em posições dificultosas, havendo talvez o receio de advirem, em conferência posterior e efetivada entre estes, opiniões díspares no tocante ao interessado desempenho; em verdade, tão bem cumpriram o mister, que as pessoas simples poderiam, dominando a timidez e a praxe, e movidas unicamente pela ternura que a dor aglutina à solidariedade, dirigir-se a eles, após esperar que fosse menor a fila das condolências, e apresentar-lhes os pêsames devidos mesmo por estranhos, tal o êxito com que os atores, apegados às sobras do nome, se desincumbiram no portão de S. A..., no enterro de G....

2 — Tendo em vista o pensamento de que sobras de nomes se situam em toda parte, inserimos no caderno a vez em que, ao longo de uma rua, deferimos aos rostos, que deambulavam também, a acepção de serem eles os resquícios de nominalidades que houve em hora ou minuto próximos; excluindo-se desse teor o nosso vulto, que isento, portanto, de possíveis marcas, melhor contemplaria as persistências alheias; alguns, pelos andrajos, nos permitiam fácil leitura porque o nome, abertamente explícito, era daqueles que se demoram demasiado quando em painel, um

nome cuja amplitude de vigência se estendia, naquele instante, a inúmeros lugares; no entanto, o lugar da rua condizia mais que outros para efeito de óbvias integrações, das quais uma se distinguia: a de esses rostos trazerem consigo a estampa de que a motividade em desempenho existia com inferior perfeição alhures que agora, na rua, o grande albergue dos pedintes; dessa forma, o que supúnhamos restos, se configurava na feição mais atual e plena com que o nome podia ostentar-se defronte de nós; as efígies que o incorporavam a nos parecerem sob a ordenação, no tempo e na terra, de uma cissiparidade em que os fragmentos de então cresciam em ênfase como a nos indicar que os invisíveis ao nosso miradouro, estes, sim, representavam as sobras do nome, o nosso conspecto a merecer o prêmio de assistir o núcleo do qual ele delongava a sua vigília; mas, o nosso intuito consistia em ver ressonâncias da nominalidade, e quisemos que a de logo surgida, posto que em central figuração, nos oferecesse a curiosidade de ser em vestígios; intento este sobremodo agravado, porquanto os nossos olhos ali se ungiram diante do ofuscador relevo, e a artéria, no seu atributo de habitat daquele nome, por isso mesmo se esquivava de no-lo exibir em seus sobejamentos; se a rua nos dera, em outras oportunidades, muitos nomes que por inteiro se sobressaíram, sendo que a maior parte desses urdumes, justamente a mais satisfatória, por compreender a ardente pulsação do nome, se perfazia nos termos das situações em ato, pretendíamos que a rua fosse, desta vez, liberta de nossos intrometimentos, ativando-se em espontaneidades saídas de seu bojo, a nós competindo a mera observância de recolhê-las e fixá-las, com os olhos atentos como nunca antes procedêramos; entornávamo-nos da usual feição com que todos os vultos se processam ao longo das calçadas, isto por efeito de o nosso miradouro, diferentemente do comum e das especificidades de outras ocasiões, imergir, na acepção de sobras, as figuras que cruzavam conosco, definindo essa particularidade de fugir ao rotineiro a consciência que possuíamos de nossa posição; porque, se bem considerarmos, os semblantes, que na rua aparecem exibidos, constituem sobras de nomes, sinais, ainda traduzíveis, de nominações que se operaram há pouco ou há algum tempo; de tal maneira se oferecem disponíveis a nós as figuras que assimilamos, mesmo quando vimos a regular o nosso belvedere pelo tom de realidade a que se aplicam, que não fora muito o encarecer que elas, tal como porventura se imaginassem ou parecessem, retardassem liberalmente o núcleo de sua atualidade, concedendo-nos o ensejo de, aproveitando-lhes a inviolável aparência, termos conosco as pegadas do nome, os reflexos ainda discerníveis e inseparáveis dele, anunciando-lhe a existência já a descer do estrado. Após os men-

CAPÍTULO 8

digos, apresentou-se a face de M..., numa alegria que logo interpretamos como oriunda do simples evento de se haver deparado com o nosso miradouro; mas, estando este sob a modulação de só atender às nominalidades sobrevindas alhures, e acontecendo que a efusão de M... se mostrava tão extensiva que bem pudera aplicar-se a muitos pretextos do contentamento, passamos a inquirir de seu rosto se o prazer não se originara à distância e o nosso vulto apenas se favorecia com a mera coincidência de estar de modo a lhe merecer a alegria diuturna: o nosso rosto distinguido com o mister de lhe não perturbar o encanto que nascera longe de nossa vista e a outro painel dedicado, pelo que lemos em seus olhos; prosseguindo a leitura, desbastando os excessos da presença, anotamos que era ofegante o seu ar, assim proveniente ou de alguma brincadeira a domicílio, ou de passadas velozes, confirmando-se a última suspeita pelo gesto de volver o olhar ridente para a esquina onde se punha um grupo de rapazes, os verdadeiros objetos da alegria que entretanto nos sobrava a nós. No decorrer de nossa deambulação, as figuras se apresentavam à maneira de notícias que nos dessem os próprios participantes no minuto seguinte ao acontecimento, das quais excluíamos as que se expressavam por intermédio de vozes, não estendendo às palavras a missão de trazer à rua o nome que além se verificou; todavia, apesar da fácil tradução, queríamos figuras que forçam o miradouro a gradações de ser em conhecimento, desde o solilóquio facial ao entrecho de diversos protagonistas, em cuja visualização a lupa se anima na escolha ou de um dos componentes que nos traga o motivo do conjunto, ou do sinédrio inteiro a nos presentear o nome que o justifica. Ainda sucedia que em lugar do nome, esvaziado em virtude de obliterações de nosso belvedere, outro nome, com a peculiaridade de título, como estimávamos, o substituía em nossa agenda; mas, atendendo ainda aos reclamos dela, importava em artigo de ausência, no sobejo de seu cerne que fora ostentara a plenitude. Quando de regresso pela mesma calçada, surpreendemos a M... em companhia e no mesmo ponto com os vultos de há pouco, e de imediato o nome alegria se fez presente em rotular a cena; no entanto, a conduta das personagens colidia com a natureza dessa designação, desde que todas desempenhavam um painel em que o silêncio estimulava o só viger de indiferenças mútuas, como se cada qual tivesse sido imposto àquela presença e nunca antes se houvessem encontrado; a lente, à certa distância imóvel, se ocupava em percorrer um a um os semblantes e depois em vê-los em conjunto, sem, no entanto, de nenhuma das vezes auferirmos outro nome senão o do desagrado, cuja procedência se fizera às ocultas de nossos olhos como a alegria de há minutos antes; insatisfeito por verificarmos que em tão breve tempo os mesmos intérpretes se moveram à coberta de opostos nomes, e por sentirmos que a primeira designação bem merecera demorar-se mais, sobreveio-nos o influxo de ir aos participantes, embora os desconhecêssemos com exceção de M..., e invocar alguma coisa que lhes trouxesse o riso, para, desse modo e à guisa de recurso extremo, volvermos à baila o nome que nos aprazia, ainda à custa de artificiais encarecimentos; mas, o propósito era o de recolhermos nomes e não o de produzi-los apesar de, no caso, reduzir-se a nossa interveniência à mera tentativa de reacender nos rostos a apagada alegria, quando os restos desse nome nem mais os tinham os próprios condutores, e por isso nos apartamos da cena, levando conosco uma das formas com que perece o nome.

3 — Anotáramos, de regresso ao ponto de partida, que alguns passeantes, ao nos revelarem as sobras do que se haviam nominado sob um teto ou mesmo em rua plena, deixavam que certas atitudes se proferissem de seu corpo mas algo desarmônicas em relação ao contexto dos restos que procurávamos; desse modo configurando a própria conjuntura de existirem os restos, que melhor se afirmavam assim, sob a concorrência de valores mais imperiosos em sua atualidade. Esta, com efeito, se impunha e só vigera, não fora o especial e sondador empenho de nosso belvedere, mediante aspectos que, apesar de comuns, de corriqueiros em qualquer vulto que por uma calçada transita, para nós, então, se manifestavam invulgarmente, de tal maneira estávamos absorvido em nosso intuito; víramos também os seres que caminhavam sem o nome, ou porque se investiam de teor inabordável pela visão breve, ou porque lhes suprimiamos a ocasião de focalizarem-se detidamente em nossos olhos, ou porque nos desinteressávamos de sua apreensão, quer por arbitrariedade de nossa escolha, quer por inércia de nossa vontade, ou ainda porque nos cansava o exercício da leitura; os quais, nos mais diversos índices de presença em nosso miradouro, mereceram que lhes extraíssemos, já em fase de memória, o sumo das conexões com possíveis nominalidades, entre elas a da própria circunstância de ser efemeramente despido de nome, em nós; outrossim, ao especularmos sobre os comparecimentos e participações dos rostos em nosso âmbito, sentíamos que tanto os providos dos nomes que lhes dávamos, tanto os desnudos de quaisquer designações, tanto os que, entor-

nando-se do nome iam a enredos, a contos, a pequenas histórias, como os que habitaram e habitam ausências a que não vamos, todos existem ou existiram na condição de estarem em nós, em nosso ser subjacente; sentíamos que as imobilidades e mobilidades de nossa lupa eram modos de homologarmo-nos; e para tanto se constituíam num só ato o acusar existências e o propiciar existências, que ambos residem em nós, e se fazem com as seguintes matérias: o nome e a face. Esta consentia em prodigalizar-se ali, na rua, com o gesto adequado, correspondente a um motivo oriundo de ato anterior ou posterior: é o gesto nascido ou não daquele que o conduz, e que, em qualquer dos casos, se incorpora ao sentido que de nós dimana; sem nada interferir na teia da urdidura o fato de este provir ou de alheia espontaneidade, ratificando-se em nós, ou da coincidência com o nome ou com o enredo que, na hora, figura em nossa agenda. As efígies entregues ao nosso olhar revelam a faculdade de dispersão em tantos motivos quantos os pensemos ao vê-las passar, mas a narrativa em que as infiltramos tolhe as suas expansões, limita-as à lógica das situações em ato; são faces submetidas à história em que a casualidade as incluiu, despreocupadas de que são em desempenho de algo dessabido, de interpretações ignoradas não apenas por elas próprias, mas pelas testemunhas, também ocasionais, de sua visibilidade, das quais nos excetuamos, no papel de autor, menos por invenção do que por descoberta. Cabe-nos discernir as suas apresentações, e certamente o que auferimos, acompanhando a fluência da história despontada, não condiz com os motivos que cada transeunte consigo leva em seus pensamentos; nem as correspondências mentais entre nós e os passeantes da cidade se introduzem no sistema desses convívios, e deles desejamos tão-somente o rosto e as suas coordenadas fisionômicas. Numa duração pequena, os episódios da face se aglutinam uns aos outros, e nós que os seguimos com o olhar, percebemos-lhes as disponibilidades exeqüíveis, em nós; firmado no princípio de coerência que o enredo unifica, permitimo-nos recorrer, à vista das coisas apresentadas, àquelas que preferentemente se ajustam a estender o sentido das anteriores figurações. Um rosto aparece e sub-roga-se na oportunidade de prosseguir o desenvolvimento da trama, de colaborar, de maneira débil ou acentuada, mas sempre positiva, na contextura geral que traçamos pelo vigor das que eram premissas; mesmo porque existem os vultos que, sem exprimirem determinada significação, se inoculam em nosso belvedere como pontuações da frase figurativa ou como breves sinais que, não afetando ao conjunto, fazem repousar, num relance, a pesquisa de nossos olhos, com vantagens para a separação dos diferentes dizeres, e conseqüente harmonia das partes que se interligam. Como os aedos improvisadores que, na confecção das estrofes, costumam suster-se em versos já construídos e que, sem prejuízo da estância, asseguram a facilidade do repente, assim, nas situações em ato, quando o motivo assume certa complexidade, alguns semblantes entram em cena para nos orientar melhor nos encontros dessa linguagem. Semelhante aos oradores que aproveitam seus silêncios a fim de continuarem com maior desenvoltura, valemo-nos de efígies circunstantes para atingir, sem dificuldades, o término do enredo ou as expansões do nome. As movimentações de nosso olhar imprimem as estampas da presença e selecionam aquelas que, de qualquer modo, contribuem para a obtenção da cena: do simples comparecimento à participação, há uma série de posições ocupadas por vultos, e, enquanto linguagem, ela incorre nas injunções de nossa retina que vem oscilar entre uma face e outra; a que aduz ao contexto uma parcela de significação, insere-se no vocabulário figurativo que então nos parece só apropriado ao urdume de agora; a possibilidade que toda efígie, assim tomada em desempenho, detém de vir depois a incorporar-se em outro papel, como aliás às vezes procedemos nos enredos da só imaginativa, tal eventualidade não vulnera a impressão que temos, sempre que um rosto cumpre, em nosso olhar, o mister de alguma participação, de que ele é o ator único e inseparável da motivação em foco, tanta congenialidade nos exibem a face e o nome. Acontece às vezes que a escolha de nosso belvedere se não exercita, os seres de mero comparecimento estão fora de nosso quadro, desde que tudo nele é participação e em cada recanto vemos um trecho da história que ali se manifesta no tempo devido, quer lógico, quer cronológico, sem nenhuma face isenta de sentido, como se todos os vultos estivessem a postos para secundar, ou antes, corresponder ao nosso intento: nada desprezamos da cena integral que o acaso, com as mãos habilidosas, reuniu, proporcionando a todos os componentes a ocasião de habitar, dentro do nome, a investidura efêmera.

4 — Podemos — considerando que figuram, em vários de nossos painéis, uns vultos que não são os naturalmente aptos a específicos desempenhos, sem entretanto os prejudicarem — estabelecer que o gesto adequado é aquele que se conforma com a fluência do enredo, não obstante a facial indiferença ou mesmo a inoportunidade de aparição; tem sucedido, tal a plasticidade do nome, que, se num

CAPÍTULO 8

momento se vê impróprio a recobrir a face aparecente, em outro a recobrirá sem nenhum estorvo, tem sucedido que a lupa se reserva o aguardado instante de voltar à efígie que, de intrusa, passará então a merecer o tratamento que o motivo determinara a todas de sua investidura. Mas, esse trabalho, se freqüente, nos fatiga a atenção e, inclusive, nos leva a perder o fio dos acontecimentos, a par de suceder que as fisionomias expostas de raro correspondem completamente a nossos ditames retentores; e nem sempre restauramos o políptico que um gesto inidôneo veio a prejudicar, ao devolver ao comparecimento os seres que estavam em participação. O gesto adequado, simultaneamente à dose de sentido que o acompanha, revigora os outros vultos, trazendo-os como que a uma proximidade maior de nossos olhos, e mais tocados pelas conexões com as quais se integra o libreto da cena: em reanimação cuja mágica se firma pela conjuntura de a adequação ser afirmada pelo nome em causa, porém sob a configuração dos próprios vultos revivificados pelo gesto que surgiu consentaneamente; nas ondulações de tais aparecimentos, os do gesto amoldado ao motivo que no grupo se desenvolve, essas vivezas, sendo continuadas, talvez ilustrem a insciente aspiração a um plano de presença único, sem valores de hierarquia, com todas as partes sob o mesmo atendimento e vistas de um só ponto, concomitantemente, e prontas a se deixarem ver no mesmo grau de significação. Como se, no painel, cada rosto disputasse uma participação mais duradoura em nossa mente, de modo que a trama parecesse a vez de cada qual expor as suas presumidas saliências, possuímos os processos de disciplinar-lhes as incorporações em nós; com efeito, a história, os episódios, as frases figurativas encerram gradações que se substituem, de logo, pelos termos justos e alcançados por meio das interferências de nosso miradouro que, dentre os poderes de ordenação, tem, no emprego da temporalidade própria ao cometimento de cada motivo, o de mais sutil aplicabilidade; a externação de um rosto se reduz, em nosso álbum, à fração de tempo que exige o urdume do enredo ou do retábulo que não prossegue em outro retábulo, demorando-se o nosso belvedere o suficiente de que o conjunto necessita em relação à face que o nosso visor aponta, pertencendo ao íntimo de nossa factura toda a medição que impede a um rosto introduzir na obra os excedentes de seu conspecto em contacto com o nome. O nosso belvedere, nessas ocasiões, ao equilibrar os mais diversos teores da presença, impondo a cada um o tempo que lhe compete, estimula-se ante o pensamento de que, no final, após o fecho do pequeno conto ou do simples retábulo, atinge um tempo maior e também restrito, que é o tempo da total confecção, da obra, para o qual se uniram os tempos especiais e próprios dos atores ou das incursões do olhar sobre eles, animados ou inanimados. Com o hábito de nos atermos a figuras cursivas, sucede que o miradouro, movido pelo pressentimento de que novos rostos virão de repente continuar o enredo enunciado, afasta de seu campo o vulto insistente, e prepara-se, de maneira igualmente súbita, para receber a efígie que aquele indicara. O grau de atendimento com que nos ingerimos nas composições da palestra ou do acontecer da rua, muitas vezes inscrito no caderno de nótulas, prendendo-se tão-só aos gestos da face, tem que resistir, afora tantas outras razões de entravamento, às atrações que suscita a realidade em que estão os seres de nossa participação, desconhecedores por completo do sentido que neles vemos, e portanto sem proporcionarem a este, de consciência, a menor contribuição. Aproveitamo-nos, ao traduzirmos, à nossa feição, a linguagem das coisas visíveis, de muitos elementos que as convenções fixaram em nosso convívio; como, por exemplo, na rua, em certo dia, o trânsito de pedestres que se alterou diante de nós em virtude de H. I.... Ele conhecia o pregoeiro que, na soleira, gritava as suas recomendações às duas filas que passavam opostamente, e sem se conter a abraçar o amigo, quando muitos passos depois havíamos dado, transferiu-se da corrente em que íamos para a outra que marginava o homem dos anúncios; descendo até este, e entrementes configurando o ser que se excetua a fim de atender a alguém que já se excetuara pela posição excepcional, a infringência à maioria vindo a coonestar-se por motivo da amável adesão. As fórmulas vigentes do cotidiano e inseridas em nosso uso facilitam o apanhado das situações como os recintos sem destinação específica soem abranger um maior número de ocorrências, fabulando à nossa imaginação uma quantidade irrestrita de acontecimentos passíveis de neles se desenrolarem; dentro da casa de certo indivíduo, não apenas este, mas todas as acomodações nela existentes, nos induzem, limitando as possibilidades de sucessos, a esperar eventos de índole apropriada ao lugar, enquanto nos locais onde muitos aparecem, notadamente em ruas, praças, a cenarização se dilata para receber as mais várias contingências. O fluxo dos episódios se dissemina em razão inversa da influência que possa exercer o sítio ambientador; isto a um ponto que, parecendo os retábulos acessíveis a todas as regiões, os figurantes, livres de acondicionamentos, se fazem desenvoltos à compreensão de todas as platéias; nesses espaços de disponibilidade aberta a inúmeros, os enredos proliferam e, em sua gratuidade, inferimos deles o necessário a compor o que insinua o nome que está na vez; até nos consentindo que, em local dessa ordem, caroável a extremos arbítrios, como o da escolha de uma significação de todo independente dele, coloquemos o assunto ou que se verificou ou se verificaria admiravelmente em confinado recinto, como tão bem se inclui agora, no recanto de generalidades e a céu visível.

5 — Tem-se verificado que a nossa pessoa, ainda submetida a cometimento que a marcara, testemunha, no mesmo ambiente do fato inesquecido e através dos semblantes que o percorrem, ou nele estacionam, um contexto que reproduz a passada cena; resulta, dessa liberalidade, que o logradouro acentua em nós o seu conspecto mais vigorosamente que as próprias coisas nele havidas; tal predominância deixa-se corroborar se, depois, nos vemos em sítio semelhante, com os nossos olhos a procurarem, como se estivéssemos no original recinto, as formações que agora, no lugar sucedâneo, poderiam nos devolver o painel em nós sempre advindo à mais leve sugestão; por isso que freqüentávamos o largo do B..., na cidade do R..., tão solicitado pelo antigo e pitoresco das fachadas e portões, além das árvores e do humilde córrego: ele nos restituía com facilidade um evento que se dera no subúrbio de V..., na outra cidade do R..., o nome assim habilitado a ressurgir à distância, o que representava um modo de conduzirmos conosco, estendendo longe e portátil como uma alcatifa, o local que, dessa forma, se aviventava no privilégio de haver sido primeiro. Ocorre também que, residindo em nós um retábulo que sabemos por interpostos meios, o assistimos em virtude de um lugar semelhante; e coadjuvado por fragmentos de motivação, este fornece à nossa imaginativa os elementos iniciais com que ela desenvolve as passagens restantes; elementos que às vezes se nos mostram como deveram ter acontecido, de tanta persuasão que suprimimos o alimento ao devaneio, contentando-nos com limitar o nosso mister, detendo-nos apenas no esboço, no vestíbulo, sem querermos ir ao inteiro quadro, satisfazendo-nos a clareza da repetição processada diante de nós: o preâmbulo do Gólgota se transferia de sua distância para a colina de nosso arrabalde de T..., onde, à tarde de certos dias, pequenas aglomerações se vizinhavam dos distribuidores de lenha. O lugar se equipara ao nome, repete-lhe a ductilidade com que, tendo existido alhures, vem a existir na presença de nossos olhos, e os intérpretes que nele se demoraram analogamente não consumiram o teor da investidura, antes adjudicaram a outros a possibilidade de um dia serem sob idêntica significação; à

maneira do nome, o lugar, quer permanecendo, quer reproduzindo-se em outra parte, a novos ocupantes vem transferir o evento de, restaurando a cena de outrora, nos pôr em contemporaneidade com aqueles que pareciam em irremediável perecimento. Imbuído de alguns episódios que vimos ou lemos ou nos contaram, anima-se o nosso miradouro, que conserva em si a imagem da ambiência, a aguardar a ocasião daquele sortilégio que dessarte proporciona ao recinto uma estada, em nossa consideração, que se firma como se fora uma natureza naturante: a substância em cujo seio vêm a retardar-se, em nós, os acidentes que são os mesmos episódios então em extensiva simultaneidade; se, porventura, o ambiente em causa é aquele em que nos situamos, o nosso belvedere se regula a ponto de estabelecer com os fatos nele havidos um enlace diferente do que existe entre o autor e as situações de sua peça; um enlace no qual participamos daquela perspectiva que se dera em sucessão mas agora se articula em contemporaneidade, o nosso corpo, que doutra sorte seria neutro, inclui-se na vizinhança de todos os que estão na grande presença. Mas, há também e em maior número, os lugares que são os recipientes de repetidos e ainda dos mais diversos entrechos, dos quais dificilmente fixaríamos a normalidade cênica: sítios abertos à enorme variedade de significações, onde os nomes pairam em detenças curtas ou longas, oferecendo-se à maneira de salas de exposição que se franqueiam a todas as épocas e escolas; com o advento de um fato que se opera na medida de nosso miradouro, consoante com o módulo de nosso álbum, pode a sede de tantos acontecimentos cristalizar-se na feição deste que acaba de surgir, semelhante ao cenário que aposto para determinada peça, logo que esta se retira do programa, ainda ele continua à vista de quem entra na platéia do teatro; assim a praça de S..., que percorríamos diariamente, em muitos anos, passou a ser, desde que a surpreendemos como o palco de determinado painel, o ambiente que enfim nos propiciava um motivo de curiosa acepção: o lugar que agora de todo se perfazia em si mesmo, nutrindo-se, para se tornar a fonte de enlaçamentos, de concomitaneidades, com o entrecho que se verificou e fez em nós fecunda a praça de S..., na tarde em que sozinho retornávamos ao aposento. Sabíamos pelo noticiário que alguém, objeto de nossa admiração, estava de visita à cidade por algumas horas apenas, e eis que nos aparece com acompanhantes apressados em, de certo lhe cumprindo o desejo, mostrar, dentre as plantas inúmeras, aquela que possuía volumoso tronco e folhas escassas; o homem célebre, demonstrando fadiga, apoiou-se no estranho vegetal como quem por fim encontra o alvo que perseguia, dando-nos a impressão de que a cena era

CAPÍTULO 8

o desfecho após as buscas em espaços outros, em propulsões incontidas até a apreensão na praça de S..., ante os nossos olhos; confessamos que a leitura de quanto víamos ultrapassou o óbvio contentamento, a contemplação feliz naqueles minutos que a sorte nos obsequiava e quando, no princípio, dispúnhamos a lente para o só encargo de não perder nenhum gesto do vulto que se nos oferecia em milagrosa raridade: mais potente que a admiração e o ensejo à memória condigna, fora a gratuidade do contexto que fluiu como se a interpretação estivesse à mercê de um rosto desconhecido inteiramente de nós, a exemplo da maioria das situações em ato; todo o nosso enlevo não resultara bastante para impedir que, sobre a realidade em grau comum, distinguíssemos a realidade adstrita ao gênero que tanto ocupa o nosso álbum; a súbita acepção vindo a preencher-lhe uma página em que o baobá se converteu na vítima do aprisionamento e o grande homem no chefe da pequena e decidida horda. Quantas vezes depois, na cidade do R... e tão distante, vimos em outras praças a repetição desse painel, com protagonistas anônimos ou de nosso conhecimento, o miradouro regulado ao módulo do nome dentro do qual eram cabíveis os vultos em demanda de algo impossibilitado de mover-se; de tal forma exclusiva a nominalidade, que o logradouro da ocasião tanto podia conservar o seu rótulo como designar-se com o da praça de S...; na verdade existindo, se o nome do transferido acontecimento assim prepondera, uma praça única e ubíqua, em nós.

Capítulo 9

1 — *A confecção de nosso álbum imita o libreto do cinema.* 2 — *A utilização dos seres reais.* 3 — *A significação isenta do próprio local.* 4 — *A visão cinematográfica.* 5 — *A experiência na elaboração de libretos.* 6 — *A retórica figurativa.* 7 — *A utilização das faces.* 8 — *A nominalidade e o tempo.* 9 — *O nome indiferença.*

1 — Depois de uma situação em ato, com o intuito de atermo-nos à análise que seria impossível no instante mesmo de assimilarmos o painel, o nosso miradouro, já modulado aos componentes da respectiva memória, poderá transpor em ritmo lento a observação colhida; e conseqüentemente atender melhor às conjunturas em que os intérpretes se apresentaram: assim, uma efígie de comparecimento vem a transformar-se em efígie de participação, desde que o seu gesto, a princípio sem validade fisionômica, se inocula do sentido geral que a atinge também, com a explícita precisão de sua oportunidade. Os bastidores da cena estão, muitas vezes, no próprio recinto do estrado, descobertos à nossa vista, entretanto sem que os atores se vinculem ao fio do enredo ou da simples nominalidade; se algum vulto se faz omisso à pequena história ou à motivação, não obstante haver se demorado em nosso belvedere no decorrer de toda a visualidade, sentimos que ele se registra em nós como se procedesse do fundo da ausência: a conduta facial que tivera até então, em nada se relaciona com o aspecto agora em vigência, pois que no plano das situações em ato o existir fisionômico se inicia com a associação do rosto ao nome, ao sentido que paira no proscênio; a figura, para se adequar ao entrecho, ora se movimenta em direção ao motivo, ora se detém como à espera que ele se aproxime: em ambos os casos ela se integra na composição do episódio, sendo que no último exibe mais espontaneamente a maneira de sua passividade. Em todas as circunstâncias, a efígie se despe da indiferença

a que a postergáramos, vestindo a nominação que tanto pode consistir no entendimento brotado de suas próprias feições como na reprodução fiel, ante os nossos olhos, da narrativa que flui, de modo simultâneo, em nossa mente que às vezes mal se persuade quanto à autoria da contextura. Num fenômeno parecido ao dos teatros modestos, em que, durante a exibição, o mesmo ator, pela carência de protagonistas, se afasta do palco, muda de roupa e volta para desempenho de outro papel: uma face que já havia prestado a sua contribuição retorna, em um fato posterior, não para reafirmar, com ênfase, o seu significado, mas com o efeito de expor ou secundar uma nova motivação, que pode ser bem diversa da anterior. Não sabemos nunca se depois de sua participação a figura continuará em foco de comparecimento, ou se há de recuperar a importância no curso do enredo, isto menos pelo reconhecimento nosso quanto à sua prática de antes — a prática expressional que, considerada de certo ângulo, todos os rostos possuem no mesmo grau, cabendo ao nosso miradouro deferir-lhes a ocasião do aproveitamento — do que pelas demarcações mesmas de nosso quadro óptico. A franca disponibilidade de um vulto consente que a nominalidade nele não colida com estorvos, e, se tal acontece, vemos o assunto percorrê-lo em fases diferentes, um só rosto vindo a ser dois ou mais, a rampa a devassar-se ao extremo de reunir em sua apresentação o vestiário dos intérpretes e a nominalidade em sua plenitude neles. Dissecando, ainda, as situações em ato, temos uma em que se salientou a forma de iniciação da ocorrência, o marco de onde partiu o curto enredo: há a atitude que em si mesma encerra potencialmente muitas sugestões e que representa uma página decisiva ao longo do assunto; tal o gesto da figura que pára repentinamente diante de nós e cuja mobilidade em suspensão se originara além de nosso alcance. Como certas convenções gráficas ou cênicas informam que o fato descrito foi esgotado e um outro passa a ter início, o vulto que nos aparecera bruscamente, e com essa postura se caracterizara perante os nossos olhos, traz, na súbita esculturação, o aviso de que o significado se vai a desenvolver, não a partir de outra face, mas dela que assim acumula, ao seu papel de indicadora, o desempenho de sua participação. Prólogo de um enredo, ela nos atrai a atenção, como a cor mais viva recebe o primeiro olhar, e oferece a limpidez de uma gênese em que os fios exordiais da trama se desnudam mal da nebulosa concorrência para o fluir único, no caso a breve história ou o nome que se estende a conjunturas diversas; epílogo de um enredo, a face conterá em si os impregnados acontecimentos que se deram antes, a sua feição a comparar-se à folha

CAPÍTULO 9

índice onde se inscrevem os rótulos de todas as passagens. Anunciando que algo deve suceder, ela contribui para maior pureza do espetáculo, isto pela própria circunstância de comunicar pelo rosto aquilo que pelo rosto será em seguida representado; aceitamos ingerências exteriores à linha do argumento, desde que elas se produzam com materiais da mesma espécie, como nos livros toleramos os adornos que sejam feitos do tipo gráfico, e como na sala de concertos admitimos o anúncio da récita, não pelos ponteiros do relógio nem pela ansiedade dos assistentes, mas sim pela afinação dos instrumentos orquestrais. Ponto de partida de uma seqüência, de entrechos, detemos o belvedere na face imóvel, menos para gravar o tempo de sua imobilidade do que para sondar em seu aspecto o grau de possibilidades articuladoras, cálculo repentino de quanto pode exprimir e propiciar o inesperado ícone que sabemos condicionado pela indecisão. Após, ele se movimenta e induz o nosso olhar a movimentos, a expectativa diluindo-se ao compasso da nominação, que está em via de realizar-se, tão assinaladora e auspiciosa nos parecera a efígie marcante; dá-se que as situações mais concretas são as que nascem de fronteira inconfundível, e, em conseqüência, a face, que a ela corresponde, subsiste privilegiadamente em nossa memória, como a folha que dobramos faz salientar no livro o trecho que reputamos excepcional. Na confecção das peças teatrais, a entrada e a saída de figurantes demarcam as cenas, enquanto nas situações em ato os quadros se limitam pelas tomadas de nosso miradouro; naquelas tudo se verifica entre o abrir e o encerrar do pano, e nestas o conto, a história inteira, se desenrola em artifício de composição, entre o relevo de uma figura predisposta e um vulto impermeável a novas infiltrações, conclusivo e homologador, os mesmos protagonistas somando ao desempenho a função de estrutura técnica de que vem a carecer o assunto assim configurado. O rosto promitente inicia os contornos da nominalidade que necessita de ser estanque, o ambiente, os vultos, a se reduzirem ao bastante a que ela se conforma, de vez que o nosso belvedere tende a animar-se com o risco de, em digressões, penetrar o vestíbulo de outras nominalidades, perdendo-se a nitidez da obra que nos pertence por nossos olhos e à revelia de nossas mãos. Prosseguindo a análise, demoramo-nos na fixação do vulto imóvel, apreendendo nele o aglomerado virtual de inúmeros procedimentos, a face para onde convergem motivos de várias direções: vindo a ser, a um tempo, a representação escultórica da mobilidade, a atitude de quem se decide e de quem hesita, de quem repreende e de quem transige, de quem altera o pensar e de quem, com firmeza, o ratifica, de quem age e de quem contempla; de cada um dos significados de que é suscetível, poderemos esboçar uma teia de assuntos que serão ou prolongamentos do mesmo sentido, ou a margem acolhedora de outros significados, entrecho pródigo em diferenciações como os rostos com suas singularidades; a face imóvel e inopinada traz a seqüência das riquezas que a vida proporciona, e poderemos, tranqüilo, firmar, desde a sua aparição, a série, às vezes tumultuosa, dos fatos de nossa visão atenta. O que houve antes dela não nos preocupa, desde que o seu relevo é suficiente para continuar demarcando e talvez inspirando os alongamentos do motivo; ela pode ter revestido, no seu último passado, outras formas de apresentação ainda mais prevalecentes, modalidades mais profundas de acontecer, mas o aviso noticiado a respeito do novo assunto persevera em nós; e até o final do enredo a sua presença indicativa se perfaz de todo ao nos isolar, dentre os inúmeros sucessos do cotidiano, esse que conseguimos dissecar, gravando-o para sempre em nosso caderno. Como nos teatros de pequenos recursos, em que um dos atores, antes da representação se dirige ao palco e instrui a platéia com algumas explicações, e depois ressurge, em pleno desempenho no transcorrer da peça, guardando-se ambas as aparições em nossa memória, estabelecendo-se assim uma articulação aliás incompatível com os dois fatos por natureza desconexos, mantemos a face imóvel em seu duplo aspecto de delimitador e de participante; os quais, parecendo confundir-se aqui e ali, entretanto se desunem quando, após o término do enredo, restituímos as coisas aos seus lugares dentro da história; então mediremos os instantes em que figurou dentro de seu papel, ritmando-se segundo o módulo do argumento, sem embargo de o mesmo vulto vir a exibir-se em cunho exterior, divisório, indicativo, e tão necessário que, finda a urdidura, embora haja sido absorvente, nos cumpre reconhecer que ela não nos teria surdido sem aquele rosto frontal e possibilitador. Análises semelhantes a esta sempre nos acompanham à medida que relemos as nótulas que, em si mesmas, constituem valores prontos quer a evidenciar a presença de nosso miradouro durante as passagens que lhe couberam, quer a assinalar a feição de existência a que atenderam, diversa do teor que afirmariam outros olhos, numa tradução graças a nós unicamente, que dessa forma os vimos sem o ingresso, na rampa, de nosso vulto a demovê-los de sua naturalidade.

2 — A face de S..., por todo o vasto período de nossa estada na localidade de ..., se mostrou para nós algo

de distinto, ocasionador de impressões confusas; constantes eram os momentos em que assistíamos à dissociação entre ela e o desempenho, por isso que muitas vezes sentíamos nele um vulto recém-chegado ao lugarejo, com os gestos a expressarem que ali se punha sem ânimo de permanecer; à sua vida pessoal ele unia uma vida outra, repleta de variações figurativas, mas coerentes no sentido de não serem da terra, de pertencerem a um plano ao qual só ele costumava comparecer, ora aparecendo, ora desaparecendo, habitando solitariamente e de maneira resumida o tumulto dos cais ou das estações. Como o rosto excepcional se torna possível se houver, para fundamento de tal indicação, a referência a uma quantidade rotineira de efígies que seguem padrão igual, passamos a conceber os demais habitantes de ... por um prisma diferente daquele que utilizamos nos convívios até o descobrimento de S...: o aglomerado humano que discerníamos em termos de comunidade, veio a prevalecer sob a forma de ambiente, sem o qual não distinguíamos o vulto que se entornava dele, o vulto extraordinário, cujos pormenores de comportamento evitamos conhecer para mais integração de seus versáteis aspectos na linha fisionômica, ora em pauta. Vimos, em conseqüência, que toda a pequena sociedade de ... se convertia em função do rosto que da mesma se discriminava em permanente esquivança; de sorte que, tudo quanto se ressentira de valorização óptica, o agrupamento, em contacto com S..., assumiu o relevo, a significação de um território onde se fecundavam os múltiplos e vários surgimentos daquela efígie; superfície de extensões similares, o conjunto dos moradores fez salientes os conspectos de S... agora inumeráveis, sendo ele o itinerante inconfundível, o que não se atinha à fungibilidade dos outros itinerantes; desde que ajustamos os dois objetos, a face de S... e a coletividade dos circunstantes, cada uma na devida ordem, a nossa visibilidade discorreu sobre uma e outra espécie de representação: a de S... que se transmutava sempre que aparecia e a do grêmio que, à guisa de cenário imóvel, era a razão de ser daquela, consentindo na ênfase de ela expor-se ali como se estivera alhures. A eventualidade de certos rostos virem a ser diferentes do que em verdade são para nós, de certos gestos se tornarem não apenas irreconhecíveis, porém, o que resulta mais grave, outros gestos longe daqueles já gravados em aprazível memória, inquieta-nos, de maneira a perturbar a expectativa de seu advento, as ocasiões em que pressuroso aguardamos os seres de nossa predileção. Temermos que eles pratiquem variações como as de S..., não só com a mesma persistência e desenvoltura, mas também com um simples trejeito, vazio de significado embora e no entanto revogador da figura total que havíamos, de nosso melhor, esculturado para sempre. Receamos que a face engrandecida em nós, prestigiada pelas aceitações de nossa mente, nos possibilite a incursão na piedade que jamais se atenua quando sobre essa mesma face volvemos a lembrança. Preferindo que alguns rostos façam coincidir com o ato de comparecer o de ratificar, os seus gestos correspondendo à impressão que reside em nós, esforçamo-nos em impedir que a casualidade de nossos encontros, desde que os fortuitos contactos predispõem os seres a aparências volúveis, possa facultar, inclusive de relance, a interferência de algo em seu vulto que o desmereça perante o seu original em nosso caderno, sendo infinitamente maiores que os instrumentos de defesa as injunções que nos contrariam a vontade; com efeito, a apresentação de um rosto condicionada pela certeza de que o olhar receptivo a espera, aparelha a cena para favores que almeja a efígie expectante, o índice de logro vindo a tornar-se bem menor que em painéis onde confluem fisionomias, tanto a que deseja como a desejada, oriundas de ausências em que todas se não dispuseram nem a ver nem a serem vistas. Quando assim está em causa alguém de nosso amor, acomete-nos a aspiração, sem dúvida impossível de realizar-se, de abolir da convivência os imprevistos encontros, de sempre anunciarmos à distância a nossa presença, de modo que o preservado rosto, sentindo em nós a necessidade de tê-lo segundo o nosso desenho, a ele se afeiçoe, invulnerando-se de qualquer agente que lhe prejudique o ser, à véspera de estar conosco; o ideal seria o de permitirmos-lhe apenas as espontaneidades que se possam inserir nos gestos que já assimilamos, entretanto as ausências se mostram irredutíveis em aceder à acuidade de nossas intervenções dentro de suas fronteiras, onde a norma do contágio prevalece a despeito, inclusive, das resistências do próprio vulto que para tanto preparássemos; pretenderíamos, com os dons da ubiqüidade, ir a suas ausências com o propósito, não de surpreender possíveis modificações, atitudes como a de S..., mas de uniformizar os seus comportamentos fisionômicos de acordo com o estabelecimento em nós, obstar-lhe os passos e as influências suscetíveis de fazê-lo destoante dos limites faciais que lhe deferimos para nosso deleite; no caso, se o sentimento se satisfazia, em compensação sonegávamos ao nosso belvedere neutro a conjuntura de testemunhar de alguém a versatilidade a que se submetem todas as fisionomias, quando as deslocamos de si próprias e as envolvemos no nome que se nos incute por sugestão delas mesmas; de certo que ao convocarmos e usufruirmos um semblante de nossa ternura, ainda em situação que o venha a sublinhar, anotamos em nós o resíduo de algum desalento que margeia o remorso, pelo motivo da insciência em que o deixamos, parecendo que a realidade rotineira, vendo-se ferida, tenta resguardar de nosso miradouro um quinhão de seus pertences.

3 — Retomando o álbum, em cujas folhas o nosso belvedere analisa lentamente uma e outra situação, registramos que há vultos libertos do local em que desempenham; integrados, no decorrer da nominação, mais em si próprios, ao extremo de independerem, por completo, do recinto que assinalamos com a mesma fidelidade; tais vultos são os intérpretes de histórias que se verificariam em qualquer parte, porque as suas circunstâncias se não derivam da paisagem continente, senão de elos faciais que, enquanto perduram, e depois, já inscritos em nosso caderno, afastam para o esquecimento o conspecto do logradouro, instituindo-se em mera indicação o rótulo com que o lugar se intitula. Isentos do espaço em que se deram, o são também da temporalidade que lhes coube e se fez comum a nós; bem como, se porventura a seqüência de entrechos repete, a exemplo da história do Homem da Areia, algo já sucedido, temos que nenhuma necessidade condicionou os eventos à lei do local; tanto assim que, sobrevivendo, em mais uma dimensão, ao seu autor, vem a reproduzir-se, com a vivacidade de estréia, perante o nosso olhar recipiente. Uma sensação de ubiqüidade nos acode desde que se nos revela tal conjuntura de vermos retábulos, enredos que a rigor não seriam de lugar nenhum, podendo exibir-se em todos eles; considerados desse ângulo, havemos de confessar que a maioria das recepções de nossa lupa é constituída por sucessos que se não prendem, de maneira orgânica, ao estrado de seu aparecimento, de tal forma costuma um só nome infiltrar-se onde quer que existam faces humanas. Os apontamentos de certa vez, estudados agora em dissecação, nos esclarecem o mecanismo com que veio a operar, finalmente, a autonomia do assunto em relação ao ambiente ocasional que lhe correspondeu: ainda mal distinguida a natureza da nominação, o lugar insiste em acentuar a sua presença que até ia a fazer-se imperante, como a valer-se da inicial hesitação com que geralmente se encarnam os motivos; mas, os nossos olhos, propensos à receptação de um sentido que nasce, devolvem o logradouro ao seu plano omisso; após uma tarefa de seleção, na qual o assunto, embora incipiente, domina as solicitações inaproveitáveis, o recinto, posto em abolição, propicia, nos seres em desem-

penho, uma desenvoltura mais fácil, um trânsito desimpedido no solo cenicamente obnubilado; consoante as determinações do enredo, o isolamento do local persiste ao longo de toda a urdidura, quando enfim a paisagem, em seguida ao desfecho, reassume de todo a sua preponderância, extingue as participações, sem deixar nenhum indício do assunto que lêramos, o terreno vindo por último a retomar os seus direitos de retenção em nossos olhos; as conexões entre as faces e o ambiente reeditam-se então na óbvia improdutividade, e os vultos que representaram os episódios e que são agora seres de comparecimento, nada de indicador nos informam sobre o motivo manifestado há pouco, na coordenação fisionômica; sendo concreções que não deixaram vestígios, apenas cumpre ao nosso belvedere o hospedá-las, de alguma sorte garantindo-lhes a sobrevivência; bem precária, aliás, se não fora o caderno, se atendermos a que a mente, entregue a si própria, altera os conjuntos que ela guarda e, ao difundi-los, as versões dos exemplares soem carecer de coincidência.

4 — A história descortinada através das efígies que defrontamos, integradas ou não no local da ocorrência, processa-se de dois modos: pela concessão natural das posições que os atores ocupam na perspectiva, identificando-se o urdume do acaso com os painéis do enredo, e pela incidência da sucessão figurativa segundo a ordem de composição de nosso olhar; a primeira feição, mais rara, oferece-nos uma fluência cuja continuidade o nosso miradouro acompanha sem interromper-se nem mesmo para lhe apor, à guisa de pontuação, uma face alheia ao seu transcurso; a segunda modalidade propicia-nos, com a seqüência de apanhados à nossa escolha, a ocasião de submeter os intérpretes, sem ferir-lhes a espontaneidade do desempenho, a dosagens de fixação, de nitidez, de tempo, enfim, que inoculam, nas disponibilidades fisionômicas de quanto vemos, o que seria o estilo de armarmos, de acordo com a nossa preferência íntima, pessoal, os entrechos que configuram o nome por sua vez também de nosso agrado. Enquanto na modalidade primeira, os rostos se isentam de artifícios, de estratagemas exteriores ao discorrer do assunto, na outra as participações se verificam mediante o contra-regra, o nosso miradouro, posto em algum lugar e regendo o trânsito, só no momento do espetáculo se decidindo a expor mais a um semblante, a suprimir do estrado o que lhe parece inócuo, a determinar a entrada e a saída consoante um

esquema dentro do que apresenta o fortuito do salão, da praça, da rua em que a nominação veio a pairar em virtude de nós; porquanto não se efetuaria, no mesmo instante, se estivesse à mercê apenas das personagens libertas de nossos olhos. Na primeira contingência, o nome é recolhido das faces que testemunhamos exclusivamente; na segunda, acorremos em proveito do nome, abastecemos-lhe das figuras e episódios com que se nutre; evitando, sempre que possível, que ele se esgarce em abstração, inclusive a extrema de restar somente em letras, na semântica de falir por ausência de concreções que, se não as propina a realidade comum, as proporcionamos nós através de situações em ato. Nos dias que passamos no engenho de A..., embora de muito acessível não à visitação mas à permanência do nome caridade, para que numa hora fisionomicamente o víssemos, recorrêramos à objetividade em grau de ficção; a ela se permitiram os vultos de B... e de R... que, à noite, se desviaram do caminho para não se incomodarem com a aflição de L... cuja companheira estava à morte; pusemo-nos à espreita de outros que, no desconhecimento da provação de alguém em seu leito, se aproximaram em direção de L..., sentado à porta, e vendo-a semi-aberta, com a sem-cerimônia habitual no que dizia a pobres do eito, devassaram a residência numa demora de vários minutos; o comportamento dos passeantes que chamaríamos indiscreto, externado entretanto de modo que parecia respeitoso a quem supusesse que eles se inteiraram do que na habitação havia, representou com fidelidade a cena dos homens que desciam para alguma ajuda prestar, e tão espontaneamente sincera que, só cabível a do moral conforto, não se obrigara de erguer-se o vulto de L... com o seu silêncio. Ao acaso da situação alia-se a eventualidade de nosso comparecimento, e perante nós, os fatos, que se desenrolam, nos incutem a sensação de que se fizeram para o domínio da ausência, para zonas que, defesas ao flagrante de nosso miradouro, todavia, graças à ingerência do descuido, se nos revelam assim com as feições livres da pátina que lhes aporíamos, tornando-se, por essa incolumidade, mais pura no seu coincidir com o nome que está em nós. Nas vezes em que a nominalidade se estende a ponto de converter-se em história, esta, que naturalmente reside na pauta de nossa imaginação, convoca os poderes do belvedere a fim de configurar, com os vultos em oferta e insinuadores, o texto que pulsa no momento, a aspirar a sua homologação em termos de visibilidade; nesse instante, a prática de nossa lupa se amolda a tantos desígnios, todos ordenados na capitulação do assunto, que, embora as faces em si mesmas se lhe não ressintam da presença, encontramos que esse contacto de mais variadas articulações, diferindo daquele que consiste de nome e rosto em grau de alegoria, se entende como criação de nossos olhos, construtividade estranha por completo ao manuseio; estes não são mais os meros receptores, porém os timoneiros na integração de vultos no esquema da nominalidade que na hora programamos; no qual — à maneira do artista que, para a obra, usa do instrumental de que pessoalmente dispõe, inclusive das insuficiências, que depois se não fazem sentir nela porque se positivaram como recursos, por efeito de magias só por ele arbitradas — se envolve a perícia de, com os mesmos olhos, movermos os rostos de sua existência deles para o tempo e o espaço que lhes ditamos. Outra sensação que nos ocorre, talvez a sensação de alguém que se excetua no plano da comunicabilidade, das acareações tecidas diariamente e de que se perfaz o humano convívio, paira sempre que, depois de uma dessas representações privativas de nosso belvedere, a personagem relembra conosco as circunstâncias havidas sob o olhar de nós ambos, que tanto podem ser de um grave acontecimento como bagatelas da futilidade; enquanto assentimos na concordância do depoimento, de outra parte, e sem dúvida preferindo-o, vemos no interlocutor, em lugar da testemunha, o intérprete recém-saído da rampa e sob o influxo, ainda, do nome a que se ateve, em desconhecimento.

5 — Dimana o assunto dos quadros sucessivos da visão, onde a faculdade recolhedora se anima com um senso de propriedade deveras oportuno; torna a seqüência um espetáculo tão persuasivo como se os regera o contra-regra com o libreto à mão, os meios de expressividade a cumprir a lógica nele inserida; o nosso olhar se detém em cada vulto, dotando-lhe uma perdurabilidade que é o tempo de sua participação, um índice de presença necessário à concreção do enredo, oscilando entre o simples relance e o demorado pouso se tais obriga o painel em função dos demais, notadamente daquele que, já se anuncia, tudo ultimará como desfecho; do estado de comparecimento ao grau maior de participação, valores se interpõem às vezes numa complexidade que resolvemos para nossa própria surpresa, tão forte se afigura a catálise da assimilação; com insinuante correspondência, o motivo desdobrado em história perpassa pelos vultos, e a corrente que se estabelece não divaga em digressões, por isso que a delineiam as oportunidades condizentes e as restrições da própria objetividade; as faces, enquanto formadoras de enredo, se liberam em conexões recí-

procas, e o ensejo de registrá-las e a soma das experiências nos originam a idéia de uma sintaxe fisionômica em que a elipse ressuma um papel cujo relevo, a par de ênfase com que se aviva a imagem subentendedora, pelo fato do próprio subentendimento, manifesta o quanto é devido ao nosso miradouro aliciante; coordenações logicamente analisáveis se dirigem ao término da história, sem que os vultos do mero comparecimento — que sempre os há em companhia dos da participação — vulnerem a convergência dos atores e dos retábulos em via do desfecho, no qual a nominação encerra o vigor de seu conspecto; posta no caderno a derradeira situação, e assim estando à mercê de pormenorizado exame, acontece que, revindo-nos, com essa leitura posterior, a aura com que a recebemos em visão direta, apreendemos que o desfecho ratifica as personagens antecessoras; e os mesmos papéis desempenhados se concretizam como que definitivamente, sem a exclusão daqueles que, por efeito da menor validade na contextura, nos surgiram no anonimato de simples vinhetas, de preenchedores de cena, quando esta exige; os protagonistas do desfecho mais facilmente se gravam em nossa lembrança que os dos painéis preparadores, e nesse particular o fenômeno apenas repete em nós o que se verifica no tocante ao residual de todos os assuntos que se promovem em sucessão: a participação dos derradeiros vultos resta em detrimento dos que se lhes antecederam; realmente, somos testemunhas de episódios que representaram fins de sucessos, de histórias, de pequenos contos, muita vez soltos em si mesmos, despegados de suas precedências, onde talvez haveriam incidido preciosas tomadas de nosso belvedere; e, possivelmente, mais profundos interesses que os das cenas últimas, teriam brotado de suas aparições. Todavia, há certas situações que se conduzem em sentido oposto a essas cujos painéis ascendem ao desenlace: procedem do desfecho e então os nossos olhos, atendendo à sucessividade, vão em busca dos protagonistas e dos entrechos que o coonestam, a exemplo das ficções literárias em que o fim se antecede ao começo, retirando-nos o surpreendente da solução e oferecendo-nos, em troca, a imediata nitidez das articulações; o nosso entendimento, fluindo sobre a certeza profética, discorre em caminhos incontestáveis; e sentimos, a cada instante, à vista da aproximação de um acidente que se revelara, o quanto importa, para o acerto de nossa contemplação, o convencimento de que se homologa a nominalidade antes recebida. Acontece, entretanto, que a inversão cronológica dos fatos, recaindo apenas em alguns episódios, se detém muito pouco em comparação com a costumeira progressividade em direção ao término; a qual inversão, prevalecendo, sói prejudicar-se o enredo, em face da concorrência dos dois regimes num só plano de urdidura, debilitando-se o desfecho que desse modo se esgarça entre a expectação e a presença concluída. A despeito da raridade dessas revogações do tempo, as que se registraram no caderno, e com maior encarecimento da lembrança, nos estimulam a especulações sobre o processo de objetividade mais condizente conosco, que o não faria a realidade comum com a sua rigidez no trânsito da causa à respectiva conseqüência; as especulações se amoldam ao gênero das que motiva o Julgamento Último, quando o passado de cada um dos figurantes se desenrola da ocasião do perecimento à idade inicial da culpa, reabrindo-se, ao inverso, toda a existência que se funde a outras existências, também recuadas: uma intuição do completo, do total, da perfeição cênica, nos penetra diante dos breves retábulos em que retrocedemos em virtude de havermos estatuído a realidade que se nos expôs; estatuído não segundo a facilidade de sua sucessão, porém de conformidade com a lógica do nome que descobrimos nela. O nome incêndio se nos fixou em pauta, certa noite de São João, na cidade do R..., quando todos acorriam a deslumbrar-se com um prédio em fogo que se originara de um balão, consoante ouvíamos; no entanto, o nosso belvedere em vez de tentar reproduzir a ordem do que verdadeiramente aparecera, tendo à sua disposição os intérpretes e retábulos de toda a seqüência, preferiu estabelecer, segundo se insere em nosso álbum, a seguinte sucessão que se entornava do desfecho para o nascedouro: o homem cujo desespero revelava ser a vítima; a casa em chamas; uma casa incólume; um balão que, alto, ia para longe; um grupo de crianças alegres em acender um novo balão.

6 — Confiante na disponibilidade facial de quanto vemos, acompanhamos com o olhar arguto as relações que entre si promovem os rostos, persuadido de que uma eventualidade mais fecunda pode, integrando a presença em quadros sucessivos, reobter, em escorço, a nominalidade que assim nos adveio por seqüela; um de seus recheios, de muito aspirado por nosso miradouro, seria um trecho demoradamente grato em nossa memória, a ela vinculado quer por havermos sido parte ou testemunha, quer pelo narrar de outras pessoas, oralmente ou por escrito. Escusamo-nos de pormenorizar os malogros do intuito, que enorme se manifesta a desproporção entre eles e o reduzido conseguimento; mas, como se fora uma retribuição à perseverança

daquele nosso propósito, que apesar de tudo não se desanima, nos casos do vão intento resta conosco o afeto de que o nome se valorizaria mais, se consubstanciaria de maneira mais profunda na sua existência em nós, se ele se repetisse ante o nosso belvedere, na reedição desejada. O exercício desse idioma, em que se expressa a nominalidade, e que se exibe tanto mais puro quanto mais discerníveis por si próprias sejam as aparições e desaparições, se perfaz com o encarecimento de alegorias, de símbolos, de metáforas, de metonímias, que só a motivação já delineada e o entendimento satisfeito alcançam evitar o excesso das redundâncias; consistindo a linguagem fisionômica num acervo de atitudes, de gestos de que selecionamos as frases que importam para a leitura do que pretendemos; unimos, ao programa demarcado, a inclinação de nossa escolha quanto ao modo de os intérpretes atenderem à forma expositiva, à unidade de estilização, em si uma das exigências que, de ordinário, nos impedem de atingir o acerto. Quanto àqueles elementos da retórica da visualidade que concertamos e que em particular nos deleitam ao transpormos no caderno a recente situação em ato, uns concorrem com outros no mister de permitir melhor que o assunto venha a transparecer nos rostos em conjunção; equivalendo-se o nosso trabalho ao que executa a pessoa incumbida de, sobre a sessão de um conselho, lavrar a respectiva ata, elaborando-a de maneira que somente constem os acidentes que, havidos, se articulam à natureza estatutária, postos em esquecimento os dizeres a ela estranhos; igualmente, suprimimos os vultos que estiveram também em nosso olhar, por ocasião do original sucesso, e que agora os dispensamos, seres do mero comparecimento, a fim de termos, sem mais a possibilidade de confusão nem o esforço para a delimitação de marcos, os que exclusivamente se inscreveram no nome ou nos nomes, com os seus essenciais aspectos. Investido de tais cuidados, verificamos que o uso daqueles tipos de figuração representaria o ensejo de ainda simplificarmos, com valores extraídos da própria matéria que utilizamos, a urdidura caroável sempre às elipses, ao fomento de ilações que, além do mais, são instrumentos que contamos toda vez que, por necessidade do assunto, há que repetir-se um painel ou mesmo um semblante isolado: os rostos que o substituem, processam-se como formas pronominais, a que, em certos momentos, juntamos os breves artifícios que, armados pela matéria fisionômica, se autenticam de legitimidade, sem demover-se das efígies em grau de participação. Ao analisarmos a definitiva fixação do texto, encontramos que durante a seqüência, o conteúdo virtual de que um rosto é possuído, repele que em outro inculquemos esse mesmo conteúdo, vedada, portanto, a hipótese de completa sinonímia entre partes figurantes; sentimos, já na proximidade do desfecho, que os episódios anteriores, de tão impregnados em nós que parecem ter o ar receptivo, nos estimulam a faculdade de captação a um índice tal que o vulto ou retábulo sobrevindo se nos desponta, menos para ratificar e encerrar as primícias, do que para atender a uma solicitação irrecusável e oriunda de nosso intelecto. Dentre as práticas das conexões de que se alimentam as efígies, ressalta aquela em que um semblante cede a outro a oportunidade de prosseguir a motivação, como se se esgotara o seu poder de deferi-la, ou como se o rosto cedido fosse mais adequado, mais competente para ocupar-se com a extensão que sobra do sentido em causa; há, com efeito, muitos imponderáveis que nos obrigam ao dosamento dos atores: existiu aquele que versava o nome inquietude, na seqüência em que L... iniciara, com êxito, a expressão que ao rótulo correspondia; mas, indo o nome a vários dos presentes no retábulo, e com o propósito de impedir a reprodução do mesmo exame em todos os vultos, transferimos de L... para N. S... a incumbência de encarnar a derradeira ondulação da inquietude, isto porque a face de N. S..., a meio nuançada pela sombra que um móvel estendia, nos propiciava o lume de tristeza que pretendíamos apor ao relance último. Qualquer história, desde que se compõe de nominalidades extensivas, nos induz ao seu atendimento através de mais de um participante, durante o qual, à união que se teceu pelo simples ato de presença, acresce-se a articulação instituída pelo enredo, pela comunidade explanativa; ela se alteia além daquela em que os vultos, que nunca se avistaram, entretanto se harmonizam ante o acontecimento que a todos surpreendeu, e enquanto se verificava.

7 — Sucede às vezes que o miradouro, ao colher dos semblantes a porção de desempenho que reside em cada um, se depara com um rosto que, se o insulamos do sentido em foco, se apresenta em configuração de algo genérico, com a significação nitidamente alegórica; sob esse aspecto — graças ao artifício que adotamos, de sorte a aproveitá-lo, junto aos outros, na composição do assunto — o teremos no decorrer da obra, conquanto que no contexto não resulte inadequado o prospecto desse rosto, na acepção de alegoria. Em virtude de seu ar, da constância de determinada medida ou particularidade do gesto, de qualquer coisa, em certos casos, que não indigitamos rigorosamente, e considerando a escassez dessas aparições, preferimos que

CAPÍTULO 9

tal corpo se dê ao assunto nessa qualidade alegórica, em lugar de o mantermos no papel de condutor normal da parte que lhe seria prescrita; a sua localização na urdidura será fixada consoante a exigência do próprio enredo: se no início, iguala-se ao prólogo do antigo teatro, que nele se continha o esboço de quanto ia acontecer; se no final, nivela-se à apoteose que, num semblante único, faz retornar, em virtualizada presença, tudo quanto houve no seio da respectiva nominalidade; se a meio, equipara-se ao aceno com que o ensaiador, ante o risco de perder-se em engano o entendimento pouco afeito ao seu estilo, situa, com o intuito de impedir o erro, a face que ele orienta para a verdadeira interpretação. Enquanto em nossas facturas, nem sempre descobrimos, dentre os atores em painel, o que se adapta a converter-se à função alegórica, sabemos que nas ruas, nas praças, transitam semblantes que os escultores do gênero estimariam aproveitar para modelos de certos nomes; os quais também interessam à nossa retentiva que, às vezes, se meditamos sobre uma nominalidade que possa restringir-se ao conspecto de um rosto, nos ostenta, por nos parecer o mais favorável, um que em certa ocasião gratuitamente vimos ao longo do passeio. Se intentamos o exercício de uma história muito extensa, durante o qual, para melhor desenvoltura em face das nominações, fazemos viger a maior liberdade na escolha do elenco, esse rosto da fortuidade, que no instante de recebê-lo desconhecíamos que viesse a prestar-se a tanto, habilita-se a maior relevo na sua existência em nós; a sua aplicação na trama complexa, que porventura confeccionemos, requer de nosso lado a mesma atenção exigida pelo próprio contexto, de acordo com a obediência ao princípio da admissibilidade; atenção que se traduz na cautela de não trazermos com o ator alhures encontrado o nicho em que se punha no momento da revelação, pois o queremos deserto de toda cercania, a fim de bem aliá-lo à que a ele está aberta na dilatada história. Ao contacto com figuras enquanto apanhadas isoladamente, reparamos que assim como há termos que não volvem a ser pronunciados, tanto pela extinção dos respectivos objetos como pelo falecimento natural de sua sonância, na linguagem das coisas visíveis, quando a ausência irremediável representa a realidade de seu desuso, nenhum filólogo desse idioma reconstituiria da obscuridade o gesto em fatal perdimento. A transparência que um retrato oferece, não basta aos reclamos da urdidura em que lateja o vivo das personagens, embora saibamos que ele se nos afigura o radical cujas desinências coligimos sob a forma de trechos que, nele imobilizados, entretanto se continuam em efígies que já apareceram ou hão de aparecer; em verdade, aconteceu que em estampa de outrora descobrimos a origem fisionômica de um largo gesto que se fez depois; tal as mãos nervosas no retrato de B..., que pintou neoclássico artista, há um século, serem as mãos primordiais às de S... que, mais acentuadas, deram ênfase à concreção do desespero, na história que promovemos com os recursos de um ancestral e de um contemporâneo. Se consideramos a cena, o painel em que os vultos se nomeiam em simultaneidade, temos que todos, consistindo numa só temática, iniciam e ultimam o seu papel dentro desse quadro de nossa observação, de si mesmo suficiente, comodulado e arrumado consoante o sentido em foco; o retábulo autônomo e claramente explícito, de nenhum modo será a versão única do nome que lhe está aderente: acudindo este, sempre que é, por qualquer feição, convocado, discerne-se conseqüentemente que tal solicitude se compara à grande porta por onde ingressa a sinonímia tão abundante em nosso álbum; e para fecundação da similitude, a que o nome obriga, há a plasticidade dos rostos, a disponibilidade com que atendem à motivação proposta, assim que o nosso belvedere, ciente de suas prestezas e exercitado em auferir dos conspectos as essências oportunas, se vê ungido da nominalidade afeita às variações de aparência; nenhum nome, nenhuma entidade que passamos ou que outros passam, em virtude da lei que lhe é própria e irrevogável, se despende na fixidez de um só reduto, mas em incontáveis rampas se exibe, quer nas da comum realidade, quer nas de pura ficção.

8 — Ao delinearmos, segundo a técnica de prover em efígies minuciosamente dosadas as extensões do nome, um enredo que antes víramos no campo natural de nossos olhos, concluímos que este não nos fornece tão bem os trechos fundamentais ao assunto como o obtemos graças àquele artifício em que o próprio semblante, dado por inteiro ao miradouro, se abstém de quanto possui de dispensável, a fim de que apenas tenhamos a parcela em que o sentido se concentra: no caso das mãos nervosas, elas somente, e livres de seu dono, participaram daquele momento no qual, assim expostas, a significação se tornou mais intensa, o que não haveria se se apresentassem na plenitude do legítimo portador. Essa modalidade de relevo, de figuração em ressalto, que é requerida pela nominação, constitui a essência a que se resume o trecho quando se escoima, no seu minuto, de quaisquer concorrentes, e nos proporciona a sua objetividade que é, então, a nós consan-

CAPÍTULO 9

güínea, porquanto a sua existência foi regulada ao módulo de nosso intelecto; dessa maneira nos valendo mais do que a surgida perante o nosso testemunho neutro, na ocasião das ruas, das praças. A despeito de preferirmos, pelo agrado da forma, as composições facturadas de acordo com o nosso engenho, as da realidade comum, tais como nos aparecem, compreendem o enorme acervo do álbum, por isso que se ostentam em concomitância com a vigília de nosso belvedere, que a mente coadjuva com torneios experimentados; as essências já se não mostram com a pureza que atingem se as desnudamos nos esquemas de nosso prazer; elas se manifestam de mistura a gangas que, diante de miradouro arguto, hão de equivaler, na falta de um papel retórico, a semblantes do simples comparecimento, sem ofuscarem as que se prestam à participação, as essências acompanhadas. As cenas de ruas, de praças, de consistórios, nos revelam, principalmente, a faculdade que possuem os rostos, de nos dizerem, sendo diversos, as mesmas coisas, a cada passo confessando, de maneira tácita, a obediência aos mesmos nomes; o espetáculo da sinonímia a nivelar todos os vultos, na medida que estes são disponibilidades abertas ao desempenho em face de nossos olhos. Qualidade do teor fisionômico, a sinonímia nos induz a uma certeza mais nítida dos fatos, e sobre o tempo um domínio em suas dissoluções; pois, à guisa de uma idealidade presente e solícita em aparecer ao aceno de nosso intuito, a comunidade de expressão, na sua permanência ubíqua e dócil à descoberta por parte de quem a procure, nos proporciona, com efeito, a aura de que o nome pode, a todo instante, efetivar-se em rostos, elevando-os do comparecimento à fixidez da participação; e nos propicia também a aura de que, enquanto nominalidade havida, o entrecho de agora pode ser o entrecho de antigamente, a temporalidade vindo a conter o seu curso nessas estações que, a rigor, são uma porque encerram o mesmo significado. Pela identidade dos painéis sob única designação, as figuras de um se transfeririam para outro sem que se desacomodasse o nome; conjectura esta que, na hipótese de exibir-se o nosso vulto em motivação desse gênero, ainda mais nos favorece o anseio da conciliação que, transcendendo da contemporaneidade, se realiza profundamente ante uma igualdade acontecida outrora. A nominalidade é tão fortemente persuasiva, a sua reincidência é tão solidarizadora, que nos sentimos o móvel a expensas daquela ubiqüidade, adstrito a ela nessa dimensão em que transparece ao nós a claridade de sua lâmpada, a única sob a qual se verificam todas as existências: no veículo do nome, seguimos as terras e idades onde este, com o seu molde, tem afeiçoado, a muitos, o que somos nós enquanto visto o comum estojo.

Nesses desempenhos do mesmo nome, sem que prevaleçam as peculiaridades de cada um dos participantes, salienta-se mais a posição de cada conspecto, um comportamento que se afirma sobretudo pela situação no retábulo, em que o genérico dos contornos ofusca, por desnecessária, a minudência particularizadora: o nome renúncia, vemo-lo a cada passo e nos deteríamos em seu cotidiano aproveitamento se não fora a mesma excessiva disponibilidade que nos franqueiam os prestativos semblantes: por meio dos vultos que cedem os seus lugares, que se removem a fim de que outros livremente transitem, vislumbramos atitudes posicionais que corporificariam a entidade renúncia, desde que isentamos os atores de suas realidades e os convertemos à acepção do sentido ora programado; todavia, não será essa tradução a adequada ao maior desígnio de estarmos em adesão a outras faces alhures, quando pretendemos a participação no nome conquanto realidade comum a todos nós; dessarte, se quisermos a aura que nos estesiará o nome renúncia, haveremos de, dentre tantos gestos anunciadores, reportar-mo-nos somente àqueles que exprimem o autêntico da conduta segundo os respectivos intérpretes, e não de acordo com a ficção que inculcarmos. Acrescentaremos que, a par das aludidas razões que explicam o maior número da costumeira realidade, em comparação com os eventos de nossa factura, reponta, de modo transparecente, a da repetição que envolve o nosso rosto, fomentando, entre nós e os demais, a identificação sob o mesmo afeto, vale dizer, o mesmo nome.

9 — Especialmente curiosas são as vezes em que saímos à rua com o ânimo de colher delas a alegria que levamos na mente, o nome que estamos certo de encontrar, porque o seu motivo é desses que afloram, com facilidade, da superfície das coisas entregues à nossa lupa; na hora, temos a sensação de nos dirigirmos a um espetáculo que há de expor-se infalivelmente, com a singularidade de desconhecermos os apelidos dos atores, a arena exata da exibição e a empresa que o vem a montar; e, ainda, a expectativa aduz o convencimento de que ao nosso miradouro muitas peças se verificarão à base do mesmo tema, e, se porventura nos aborrecer a repetição do nome, ali onde nos localizarmos, sem a idéia de em outro coliseu irmos à procura de nova programação, assimilaremos outras alegorias também naturais e complacentemente férteis ao nosso desejo, como se tudo fora um imenso parque de diversões

para todos os gostos, apresentando, inclusive, a alegoria oposta à que então mais nos contentara. Móveis ou estáticas, as alegorias atestam o predomínio do nome a que os vultos em causa prestam submisso encarecimento; em algumas ocasiões até sem a nenhuma excetuar, tal na manhã em que, revendo o logradouro de S. I... com o propósito de preencher o nome indiferença, investimos nessa acepção a figura de B. R..., que sempre se interessara a nosso respeito; a qual, indo no passeio defronte e alheia ao nosso conspecto, pois não nos avistara, se permitiu envolver pelo nome indiferença, malgrado o prazer que nos adviria se ela revogasse o ditame que nos impuséramos. Compreendendo quão extensivo paira tal nome, quão freqüente é sua estada na vida de nosso belvedere, que antes já o experimentara de diversos modos, quisemos alongar, àquela manhã, os contactos sob esse mesmo desígnio, na certeza de que a preocupação alegórica se aluiria por excesso de representações, instituindo-se, em seu lugar, o livre curso da indiferença que assumiria, em nós, a feição de um regime em grau de realidade. Dentre inúmeras possibilidades de exposição, resolvemo-nos pela visita ao prédio da escola onde nos diplomáramos havia muitos anos; e a que nunca mais regressáramos porque, à semelhança de outros em que nos déramos à mercê de suas arquiteturas, o reservávamos para ocasião mais distanciada, desde que as exigências do afeto ainda não chegavam a termos de reivindicação, parecendo-nos imaturo o retorno de nossa efígie à que éramos ao tempo de estudante; informado, no vestíbulo, de que na sala do diretor palestravam com este vários mestres, todos de nosso conhecimento e amizade, lembramo-nos de que o recinto era inédito aos nossos olhos, o que nos impedia a posse do retábulo em pré-visão, isto é, os sabidos professores em sabido local; entreaberta a cortina verde e amarela, fomos recebido com rumores e gestos amáveis; em seguida à ligeira conversação, levantamo-nos, a fim de ler de perto algumas inscrições nas paredes, quando a curiosidade se deteve num retrato a óleo antigo, aliás o único do ambiente, como a ressaltar a importância do vulto na história da velha instituição; inquirimos sobre de quem se tratava, mas ninguém pôde responder, ignorância que nos obrigou, com os presentes, a decifrar, de pé e a cabeça erguida, o nome do grande marquês que, revelado, nos incitou à observação lenta de seus pormenores, que interrompíamos toda vez que retomávamos a contemplação genérica, o exercício a nos clarear a memória do já visto em branco e preto dos compêndios; notamos que mais nenhum professor havia, talvez um mudo sinal os tivesse conduzido a programado conselho em outro ponto, mas não existira, consoante nós, o despedimento sob qualquer modalidade, o nome indiferença a recair em nosso vulto como recaíra, em muitos anos, sobre a efígie retratada; valendo referir que, desta vez, se se verificou a interrupção da indiferença em relação à tela, o nome, na plenitude de seu vigor continuado, consentia nesse ofuscamento mediante a cláusula de estender-se, no mesmo instante, a uma outra figura ocorrente no painel; o nome indiferença prosseguiu a sua estada em nós, mesmo depois de afastarmo-nos do recinto, quando nos deparamos com O..., pessoa que se inscrevera há quatro lustros em nosso elenco, e dele ouvimos, à porta da Faculdade, e em virtude de nossas indagações, minuciosos relatos de sua carreira e da saúde de todos os familiares, sem todavia nos dedicar uma expressão de interesse, nem a outrem de nosso lar. Aquela manhã se passara tão repleta da indiferença, este nome se exibira de tal forma insinuante que, se na deambulação conduzíramos, ao lado, alguém que as coisas de nosso idioma lesse, à semelhança de nós, esse alguém ratificaria, por disposição própria, a realidade da indiferença que nos ungia os passos; por isso, por independer da pronúncia de seu nome, a indiferença, com a constância dos entrechos, não se bastava na alegoria de um único episódio, antes nos informava ser aquela a manhã da indiferença, liberta de outros nomes, em nós, sem embargo de preferirmos que ela não se esmerasse tanto. Nesse mesmo dia, à tarde, quando as preocupações de outra ordem nos infletiam da dedicação pela indiferença, eis que de novo nos situamos em presença dela; sendo que, desta vez, em lugar de ressentirmo-nos da desamorável conjuntura, fomos o coadjutor consciente que se moveu a tornar completa a efetivação do nome; era a cena do embarque de T. R..., que seguia para muito longe, e poucos vieram para vê-lo partir, acontecendo que o grupo, salvo o nosso semblante, se constituía de seus familiares que muitas razões de tristeza, aliadas à do despedimento, os coligiam em refúgio, à distância; compreendendo que as delicadezas do painel deviam preservar-se de nossa participação, ocultamo-nos, logo após termo-nos inscrito na relação do elenco, em um ponto que nos permitia observar os olhos de T. R... a se deterem, com exclusividade, nos componentes da família, sem sequer um relance em busca de nosso paradeiro, tanto nos achávamos como se não existíssemos em T. R.... Embora sabedor de nossa presença, e sentirmos o desejo e a obrigação de lhe dizer adeus, mais convinha que se não alterasse o painel em foco; e à margem dele prosseguisse, como condição para o seu pleno significado, o retraimento de nosso vulto que, levando ao fim o papel da indiferença, se manteve, até afastar-se o navio, no reduto defeso aos olhos de T. R...; que estranho sentimento o de acumularmos a tristeza ante a interpretação que ele poderia dar acerca de nosso desaparecimento de sua mira, a magoada satisfação de vê-lo, no convés, a acenar apenas para os seus, e a convicção de que bem se compusera o retábulo da indiferença ali erecto sob o nosso ditame.

Capítulo 10

1 — *Os rostos se comparam às palavras.* 2 — *A observação criadora.* 3 — *A fisionomia simbólica.* 4 — *A vigília ante a realidade.* 5 — *A prefiguração da morte.*

1 — A propósito dos seres que, em nossas figurações, assumem aspectos de ordem secundária, como vultos mais de comparecimento que de participação, e diferentemente da feitura de outras artes, em que o autor se aplica em conhecer a matéria a utilizar, temos que nos esforçar em excluir a análise minuciosa de seus rostos, reservando-nos apenas à fixação dos contornos genéricos. É essa dispensa de pormenores particularizadores que nos permite estilizar a forma do texto fisionômico, a modo do escritor que, na posse de grande acervo de palavras, delineia os períodos consoante a sua música interna e a maleabilidade rítmica do assunto; para isso, ele costuma desviar-se da dissertação a fim de atender às exigências da arte, introduzindo fluxões de termos que, longe de ofuscarem a idéia em curso, vem a lhe transmitir um tom de presença mais acentuado; semelhantemente, as nossas visualizações inseridas no caderno demandam o aproveitamento de faces que seriam prescindíveis na efetuação do enredo, mas, acrescentando-se às necessárias em virtude de nos mover a tanto o módulo de tratamento que lhes dita o nome em causa, elas têm, no fim, justificada a sua intercessão. Os próprios vocábulos, no exemplo do escritor, possuem o dom de estimular o pensamento, de estabelecer liames não previstos na consideração pura do conceito, e que se entrelaçam conquanto oportuno o equilibrado emprego: uma palavra que ele vê ou escuta, que pode ser o indicativo de uma substância ou de um ente de mera sonoridade, sem relação aparente com

o texto em elaboração, interfere quando, ao ser retomada na escrita, clareia o instante adequado de incluir-se na folha; a qual, aposta a princípio em algum cartaz ou na palestra de alguém, encontra na página o meio de sua sobrevivência, e dessa adição se fertiliza a idéia nuclear. No entanto, sem os recursos obedientes do escritor, que permanecem à disposição dele, conservando o signo e a sonância, intactos à espera de sua adoção, valemo-nos de uma técnica de factura que, de certo em menores proporções, propicia do tumulto dos rostos o evento de ornamentarmos, com objetos que são da visibilidade mesma, as figuras principais da história; como a palavra recolhida pelo escritor alonga o significado discernido ou estende sobre alguma passagem um relevo frisante, assim a imagem que à outra fazemos contígua, posto que de si própria escape ao veio da motivação, cristaliza a reticência da nominalidade ou oferece ao entendimento uma recepção bem mais atenciosa. A lei do local, impedindo a fácil digressão que inúmeros rostos, de fora dele, acenam com fascínio, impele a sua vigência, na qual se capitulam a espontaneidade do aparecimento, graças à legitimidade de arranjo, e a desenvolta presteza com que correspondem ao nosso intuito as efígies em ornato. Sempre que analisamos as ocorrências, ou fingidas ou reais, no caderno em que se encontram de há muito, incutem elas em nossa dissecação o alento de tratar-se de um modo de ver amadurecido, desde que hoje, em nossos rituais, ele permanece, e tão factível, que se isenta da gravação em nótulas; no ato da releitura, reproduzida toda a fabulação, e existindo nela os adornos a que se deram vultos acessórios, nos apraz, depois de revisto o enredo, distingui-los em série à parte, alheios então à fluência a que se atinham; nesse mister, eles retomam a neutralidade de que antes se revestiam, em desapego mais completo que o evidenciado por certas esculturas de outrora mas hoje descobertas e que não sabemos se foram isoladas ou se pertenceram a um corpo arquitetônico; as observações, que nos competem, restringem-se a pontos já demitidos do desempenho, tal a que nos informa que determinado vulto se fez presente em mais de uma posição de ornato, inclusive com assiduidade maior que um semblante essencial, lembrando os teatros incipientes, nos quais, pela exigüidade do elenco, um ator cumpre, na mesma peça, com interrupções que o conduzem aos bastidores, onde se modifica, vários papéis que deixam entretanto no público a certeza de que os encarnara um só protagonista; no caso de sua freqüência no decorrer do assunto, a efígie que se repete decorativamente, não muda de roupagem como o ator da pobre rampa, mas com o mesmo aspecto se distribui em episódios; apenas, de conformidade com o deferimento do nome em cada um deles, as aspirações dessa efígie exornam por ângulos distintos em que é tomada: para ênfase da alegria, o nosso miradouro a situa colocando-se baixo, de modo que o sentido se alteia com ela; para saliência da tristeza, o nosso miradouro a apanha de cima, e a significação se apequena com a mesquinhez que assim a imagem sofre. Em obtenções diretas da realidade, acerca desses valores supletivos, os nossos olhos os desvelam, desde que a impressão, na hora, não nos recuse o descobrimento em face da obnubilação de nossa sensibilidade; e possam, suficientemente neutros, em demorado painel, ir de um a outro dos figurantes como a selecionar os vultos acessórios, para depois, em revista, acomodá-los na sucessão equivalente às que no caderno registramos. Se em vez de simples ornamentos, procuramos metáforas, acidentes curiosos se verificam em nossa empresa, a exemplo do motivo que se opera na rua e no qual se envolvem muitos rostos prestantes, eles todos relacionados com o próprio ser do recinto: disciplinando o trabalho de escolha, no momento em que o número de participantes não entrava o nosso belvedere, joeiramos os componentes diretos do motivo, de maneira a evitarmos confusos impedimentos; sucede que, após, reparamos em certo vulto, tardiamente aparecido, como o semblante mais conveniente ao papel já a outro consignado, e logo, à similitude de emenda permissível, estabelecemos a permuta entre ambos, numa vantajosa liberdade para o assunto escrito; o que nos predispõe a considerar, mais uma vez, que as nossas facturas se armam a fim de que os nomes nos exibam uma perfectibilidade que nos contente melhor que as emitidas à margem de nosso engenho.

2 — A prática das observações nos propicia antever, pela quantidade dos figurantes e o ritmo dos movimentos, a natureza dos sucessos eventuais; daí poder prevenir-se a nossa mente da espécie de enredo em via de mostrar-se, e ainda quanto à classe de ornamento e à técnica a ser aplicada por nossos olhos; os vultos de comparecimento possuem inclinações que em si mesmas representam vago anúncio de participação, seguindo nesse particular o próprio ser do ator, limitado e excludente por mais fértil que lhe seja o semblante, e imediatamente explícito a certas naturalidades. Eles nos expedem os elementos adequados a certas categorias de exposição, cabendo-nos auferir as fronteiras pertinentes à sua ordem: tanto o aglomerado como o vulto em isolamento nos parecem em condições de favorecer o nosso

empenho de lhes extrair nominalidades; acontecendo, todavia, que uma só figura portadora de enredo contém em si uma plasticidade de abstração maior que o elenco de muitas personagens. Devemos essa faculdade de digressão ao fato de os nossos olhos, menos preocupados com o acúmulo de cenas, com a abundância de derivações e de nexos, nos proporcionarem à mente o livre curso de suas reflexões, todas elas recaindo sobre o rosto que em marcha vagarosa — no caso de V... — encerra o potencial de uma urdidura em prosseguimento; sem formalidades rítmicas, o texto desenrolado por um só corpo nos agrada em virtude de seu movimento sóbrio e de sua unidade dissertativa, regendo-se de acordo com as normas comuns do hábito, expresso em todas as ocasiões de ser, os acidentes a se identificarem, sob o módulo desse protagonista único, ao cerne com que se preenche o conto: as vestes informam a respeito de sua procedência, os passos revelam a natureza das conjecturas e, quando ele se imobiliza, é o assunto mesmo que se expede para a conseqüência do que antes fora o preparo, e agora se externa no ato de ver se determinada residência era aquela que lhe haviam dito; ele bate, chama a alguém, demora-se, por fim desiste ante a habitação deserta, e recua em direção a nós que, despercebido por seu olhar, somos apenas o captador fortuito; vindo a nós, ele salienta o seu rosto, sem que para tanto o houvéssemos pretendido, firmando por sua própria vontade, como uma curva mesma do breve conto, a acentuação de presença particular a nós, à maneira da saudação que em teatro de antigamente faziam, a ilustre recém-chegado, os atores em plena exibição, um tanto se perdendo a unidade cênica do espetáculo; ele caminha para o nosso vulto como se não houvéramos, dado que nos desconhecia então, e passa além dele, escapando assim do testemunho de nosso belvedere imóvel, entornando-se em ausência à guisa dos intérpretes que vão para os bastidores uma vez cumprida a participação: fez-se existente em nós, ignorando, contudo, que a sua estada no singelo entrecho possuía uma significação extrema, como, de resto, o quanto vem ao nosso miradouro; a seqüência de V... era a representação da conduta com que a realidade se inscreve em nós que a existência facultamos, apesar de os rostos atingidos por esse sortilégio nem ao menos suspeitarem o gnóstico favorecimento. Certas atitudes dos figurantes entendemos como corolários que integram o sentido vestibularmente exposto, na forma de V... que, retraindo-se de nós, vinha a reabitar o não-ser em que sempre estivera; se bem que não mais de forma absoluta, pois se fazia nesses termos o seu aparecimento em nosso álbum, estilizando o acomodar-se em nós; o qual fora em acréscimo se se tivesse efetuado em maior instância, com a feição, por exemplo, de um sair de nosso belvedere já em plena intimidade com ele; ainda ressaltou do pequeno conto que o procedimento de nossos olhos, em si mesmo considerado, se equivalera a um artifício que tem a sua quota no êxito da exibição; igual ao ponto que, erguendo um pouco a voz, aparece em auxílio do ator incapacitado, igual à pessoa que faz soar a campainha da igreja: misteres sem dúvida acessórios mas que indicam, na visibilidade retentora, um processo de factura além da mera claridade de sua lâmpada, o qual mais ainda nos promove ao índice de fonte criadora. Nesse sentido, e enquanto miradouro, participamos da cena, pois os nossos olhos como que formulam algo de implementar; cabendo a eles não só a fixação do objeto mas, pela posição em que se localizam, adequam-se, como estojos, às atitudes por ele externadas, tonificando-lhe o acento que seria difícil de alcançar o mesmo relevo se outro fora o ângulo de espectabilidade; temos o convencimento de que, nas ocasiões do vulto se eivar do nome que lhe deferimos mercê da identificação entre a sua espontaneidade e a nossa factura, todo ele transcende de si próprio, assim afirmando-se o seu conspecto com o existir sob a modalidade que lhe apomos; para que esta se não destitua, movemo-nos a precauções relativas a nós mesmo, tanto concorrem para incontroláveis desvirtuamentos as demasias da objetividade, os sem-números de efígies que à vez oferece a rua, o logradouro, que são anúncios de nominações a que não podemos atender com o fito de levar cada uma a seu término, nem tampouco lhes extrair os significados que, inclusive, podem nos abranger.

3 — Há figuras, em nosso álbum, cujo desempenho se evidenciou tão perfeito, a encarnação irrestritamente certa, que a simples pronúncia de apelativo nos informa que é geral esse apelativo, porque dentro dele se abrigam todas que também interpretaram o mesmo nome; o impecável semblante a prevalecer em nós como o semblante genérico, mantendo em seu bojo a quantos passaram pelo mesmo continente; ouvindo o nome, é este o rosto que nos acode à imaginativa, isento de caracteres que, sem dúvida, haviam de programá-lo para outras incursões, e no momento só afeito a constituir-se em outorga de todos que lhe repetiram os passos no interior do nome; tal a face que, em nós, irá substituí-lo, avocando, daquela entidade, os seus pertences inoculadores: é a própria fisionomia vindo a ser denominação, e à qual vamos nos reportar quando, insula-

damente ou ao longo de um enredo, o nome ressurge e, desse modo, mal desperto, lhe transmite a oportunidade de se ver presente em nossa consideração; o papel outrora cabível a uns ou muitos personagens, hoje se preenche deles, porém representados nessa efígie única e virtualizadora que a si comete a incumbência de ser todo um nome: a imagem simbólica e a uso de nosso miradouro, o que significa não perder ela, com esse desígnio, os dons com que se consubstanciam e se ornam os freqüentadores de nossa visibilidade. Contamos com muitos rostos que passaram pela guerra, que vestiram uniformes que na luta se enodoaram, que cumpriram as ações que conceituam o combatente, mas nenhum deles acede em vir de logo ao chamado de nossa ideação como a efígie de D. Q..., originária de uma estampa de livro onde se alberga este personagem do puro invento; igualmente da ficção há o vulto de C..., retirado do idioma figurativo em que era mestre o seu autor, o qual, nas vezes de nossos pensamentos quanto à renúncia — a despeito de existirem vários que, na fantasia ou fora dela, estão qualificados para a referida encarnação — se apresenta em nós com o inseparável adendo da sua humildade. Desde que as condutas são territórios visitados pelos indivíduos humanos, reserva-se, no arquivo de nossa idealidade, uma figura para cada nominação, à maneira do montador de peças com o fichário de atores suscetíveis de eventual chamamento; esse nosso catálogo, juntando, sem privilégios, tanto as fisionomias do acontecer real como as da imaginação, está habilitado a permanecer o exemplo que, em última instância, se sobressai a outros que também nivelam as considerações do ser apontadas por nossa lupa. Sentimos, no instante de ocuparmo-nos com um semblante virtualizador, que este, assumindo o seu domiciliar mister, franqueia o espaço a todos que, embora constando do rol dos protagonistas, foram havidos, tacitamente, por impróprios ao posto de outorgado, resumindo-se no de outorgante daquele que, através de exclusiva preferência, veio a se afirmar o símbolo da nominação: quão favorável se revela o vulto que, sob essa acepção, se mobiliza ou se imobiliza diante de nosso olhar, oferecendo a ele, não só o que é em si, que tal condição outras testemunhas podem ratificar, porém o que encerra, segundo nós, o conclave intuitivo de todos os congêneres; como prática verdadeiramente litúrgica, os rostos que atravessam a portada de algum nome, cujo teor se estende, com intervalos e concomitâncias, aonde apareçam vultos penetráveis, libertam-se das feições porventura características, para corresponderem à fusão que modela a face que os representa; e esta, por sua vez e a fim de corporificar-se o envolvimento, debilita o rigor de sua individualidade, transparecendo, na neblina da atenuação, o subentendido cortejo das outorgantes. O nosso miradouro, ao contemplar a figura que a tantas engloba, lembra o olhar de alguém sumido em reflexão, o qual regula o foco segundo um ponto que não está no objeto mas abstratamente antes dele, de modo que a efígie em consideração se perfaz sem a nitidez que o exame consegue; o olhar brilhante e imóvel desse alguém absorto se equipara àquele que mantivemos diante de N. de A..., quando ela, uma noite, nos adveio após vários retábulos em que assistimos ao decorrer de nomes descaridosos, sendo então o seu vulto a inesperada presença de todos que ainda se introduziam no nome simplicidade; da grei a que pertencia N. de A..., era o único semblante a possuir a naturalidade de ser, cada um dos demais expunha ou influências adquiridas fora e dentro do próprio meio, ou determinações pessoalmente inventadas; havendo sido, na época, um de nossos entretenimentos o de desvendar as origens de gestos, de inflexões da voz e até de condutas de ordem íntima; da análise e indagações que em silêncio procedêramos, chegamos à conclusão de que cada um buscava a naturalidade como lhe parecia, talvez mesmo que se dessem à vontade no uso de modos alheios, ou inéditos, sem embargo do artifício; entretanto envelheceram e não a encontraram, tudo porque removeram para segundo plano, ou extinguiram, uns valores da humildade, a exemplo da timidez, cujo exercício tanto se presta a que surja a espontânea forma; em seguida à assimilação de N. de A... enquanto delegada de vultos que em outros clãs, ou solitariamente, se deixavam entrever na simplicidade, numa vida que, para olhos de sonegado afeto, mais se assemelha à da ausência, por omitir-se à aspiração de desamorosa lupa, em seguida à contemplação de N. de A..., e igual àqueles que, depois do ritual, levam ao depósito, com extremada unção, como se ele perdurasse ainda, os objetos do recém-terminado culto, demoramo-nos em companhia do virtualizador semblante, afeiçoando a palestra em consonância com quem se permitira ser o modelo imanente.

4 — No domínio das substituições operadas entre as efígies, desde que o nome nos adverte de que pode preencher-se de inúmeros atores, e um deles preferimos na qualidade de representante dos que em ausência permanecem, se por acaso nos afastamos do escolhido vulto, e, em seu lugar, passamos a substabelecer em outro do mesmo encarecimento a outorga de delegar-se da nominação, acon-

tece não repetirmos, diante deste, o grau de cultuação que o primeiro rosto fomentara em nós; talvez por estímulo de particular afeto, entendemos que vários rostos, aceitos em nosso rol, se prestariam ao mencionado ditame; contudo, ao recordarmo-nos dos painéis em que nos extasiamos ante o perfeito cumprimento, sentimos que o de agora nos recusa a aura da inteira liturgia, e a insatisfação nos resta se intentarmos, em novel e promitente semblante, a dádiva de ver, em um, o nome a muitos estendido; a posição de alguém que, a despeito de ensaios, não conseguimos que fosse ao privilegiado mister, torna-se equivalente à dos atores que, nas reproduções de determinada peça, exerceram o mesmo desempenho de um por nós aplaudido quando de nossa adolescência, e que ainda julgamos incomparável, e ao lermos a obra, é o primitivo intérprete que se inculca em nossa imaginação. Auspicia-nos a fidelidade a esses vultos que — apesar do tempo e das sugestões dos que aspiram, em nós, o relevo de abrigar a muitos dentro do nome — permanecem únicos à maneira de D. Q..., de C..., de N. de A..., e nos informam que certa estabilidade de ser continua no estojo a que se compara o nosso belvedere. Com que ternura, ao ouvirmos algo a propósito da cruenta vigília, da fuga diante do obstáculo, e do proceder autenticamente espontâneo, nos aparecem de logo à mente aquelas figuras respectivas, cada qual senhora do cortejo de suas congêneres, o nome vindo a configurar-se em rosto; todavia, com que desencanto, ao escutarmos da maledicência e seus efeitos uma alusão qualquer, nos ocorre à imaginativa o semblante de J. C... que por muitos anos, e incuravelmente, se aproveitara do ócio para atribuir aos demais as feias atitudes de que se considerava isento. Assim como, às vezes, distraíamo-nos em idear D. Q... e C... nos mesmos painéis, com implicações desiguais por serem, realmente, fisionomias de opostas nominações, mas que não nos constrangíamos em juntá-las, antes era um deleite do pensamento a convocação de ambas; no caso da vizinhança de N. de A... e J. C..., a só conjectura dessa possibilidade, ainda mais incômoda para nós porque os dois semblantes não viviam no mundo da quimera, nos movia ao desprazer de certo evidenciado numa ocasião em que, havendo o risco de se encontrarem ambos, tudo fizemos, com êxito, para impedir o contacto; o zelo em torno de N. de A... confundia-se com a cautela que à veneração ao sacerdote acrescentam os vultos de sua fidelidade, significando os resquícios que, fora da ara, põem, aos olhos de incrédulos, que lá não compareceram, a existência da havida litúrgica: no entanto, de tal sorte nos parecia a descrença de J. C..., que receávamos conferir ao seu miradouro a mera noção de que, no círculo de nossas amizades, pudesse conter-se alguém que evidenciava, em nós, o culto de que fora, em carne, o nome agasalhador dos simples. Uma das modalidades de nosso belvedere consiste em contemplar as faces que se ignoram mas que se cruzam, que estão no mesmo logradouro, indiferentes entre si, mas que, de nossa parte, conhecendo-as, possuímos fáceis motivações, pretextos fúteis para que venham a conhecer-se, bastando uma palavra, um gesto de apresentação, desde que, em instância recuada, e pela circunstância de serem em nós, já se aliam; apenas os fios não as tocaram e por isso se desconhecem: uma consideração à margem representa essa conjuntura de podermos uni-las mercê do conhecimento nosso, o que nos induz à convicção de significarmo-nos o demiurgo que, tendo a possibilidade, penetra na realidade do intento, se tal lhe aprouver; muitas conseqüências decorreriam para ambos, se lhes déssemos a origem do mútuo conhecimento, e talvez que mudanças profundas se processassem neles, valendo a própria omissão de nossa iniciativa, em relacioná-los, uma determinação de condicionamento por exclusão, no teor de suas vidas, e comum no domínio da fortuidade em que os vultos se inscrevem, apesar deles. Essas reflexões nos ressurgiram, não há muito, quando N. de A... e J. C..., pretendendo o ingresso a uma diversão, seguiam em lento compasso, um atrás do outro, na fila dos adquirentes de bilhete; a vários metros, sem que nos vissem, os observávamos com a satisfação de quem os governa de algum modo; naquele instante lhes permitíamos que conservassem o recíproco alheamento, por entendermos que, dessarte, lhes convinha essa norma de ser, entre as inúmeras codificadas para o estojo de nosso belvedere. Que perdurável melancolia se nos abatera, se acaso soubéssemos que, na ausência de nós, vieram eles ao conhecimento que tanto evitávamos; e que empresa dificultosa nos programaríamos com o intuito de invalidarmos as transgressões da distância, fazendo nula nos efeitos a articulação indesejada.

5 — Enquanto estivemos na sociedade de F. R..., por força da ocupação que nos competia, os entrechos por nós presenciados se expunham consoante o módulo de nosso belvedere; as participações concorrendo para o agrado em nossa recepção, inclusive com aspectos que pressagiávamos, tão modelador éramos nós no meio do generoso elenco; essa disponibilidade que freqüentemente nos comovia, representava um campo de experiências aos nossos olhos quando, em lugar das íntimas expectações, queríamos observar pai-

néis que se não destinavam a nós, desempenhos de todo estranhos às influências de nosso vulto, o que obtínhamos de certa viseira e em hora que aos intérpretes figurávamos bem distante; sentíamos, com o miradouro às ocultas, a sensação de que devassávamos um território que voluntariamente se proibira à nossa contemplação, algo de mais que o conhecimento dos bastidores, adquirido pelo assistente no mesmo dia do espetáculo: a sensação de que não éramos, o ensejo a nos exibir episódios que fatalmente se dariam, com aquele ar neutro, indiferente, se porventura viajáramos para grande demora ou falecêramos. Movido pelo grau mais profundo da sensação, o nosso exercício se praticava a antever o predicamento da morte, deixando à margem as ausências do vivo, porquanto há sempre uma réstia de probabilidade em aparecer, de súbito, o itinerante rosto; almejávamos a prefiguração da morte no mais elevado índice, e, desde que ela se perfaz em modalidades que são gradações do surgimento em nós, criamos, com a lupa invisível no consistório de F. R..., uns pretextos que diligenciavam, de início, o alcance de um perecimento mais leve, a primeira tomada de uma substância — a morte, que assim se patenteia em diversos acidentes. Adotamos, para o fito de lermos, em episódio ainda acomodado à nossa feitura, o como seriam as participações nos dias logo subseqüentes à nossa falta, uma norma a fixar os comportamentos durante uma semana, que a tal prazo concebíamos a duração de nosso molde sem mais o nosso rosto para aviventá-lo; do ponto onde não supunham que pudéssemos estar, íamos, a certa hora da manhã, recolher o agrupamento ora em rígida concentração, ora meio disperso, todo ele impregnado da acepção de que existia isento de nosso testemunho; como as regras, da natureza das estatuídas entre pessoas jovens, geralmente costumam derrogar-se um pouco ao fim de vários dias de aplicação, o estratagema se aperfeiçoara, no término do período, com a ajuda da própria objetividade; através do espontâneo dos atores, este conformava a progressiva diluição de nossos termos com o tédio de continuar sob os mesmos desígnios, equivalendo-se a vagarosa revogação ao atendimento a novo regime, acaso implantado pelo vulto que nos substituíra na direção de F. R...; prosseguindo no ocultamento de nossos olhos, víramos, também sem sermos visto, uma cena em que muitos semblantes se submetiam à ordem de outrem, embora devera ser de nossa atribuição, o que relevamos por compreendermos que desse modo atingíamos a meta da ausência, sob a forma de integral omissão; mas, sucedendo que esta, no retábulo em apreço, se preenchia por alguém de nossas relações, e a inofensiva intromissão indicava que, em círculo maior, era de pressupormos as sobras, ainda de

CAPÍTULO 10

nosso vulto, adveio-nos então, como etapa última da morte, o painel de como se dariam as coisas e personalidades no restante do tempo, a contar de alguns anos após o nosso perecer: um painel que inserisse o absoluto não sermos, notadamente aglutinando à idéia de nossa morte a de que não víamos que morto éramos, o nada, enfim; concedemos que em F. R... não obteríamos o desejado, pois, no ambiente, o que havia, de maneira direta ou indireta, se tocara de nosso vulto, e poderia ser que alguém, restaurador de causas, concatenador de circunstâncias, viesse a demarcar e, depois, a reconstituir o nosso semblante em plena atividade no recinto de F. R...; pensamento este que, por si só, revelava a impossibilidade de, simultaneamente, figurarmo-nos morto e o não sabê-lo; refletindo sobre a dificuldade, apreendemos que ela, insolúvel em face da vigília de nossa consciência, entretanto um pouco se resolveria com a mera compulsação de nosso álbum: descobrindo, dentre as nótulas, aquela que oferecesse a indiferença de nosso miradouro no tocante à época de F. R..., com efeito rara, em virtude da extrema preocupação a que nos movia o inquieto ajuntamento; encontramos, todavia, o texto em que expuséramos a semana do luto mais denso possível em nós, o qual nos tarjou a ponto de esquecermo-nos, em alongadas horas, de que havia o sinédrio de F. R...; despertado, víamo-nos apenas no tocante à tristeza pela morte de C... e pelo nosso perecimento com ela, a que se reunira, na morte comum de nós ambos, a morte de F. R..., como parte contida em nós; isolando as horas diuturnas e despidas de F. R..., incidindo a lupa sobre o não-ser daquela entidade, por ocasião da extintora efeméride, e situando a memória no gabinete deserto de nossa presença, a intuição nos propiciava o não-ser de nosso rosto e a respectiva insciência de sua desaparição; agora parecendo que o belvedere, desvinculado do corpo a que pertencera durante a vida, e na qualidade de pura e indistinta visibilidade, neutra, portanto, com referência ao que fomos em F. R..., se debruça na janela de onde contemplávamos a própria ausência, e nem ali percebe o nosso vulto, que em nenhum lugar repousa.

Capítulo 11

1 — *O conhecimento como auto-afirmação do nós.*
2 — *A indiferença: nominalidade ubíqua.* 3 — *A indiferença: o rosto inaproveitado.* 4 — *A indiferença em relação ao nosso vulto.* 5 — *A omissão de nosso corpo em entrechos do passado.*

1 — Tendo em consideração a vida que pulsara no logradouro de I..., na cidade do R..., em hora de excepcional aglomeração, a que faltamos por motivo do intuito em colher depois os participantes da assembléia, quando se dispersassem e muitos incidissem na zona de nosso miradouro, que era uma rua estreita que levava à rampa do congresso, meditamos sobre a insuficiência dos olhos, determinada pela posição em que nos detínhamos; imaginávamos ter sempre em recuo, nas ocasiões em que tal movimento nos satisfizesse a preciosa curiosidade, o nosso rosto que então abrangeria espaços bem maiores, sob a condição de os vultos contidos no elástico panorama conservarem a nitidez que nos oferecem em plano vizinho ao da lupa. Se tal acontecesse, reduzir-se-iam quase todas as atividades do belvedere, desde que a contemplação se efetivaria em ato único, em imenso entrecho que mais se estenderia a cada passo de nosso corpo em retrocesso, avocando a si, para integrá-los na urdidura da participação, os vultos que, de outro modo, seriam os do simples comparecimento, nenhuma coisa se furtando à unidade que, sem dúvida, alcançaríamos do contagiador estrado. Apesar de, na hipótese, assemelharmo-nos à abstração de pura e indistinta visibilidade, não evidenciaríamos a riqueza das conexões, dos relacionamentos, que se favorecem em virtude mesmo da precariedade da visão humana; a qual — para efeito de nutrir-se daquela unidade, indo às ausências por interpostos meios, captando restos deixados quer no recinto onde houve a

cena, quer em figurantes da mesma recém-chegados — nos obriga a misteres que nos convencem, a propósito da contemplação, ser ela o resultado, ou melhor, a soma de atividades ingentes às vezes, e sobretudo o consentimento das coisas em ratificarem, pelos processos que lhes deferimos, a acepção de estarem exclusivamente no bojo de nós. Certo de que paira, através de quanto vemos com os nossos olhos e os de outrem, um pródigo enredo, de cujas malhas umas parcelas extraímos, e outras subentendemos, como na paisagem são mais discerníveis os objetos da aproximação, e mais informes os da longinqüidade, enredo cujo conhecimento é sinônimo da auto-afirmação do nós enquanto possuidor de todo o existir, fizemos da observação na rua que confinava com o logradouro de I..., a conjuntura que simbolizava, à feição de muitas que no entanto se deram sem que no momento aquelas meditações nos acudissem, a natureza de nosso comportamento em face dos respectivos conteúdos; a consciência da motivação induz à liturgia, a própria análise dos episódios coonestadores se converte em encarecimentos da intuição, surgindo ao nosso olhar como ao de profeta se realizavam, em quanto viam, os augúrios que assim dele auferiam a mesma contemporaneidade; com a liturgia, inerentes a ela, nos contentávamos ante as deficiências do miradouro, como o fiel se contenta com a ara exígua e pobre, até provindo da circunstância dessa indigência a doce e incomparável alegria de ser nela, no humílimo altar. À espreita, recebíamos as figuras ainda não completamente livres das feições do coro, e semi-recuperadas dos aspectos rotineiros, cada semblante a externar o misto de ambas as modalidades, sob a cuidadosa atenção de nosso belvedere que assistia, do lugar conveniente, as variáveis condutas dessa mesma indefinição; podendo, à revelia de um coadjutor que nos apreciasse a exatidão do subentendimento, afirmar, de um a um dos passeantes, o índice de participação que despenderam no grande painel do conclave. As vozes, que emitiam, as dispensávamos porque redundantes a quem só o miradouro aplicava, e, além disso, eram expressões que, de resto, ultrapassavam a natureza do próprio acontecimento, enquanto os gestos se expunham em partes reveladoras dele, tendo havido na rampa segundos e primeiros atores; a multidão contivera, no seu íntimo, valores de qualidade e não apenas os de acréscimo, as faces a nos devolverem aos olhos os elementos que, ainda há pouco reunidos, firmavam o conjunto, a unidade agora dispersa mas neles discernível; manifestando-nos, com suficiente clareza, as posições que ocuparam no logradouro do comício, uns no estrado que fora o núcleo das atenções, outros mais perto ou mais longe desse palco; os vestígios do sucesso, quando formados por pequenos grupos, assumiam, às vezes, curiosas composições, a exemplo de alguns em que se juntavam semblantes provenientes do nódulo e efígies que discretamente se localizaram à distância, como se, no final de tudo, à medida que todos retomavam os costumeiros aspectos, se valessem do ensejo para exibir uma ordem de relações que não puderam expor na legitimidade do evento; lembrando, nesse particular, os intérpretes que, descido o pano, correm aos bastidores onde, com as vestes do desempenho, se dedicam a conversações diversas das do libreto, as fisionomias secundárias constituindo o centro de interesse, o vilão a aproximar-se, ternamente, dos atores que ofendera em todo o desenrolar da peça; realmente, aos nossos olhos, se descortinava um entrecho que, erigido em nós com litúrgico tratamento, o reputamos de teor simbólico no tocante à generalidade das presenças da rua, da praça, dos sítios em que os deambulantes, mal integrados no seio do ambiente, dado que são, em si mesmos, transeuntes, nos apontam as ausências de que estão imbuídos e, com elas, a prospecção nas linhas do itinerário, dentro do provisório estojo. Nos encontros que se formam em tais recintos, advém-nos a impressão de que os rostos avistados são surpreendidos por nosso belvedere; contando-se, no cerne da surpresa, a existência de algo que representa o vestíbulo entre o pouso de onde dimana e em que se modelara o vulto, e o espaço de agora que se aplica em lhe dissolver os aspectos marcantes.

2 — No momento de registrarmos o episódio de três remanescentes do logradouro de I..., que, em voz baixa e livres de exsudação, em palestra sobre assunto certamente alheio ao do copioso entrecho, provavam que estiveram no horizonte da enorme urdidura, simples assistentes que refutaram qualquer adesão ou contrariedade ao pretexto do acontecimento, um semblante surdiu, oriundo da artéria em que nos demorávamos, e se pôs a confabular com eles, sem dúvida com inquirições a propósito do que sabiam do recente fato; vimos então o brusco término do sentido com que se nos mostravam aqueles espectadores, que rapidamente — comparáveis aos intérpretes que finda a atuação, no camarim não mudam as vestes porque as do espetáculo foram as mesmas do cotidiano — se transferiram da acepção com que os contemplávamos, para outra, qual tenha sido a da vitória do franco e dissolvente lugar sobre os vestígios da ausência acabada há pouco. Em todo painel que ungimos de significado, se aviva um trecho que é a origem insinuante

da geral contextura; e, se o deparamos alterado, o resto se modifica, à semelhança de um retrato que à menor mudança no desenho dos olhos, dos lábios, se desfigura até o ponto de fugir à identidade; o centro da nominação inocula, dessarte, em adjacências, os germes da articulação lógica, revigorando a idéia das efígies anteriores e incutindo, em nós, uma expectativa ratificável quanto aos vultos ainda não fixados por nosso miradouro. O desempenho das fisionomias condiciona-se à passagem, nelas, desse fluido de persuasão e de ligamentos naturais, que, assim contagiante, faz sentir o seu alento convertedor só enquanto perdura a evidência do nome: as faces voltam sempre à disponibilidade de antes, recuperam, em seguida à participação, os seus lugares no território do comparecimento, como se nada tivesse havido, como se não se infiltraram do nome então despertado, elas próprias inconscientes do fértil e assinalado convívio. Em virtude da escassa natureza do papel, os vultos que displicentemente regressavam dele, tinham facilitado o retorno à gratuidade que, em vez de lhes sobrevir, mais ampla, à medida que se afastavam do proscênio, a obtinham defronte de nós, trazida graças ao semblante que, interveniente, lhes fora abreviar o acesso às feituras de outra nominalidade: a do não se terem, fisionomicamente, admitido no rol dos atores, na plenitude do espetáculo. Cenas como essa, no decurso da qual os rostos se acomodam celeremente à nova motivação, impedindo-nos de acompanhar ao derradeiro ato o esmaecer do nome ainda em foco, circunstâncias desse gênero se exibem, em demasiado, perante o nosso miradouro, segundo refletimos a respeito de considerarmos esse resíduo do imenso entrecho algo também habilitado à unção litúrgica, um discreto políptico a promover-se ao predicamento simbólico; em verdade, verificamos que a todo momento, desde que efígies se inscrevem em nossos olhos, o comum é a existência de arbitrário contra-regra a não consentir que repousem os figurantes, logo os investindo em nome que muita vez contraria a acepção recente; afetando, inclusive o senso de estabilidade, tão importante para o nosso belvedere, e com ele a disposição por acaso assentida em animarmo-nos a obtenções daquela espécie. Com efeito, as aquisições simbólicas se dificultam quando impera no retábulo a concorrência de vários nomes, de tal maneira solícitos ao atendimento das faces, que o nosso miradouro, a não ser que se imunize oportunamente, sói vacilar na fixação do que venha a preferir; e a hesitação tanto basta para ofender, desmerecendo-a, a contenção de que necessita o mister simbólico. No certame de nominalidades, há que pretendermos que se atenuem todas as adjacentes, a fim de só impregnar-se da contemplação aquela que, na hora, corresponda à nossa vontade de ungir; acrescendo que, ofuscados em virtude do restritivo esparzimento, se retiram de nós os nomes estorvadores, liberando as imagens que, sem exceção de nenhuma, acedem então a abluir-se no óleo de nossa vigente motividade; como o fiel que, após o ritual, deixa o templo e, quanto às coisas vistas além do pórtico, de acordo consigo traduz por estarem ausentes de qualquer nominação, e por isso aderem à conjuntura do altar, igualmente, se do painel litúrgico entornamos o belvedere à paisagem em redor, as cenas vislumbradas, que em outro momento se recusariam ao amoroso amplexo, se unem agora com a intuição em causa: os rostos a parecerem hóstias do mesmo sacramento, em identidade cuja pureza nos leva ao reconhecimento de nos depararmos, abertas as conivências da alma, com a presença de um entrecho de nominalidade contagiante, de atualidade aqui e alhures. Os três homens, predispostos à indiferença no tocante ao enorme sodalício, se integraram nela mercê do pretextual semblante, episódio que repetia ao nosso olhar o comum dos conspectos entre humanos, o costumeiro estilo dos contactos, estando a indiferença em todos os recintos; se porventura perde o seu rótulo desde que é exibido um significado, o interesse em rampa se processa à custa de inumeráveis obscurecimentos, conceituando-se ela, a indiferença, como a nominalidade ubíqua, e até existente nos episódios de que se afasta.

3 — Semelhante ao escultor que antes de iniciar a obra examina, de modo minucioso para prevenir-se de futuro embaraço, a natureza da matéria que possui em mãos, ao aproximarmo-nos do rosto que, tudo informa, encontraremos todos os dias na rua, sendo, portanto, suscetível de figurar em enredo que, de repente, venhamos a compor, dirigimos-lhe a análise sobre a aparência austera: o ar fisionômico de Q... nos insinua ser ele o resultado atingido deliberadamente pela repetição de gestos, de atitudes de longa data; havendo assim, na história dessa imagem, um ponto de fixidez que, perdurando no tempo e sobressaindo-se dentre os demais caracteres, se entorna do próprio semblante e representa o laivo com que a pessoa se inclui em nosso caderno; de fato que o contínuo treino de uma conduta ou de uma simples reflexão tende a cristalizar o aspecto figurativo que lhe é simultâneo; ocorre às vezes que esse aspecto passa a atender motivações em nada condizentes, em outras palavras, ele permanece, sem embargo

de já se haver extinguido a causa autêntica, em simultaneidade com um contexto de diversa ordem, equiparando-se a mesura ao ambiente que, outrora destinado à específica utilização, hoje alberga os mais variados hóspedes, todavia inteiro em sua cápsula. A face de Q..., de pronto obtendo a feição definitiva, nos parecera o precioso intérprete nas cenas em que buscássemos efeitos incomuns, talvez um desses pontos de referência que, por imutáveis, permitem, entre muitas coisas, o contacto com outros vultos, e, no fim, uma unidade de posição que nestes atenua, ou extingue, o anonimato da presença: a árvore do jardim do S. I..., na cidade do R..., fora antigamente o engaste que nos ofereceu o rosto de B. L..., quando criança, e de mais duas que, salvo nesta ocasião, jamais vimos nem soubemos; contudo, por efeito do momentâneo vínculo, se registraram em nosso repertório, cabendo à árvore o mais importante papel nas teias duradouras, quer de longe relembrada, quer revivida se nos defrontamos com a sua forma persistente; os rostos que a tiveram à feição de nicho, assinalam-se em nós, inclusive, por sua mera passagem, como os seres acessórios se nos perpetuam porque, no ato da contemplação, se inseriam na paisagem que o tempo conservou a mesma. A despeito do habitual cometimento, não nos recordamos nem figura no álbum o semblante de Q... em história que objetivamente houvéssemos alcançado ou feito mediante o artifício de nosso engenho; no entanto se prestara a considerações acerca de possíveis investiduras em certos enredos, sempre que nestes existisse o conspecto da impiedade que era a nominação em que ele se moveria sem o menor impedimento; por estranho que pareça, uma efígie deixou de participar em alguma seqüência em virtude de corresponder, com exatidão, a exigente papel que todavia, em mais de um libreto, foi ocupado por outras de menos desenvoltura; responsabilizamo-nos pela preterição desde que uma indomável antipatia nos impôs o inaproveitamento daquela personagem: uma razão escura e idêntica à subentendida quando, ao citarmos as pessoas com quem convivemos em outra idade, omitimos a que nos desmereceu, assim preferindo o silêncio a reservas explicáveis depois da citação; de algum modo, mesmo admitindo esse último pudor, incidíamos na nominalidade tão bem exposta no rosto de Q.... A esse respeito, diríamos bastante sobre os momentos de desejarmos ser o intérprete que, aos nossos olhos e segundo o contra-regra neles contido, desempenha o mister que lhe cabe, e que nos agradaria que nos coubesse também; o não termos querido, em lugar de Q..., encarnar, em qualquer das nuanças, a impiedade, a consciência de favorecermo-nos com essa retração, abriga, em instância derradeira, uma ponta de remorso que, agora confessada, nos alivia um tanto. Apesar da efígie de Q..., eximida do comum das práticas, vir, muito menos que outras, ao cotidiano de nosso interesse, ela ocasionalmente nos conduz a meditações do porte, ainda, destoutra, em que a imaginamos na qualidade de valor de posição, como ser de comparecimento, a nos facultar considerações sobre possíveis encargos dentro daquele nome e de outros concêntricos, em cujo bojo se insinua ou reside a impiedade; a nos sugerir a idéia de prováveis atrações que ela, a face de Q..., exerceria ora como rosto preponderante, ora como um ente à parte e entretanto distribuidor de posições: à guisa do contra-regra que, por descuido, aproximando-se demasiadamente do palco, se confunde entre os protagonistas; mas de maneira a não revelar à platéia o engano, embora escusável para o nosso miradouro, diante do qual os enredos geralmente se verificam à similitude de armações improvisadas; e que, sem deturpação do assunto, acrescentam aos espectadores uma curiosidade satisfeita, aglutinando-se ao espetáculo, vindo a ser inerente à programada peça o arranjo que devera, a rigor, estar oculto. Em certa analogia com o arqueólogo ante um elemento que, por suscitar inúmeras reconstituições, o põe sempre na dúvida de qual seria a verdadeira, o rosto em causa se nos exibira fecundo, e todavia ele apenas se domiciliara no caderno como o ator só inscrito e à espera do chamado; a mera circunstância de haver marginalmente persistido em nós, afasta-o da indiferença de que o pensávamos merecedor, porém este pensar é uma das formas com que esta se expõe a nosso belvedere.

4 — Em verdade, infiltra-se a indiferença onde quer que o nosso propósito de interditá-la se formule e se efetive; por mais atento que estejamos a seu curso, ela vem a repor-se esquivamente ao lado, esperando que qualquer desvio do assunto se transforme em plena dominância de sua natureza, do esquecimento, enfim, a que tudo é destinado. Se convocávamos a Q... para a incumbência de algumas ideações que nele se visualizavam, no mesmo instante, ao indeferi-lo do prospecto em enredos do fingimento ou da realidade, o transferíamos ao campo da indiferença, à ubiqüidade com que esta se consubstancia, como se toda a empresa de nossa lâmpada se concertasse paradoxalmente na vigília de fazer invulnerável a mesma indiferença; entrementes, sentimos que a utilização de uma pessoa em histórias da quimera, traduz, em alguns casos,

o nosso desapego à realidade dessa mesma pessoa; o próprio fato de a excluirmos do natural desempenho vindo a importar em desapreço à gratuita condição de ator, a qual tanto se emprega no ordenamento da fantasia como no espontâneo da veracidade; o não querermos introduzir no álbum, como protagonista, a figura de Q..., significava o escondido propósito de trazermos à indiferença o próprio ser desse rosto, de pretendermos inseri-lo em o nada, tanto em nosso caderno e ainda fora dele, sob um cunho de inexistência que atingia a incompromissada ficção; contudo, havendo nos servido para conjecturas e ilações, pôde ele escapar da mais completa indiferença, pairando todavia nela; e se revemos as folhas do álbum, com o ânimo dirigido à face de Q..., em cada episódio procuramos, talvez à guisa de trabalho penitente, a omissão dessa efígie, facilmente suscitável, quer em papéis de dominante relevo, quer em coadjuvações de breve estada e mais numerosas: o suficiente para concluirmos que a aprofundamos na indiferença, como também na vida rotineira a aprofundamos, a exemplo da ocasião em que, percebendo num interlocutor a vez de mencioná-lo e discorrer sobre políptico em que se houvera o silenciado vulto, impedimos, com hábil interrupção, que entre narrativas de deleite, se verificasse uma, inconveniente ao nosso desamor. Volvendo a consideração para o nosso rosto, e encontrando no caderno as oportunidades que ilustram a indiferença no tocante a nós, temos que a figura de Q..., se nos impusesse a pena de igual extinção, se contentaria ante as múltiplas que nos escureceram, somadas àquelas que nos hão de escurecer ainda, em todo momento, a cada passo; e, se atendemos a que, de quantas imagens se registram em nosso miradouro, a nossa é a mais testemunhada, repousa todavia nela, constante, a indiferença. De logo nos insatisfaz a compreensão de que nos inscrevemos, de maneira vária, nos belvederes que nos têm recebido, não sendo uniforme a nossa presença nos muitos álbuns em que figuramos; acresce que desconhecemos o como está o nosso vulto na grande maioria das páginas, nem sempre coincidindo a nossa participação, em nós, com a participação segundo o olhar que nos recolheu; em seguida, também nos insatisfaz a compreensão de que, da incomensurável cópia de miradouros, no passado e no presente, só pequena quantia tem deambulado perante o nosso conspecto; sobretudo nos confrange o sabermos que, no âmbito das lupas mais desejadas, a indiferença, que fora, no primeiro caso, tão absoluta, se mostra ainda existente, perseverando em índices desde as moderadas réstias ao mais desalentador de surpreendermo-la no mesmo grau que as outras indiferenças que nos assimilaram por toda a vida, e antes de nascermos; posta em escorço a ubiqüidade da indiferença em virtude do existir de nosso belvedere, a conjuntura de sermos significa — a despeito de sua claridade que torna existentes todas as coisas, entre elas a positivação da própria indiferença — a leve derrogação dessa entidade, que todavia retoma, pouco a pouco, a sua plenitude; um quase nada faltando para a integral vigência, se, ao aumentarmos o curioso interesse em relação à nossa efígie, verificamos que a indiferença se patenteia mais comum entre os atores no tocante a nós do que, ao inverso, de nós com referência a eles. Em verdade, os protagonistas, cuja existência nos devem, atuam em nosso estrado, quase sempre, de maneira como se não houvéssemos, e quantas vezes, não obstante estarem certos de nossa presença, se permitem compor intervalos em que nos colocam em supressão; acontecendo, em geral, que esse período de ofuscamento ao longo de um ou vários painéis, se demora mais que os sucedidos com a notória participação de nosso rosto; sem falarmos das figuras que realmente nos desconhecem, nos concílios a que nos associamos ressalta a norma de nos vermos em assíduo alheamento: quando, a fim de pormo-nos em liturgia oportuna, e em ara o nome da indiferença, nos eximimos de desfazê-lo; a nossa esquivança a identificar-se com o acólito que os objetos do sacrário ordena no mesmo instante do almejado sacrifício; quantas vezes, longe do recinto em que testemunháramos a indiferença a pairar sobre nós, nos contentamos, embora com um fundo de melancolia, por vermos que, através de um e outro que se devotara à unção ocorrente, fora correta a interpretação com respeito ao sentido de nosso vulto, ratificando-se, como um estímulo às descobertas de nós mesmo, a anulação que nos tocara, na indiferença.

5 — Quando, mercê da imaginativa, descemos ao passado de outrem, ou vamos a algum retábulo contemporâneo, em que, à similitude de todos que o passado nos oferece, o nosso semblante de nenhum modo há de aparecer, e o nosso nome nem sequer proferido, então nos convertemos ao puro contemplar; tudo que somos, na lupa se concentra, ela assistindo, de cômoda e solta disponibilidade, o perfazer-se da indiferença em que estamos; graças ao devaneio, deparamo-nos conosco ausente, e em ausência sobremaneira imaculável se ela discorre em passado longínquo, que nos recentes pode aflorar algum vislumbre de nosso rosto, sob a forma da cadeira em que já sentamos ou do participante que, em meditação própria, traz à baila, assim abstratamente mas nos positivando o existir, o nosso vulto que

longe do tablado permanece; nas incursões e polípticos desse
outrora, a simpatia nos conduz a visões que envolvem seres
do agrado, a efígies que comungam conosco em composições do pensamento, que ressuscitam, coevas de nossa alma;
algumas sobrevindo de nublados logradouros, tanto as di-
luíram o tempo e os pósteros desamáveis, num desamor que
permitiu esgarçar-se em imprecisões de lenda o vulto convocado agora; a exemplo do concílio, em cujo seio in-
gressam apenas os habilitados ao problema em resolução,
cerradas as portas aos leigos no assunto, convidamos a
surgirem ao nosso interno miradouro aqueles de nossa
espiritual consangüinidade, e, ao vermo-los solícitos, deixamos que cada qual se realbergue em seu aposento, segundo
nós; tal o recinto de P..., há tantos séculos descurado que
em névoas se dissolvem ele e as coisas ladeantes; e, com
grata surpresa, convimos que a negligência de sua contemporaneidade nos parece, de súbito, afirmadora, porquanto
de névoas tecido é o uno inseparável de seu belvedere,
que nunca nos testemunhou, indiferente a nós até morrer;
igualmente, o olhar de S... jamais recaiu em nós, que
três séculos nos distanciam, malgrado as atenuações dessa
ausência que de certo pouco nos satisfariam para o retábulo
de sermos juntos; mas a leitura de seus livros de alguma
sorte alimenta a divagadora ideação de não estar a nossa
efígie no campo de seus olhos, no instante em que ele,
extinguindo-se ao lado de alguém imerecedor do privilégio
de se tornar o seu último visível modo, se imergia na
substância única de onde se não houvera retirado; ao fazê-lo, e à guisa de delicado consentimento, agora em face
de nossa aspiração, em parte nos deferia este ensejo, pois
nos reservava ao tardio hóspede o eterno aposento de sua
concebida natureza, concessão esta que não recusaríamos
por importar na derradeira de seus votos, se bem que não
nos tenha visto nunca; a pretensão à margem de seu leito
consistiria em experimentarmos o não sermos em seus olhos,
e portanto, qualquer resquício de interesse em nossa existência — e a cosmologia de S... alcançava todas as
existências — era estranho ao devaneio de presenciarmos a
nossa ocultação em painel de seu miradouro; reconstituíamos
a cena com particular afeição porque, na cidade do R...,
conhecêramos um mobiliário do país e da época de S...
e algum relato alusivo à sua morte; o qual mobiliário, no
museu do E..., tinha, para nós, a acepção de haver sido,
fisionomicamente, o do quarto de S..., e como tal, o víamos à maneira de testemunha da não estada de nosso
corpo naquele instante: a indiferença quanto a nós a se nos
exibir prestante, sob o aspecto, não mais tão nevoento, mas
de possibilidades, de conexões discerníveis em coisas perante os nossos olhos. A assimilação da indiferença, na

mesma linha, porém em grau maior, veio a processar-se na manhã em que ouvimos casualmente a notícia de que, dentro de minutos ia efetuar-se uma reunião no prédio de G..., cujo recinto, destinado a esses eventos, sabíamos com lucidez e de cor, e os participantes do conclave, dada a espécie do mesmo, deviam, a rigor, ignorar a nossa existência; a imaginação substituindo em nós o costumeiro belvedere, penetrara no salão nobre e, de cadeira em cadeira, distinguia-as ocupadas por figuras que se não revestiam de particularidades, antes se expunham como se foram uma só concomitantemente em todos os lugares; a imaginação apenas cuidadosa em não nos surpreender, dispensava-se de individuações, sendo-lhe suficiente pressentir que, nos marcos desse vulto genérico e ubíquo, não estávamos, nem mesmo no preferido assento, quando nas vezes em que íamos às sessões do colegiado de G...; compondo o retábulo da imaginativa, de modo a obtermos uma tessitura à base da indiferença dos intérpretes quanto a nós, passeamos a visão na galeria dos retratos onde não havia o nosso, que velho escrúpulo impedira a colocação, cujo acerto agora se evidenciava, nesse instante em que não éramos. Ao aprofundarmo-nos em direção à entidade indiferença, descobrimos que a habitual conduta de darmos a primazia, nas conversações, aos fatos que o interlocutor discorre e que se prendem à era anterior ao seu conhecimento de nossa efígie, representa a manifestação de perene curiosidade: qual seja, a de nosso testemunho sobre os nomes, objetos e feitos que se cumpriram independentemente de nós, e para cujo êxito nenhum dos participantes insinuou sequer a necessidade de nossa presença. Efetivamente, estimamos, em especial, as pessoas mais antigas do que nós, e em muitos casos, quando elas atendem ao nosso desejo de ouvi-las e aludem a sucessos que nos precederam, com que acolhedora simpatia os recolhemos e bem maior que a dedicada aos que são de nossos dias; por mais diversa que pareça, quanto à nossa, a edição do cometimento que acabamos de escutar, com superior importância se nos incute esta que, quase sempre estimulada por nós, teve a sua real aparição em dias outros que os registrados por nosso belvedere. Lamentamos intimamente não possuir os olhos de quem, na palestra, nos comunica o não sermos em seu respectivo outrora, e nos relata, com minúcias, o preenchimento de todos os lugares, em nenhum deles figurando o nosso rosto, a indiferença a se nos ostentar completa; entretanto, mais negadora ainda se declara a indiferença, quando, havida em muito remoto passado, não concede que um de seus participantes, dele emergindo, surja em face de nós e, espontaneamente ou incitado por indagação, nos faculte a narrativa deserta de nossa personalidade.

Capítulo 12

1 — *A repetição.* 2 — *O conto de Hoffmann.* 3 — *O vulto e seus desempenhos irrevelados* — *A disponibilidade facial.* 4 — *A homologação pelo desfecho.* 5 — *O silêncio na elaboração figurativa.* 6 — *O retorno às origens do enredo.* 7 — *A unidade entre os atores por motivo de haverem ocupado o mesmo papel.*

1 — Certa manhã, ao estendermos o belvedere às figuras que transitavam indiferentes aos nossos olhos, desejoso de obter um conto sucinto, por atendimento da eventualidade ele veio a aparecer: os protagonistas, como em estado de obediência, desviando de si os modos até então inconciliáveis com um enredo, expunham a nós o investimento das sugestões que eles mesmos nos ofereciam, levando ao término os fluxos de sentido que iniciaram; cumprindo assim uma contextura adequada à nossa mente, qual seja, a de acompanharmos aquelas coisas que pareciam, a um tempo, nossas e da objetividade autônoma. Exercendo uma tarefa que em geral pertence aos nossos dons, os vultos da breve história encerravam a conclusão de suas premissas, não deixando para nós senão a fácil aceitação de sua evidência; se porventura determinados efeitos fisionômicos vinham a corresponder exatamente àqueles que prevíramos à mera observação de suas causas, tal acontecimento não induzia que eles se deram como satisfação ao presságio, ou como reflexo exterior de nossos intentos; sem dúvida que se tratava de uma coincidência, da juntura contemporânea do entrecho, independente nas coordenadas e nas configurações, com o acontecer, também cursivo mas sem originalidade de gênese, a desenvolver-se em nossa mente recolhedora. A experiência da vigília, composta pela continuada acumulação de sucessos que mantemos com os rostos, muitas vezes abrangendo o nosso próprio rosto, nos tem favorecido com esse inesgotável reservatório, sempre que as

situações em ato nos exibem os seus começos, a presciência a se não demorar no seu intuito de receber a clara homologação. O acervo das coisas passadas fecunda e promove o exercício de nosso entendimento, faculta-nos a arte de discernir, dentre inúmeras oferendas, as que se vão a alongar em linhas ininterruptas ou não, dóceis ao sentido preliminar, resistindo ao decurso de estorvos, modelando-se no seu original aspecto, na forma do corpo que sobrevive ao ato do nascimento. Surgida a face, antevemos, em virtude de antigo saber, a conduta que ela terá no instante seguinte, à maneira do caçador que, conhecendo o hábito do animal, arma o ardil que o apanhará com certeza; então estabelecemos que uma figura caminhante, à vista de outra que acelera a respectiva marcha, voltar-se-á para ela com o olhar de vaga indagação, de estranheza efêmera; somos convencidos de que, contemplados de um observatório distante, os rostos em si mesmos e com seus conteúdos mentais, se apresentam em repetição cotidiana, similar àquela que descortinamos na existência das efígies irracionais; em proporção reduzida, nós, na qualidade de assimilador do quanto sói acontecer em nosso belvedere, agimos, na factura das situações em ato, de modo a não perdermos tal contingência na qual os homens operam sob dísticos de igualdade, vale dizer, segundo prognósticos fixados em nossa agenda. Se algum vulto fere a cadência presumida, não é a idéia da repetição que se revoga; é o nosso ponto de mira que está muito aproximado do objeto, que deveria pôr-se em mais recuo, a fim de abranger, em perspectiva maior, os rostos a ele equivalentes: no painel da igreja, apenas dois homens não se descobriram e no entanto bem mais numerosa é a quantidade dos que se prestam à mesma irreverência; existe a percentagem dos loucos, desses entes cujas faces contêm uma reserva preciosa, cheia de soluções para os hiatos das fisionomias costumeiras, e os respectivos gestos possuem também a sua ordem, a sua pontualidade, as suas interrelações, os seus estacionamentos no gênero. Recuar a visão significa unificar os objetos, não só no sentido de apagar as diferenças discrepantes, mas ainda no de encontrar o preenchimento dos intervalos figurativos nos quais os loucos e os mutilados têm as suas posições nesse grande mapa, cujos elementos, se se acham dispersos ante os nossos olhos, contudo se alinham diante da lupa que a todos abarca no painel, como o do Julgamento Último. As lacunas que parecem negar a idéia dessa ordenação, resultam de nossas visões parciais, entretanto, ela se suscita do próprio seio das fragmentações, das interrupções, das simultâneas diversidades, enfim, do ocorrer das figuras perante nós, onde nos suprimos ao sondar os seus lineamentos; a própria manifestação de sua efemeridade alcançando até

CAPÍTULO 12

o êxito de presságios consentidos, portadoras que são, as faces de agora, do sortilégio de nos trazerem outras do passado e de longe. Naquela manhã, se os entrechos não nos obsequiaram com transcendências da fisionomia, descortinadas em tessituras às vezes bem menos complexas e sob menor atenção por parte de nossos olhos, no entanto um pouco do urdume de "O Homem da Areia" — uma história de há muito lida — pôde sustentar-se em episódios como se foram capítulos do renomado conto, que relêramos à véspera sem se nos insinuar o propósito de assisti-lo, de certa maneira, em edição da visibilidade e isenta de anúncio aos solícitos intérpretes. Em outras oportunidades, por inspiração ou de leitura ou de narrativa oral, e sabedor das complacências fisionômicas, além dos predicados de nossos recursos, quisemos, do enredo que ainda palpitava em nós, ver exposto, em acessível rampa, senão os inteiros retábulos, ao menos alguns ou um de seu contexto, intenção esta nem sempre debalde ao nosso miradouro; a versão de agora todavia nos surpreendera, e assemelhava-se a maravilhoso evento que, partindo da objetividade, geralmente neutra em relação a nosso intuito, nos informa que ela, no uso de dadivosas conivências, se desobriga de aguardar as postulações, e vem a conceder-nos o que havia por adequado ao nosso estojo.

2 — No tocante às complacências do rosto, existe, na curta novela, a circunstância de os personagens se cobrirem de indumentos em desuso na atualidade, e com eles os recintos em que se manifestam; coisas, enfim, que constituem a coonestação da naturalidade dos painéis, e dissuadiriam do ensejo de ver, sem os olhos do sonho, e reproduzido com espontaneidade, o urdume de "O Homem da Areia"; une-se às complacências do semblante o contorno genérico dentro do qual se facilita o desempenho, o próprio local dissipando-se no fundo e em torno do episódio, permitindo que sejam bastantes os gestos, as atitudes de estar, as conexões de presença, com a tessitura a desenvolver-se independentemente dos reclamos de sua época; iguais aos conceitos que se não subordinam ao idioma a que ora se prendem, os rostos situam-se em terreno de universal aquisição, as nominalidades a existirem com acesso às figuras inumeráveis; nenhuma destas se apresentando rigorosamente insubstituível no efeito de se externar ou no principal papel ou em outro de simples coadjuvação; acresce que se não desvaloriza, no álbum, o papel de determinado nome pelo fato

de afluírem, com justa concessão ao desempenho, muitos candidatos dos inscritos em nosso rol: ao contrário, a abundância dos vultos representativos na portada de uma designação, comprova possuir esta o inexaurível dom da sobrevivência, tão-só limitado pela perduração de nosso miradouro. Aceitamos, sem relutâncias, e em nova contextura, a velha integridade de "O Homem da Areia", com modulações que não nos pertenciam e sim a contra-regra do fantasioso acaso; o que compusera e estimara o autor, passando a prevalecer sobre as nossas preferências no trato de ritmos costumeiros, submisso que fomos à página em leitura. A consecução de uma cena alheia à nossa vontade e livre da interferência de nossos ditames, nos incute a idéia da eventualidade de sermos nós, com as condescendências e o contorno genérico, presa de alguma narrativa olhada por suposto alguém a descortinar de um ponto as correlações porventura apreensíveis entre o nosso rosto e os das proximidades; embora a possibilidade desse espectador seja de muito problemática, resta-nos, contudo, a certeza de que participamos de variadas urdiduras, de enredos diversos, por ninguém acolhidos, irregistrados, inaproveitados como os sucessos da profunda ausência, e de nós mesmo desconhecidos, à maneira de atitudes do rosto durante o sono; de certo, nas vezes do trânsito pelas ruas movimentadas, no tumulto, várias histórias se interpenetram, se ladeiam, e nelas nos inserimos em menor ou maior participação, inclusive parecendo-nos que a nossa passagem se resume em justapor um interminável número de fios, em estabelecer formações de nominalidades que, após a junção através de nós, continuam longe de nossa imagem, mas ainda supridas pelos elos que nos coube promover, apesar de nós; somos inconsciente do papel no contexto dessas ordenações, engenhosamente construídas num espetáculo sem público; na ocasião, era como se valêssemos somente pela aparição de nossa efígie, e uma visão curiosa e assimiladora, a fim de não perder a fluência do significado, nos interpusesse entre outros semblantes: a exemplo do que se efetivou quando, da janela, e favorecido por certa lentidão das figuras, assistimos o vendedor de barômetros caminhar para a residência de Nataniel, sobrecarregando qualquer volume que era, para nós, a caixa de seus instrumentos; adveio-nos a sensação de auferir uma objetividade que parecia aquela muitas vezes verificável no ensejo do ficcionista desde um ponto de sua obra: não mais controlando as personagens que, movidas pelo tratamento que lhes foi dado antes, como que assumem a iniciativa de levar ao término, sob o beneplácito do escritor, algumas situações da história, as quais neste repercutem um tanto à guisa da surpresa que ao leitor resulta natural; a aceitação tácita do enredo que se abria, sem nenhum estorvo a lhe embaraçar a cadência

CAPÍTULO 12

dos painéis, importava na persuasão de que os anacronismos, debilitando-se desde que a nominalidade se impunha, se minoravam em elementos que, tolerados agora, condiziam com a modalidade do primeiro e original transcurso; efeito comparável à rampa humilde, onde a pintura, por sua vez indigente, de algumas árvores, induz nos espectadores, cumprindo portanto o seu mister, o convencimento, nunca recusado, de que a trama se localiza no seio ou à margem do bosque; a participação de um rosto no entrecho não coincide sempre com a sua participação na conduta própria, o gesto de entrada podendo traduzir-se, no encadeamento dos painéis, por atitude de esquivança, porquanto nessas confecções prevalece sobretudo o ato de presença, o ato de se fazer visível e de situar-se na rítmica de nossos olhos; quando sucede a coincidência entre a participação própria e a participação de acordo com os nossos quadros, não é bem o primeiro fenômeno que, na maioria dessas contingências, condiciona o segundo, mas a milagrosa simultaneidade entre a modulação de um e o tempo em que o outro se desenrola, o que dispõe à identidade o evento e o nosso belvedere; o homem que conduzia o volume de aparelhos, adiantou-se para a velha escada, no instante preciso em que as cenas anteriores solicitavam esse mesmo gesto em lugar de qualquer outro; a duração em que permaneceu ausente teve a rigorosa temporalidade do encontro entre Coppola e Nataniel, e o afastamento do homem, volvendo ao nosso campo óptico, e tendo na fisionomia as marcas da insatisfação, era, sem dúvida, a edição renovada do vendedor de barômetros, estranho vulto e de não fácil obtenção devido às suas muitas peculiaridades; se a obra do ficcionista, pelas delimitações da factura, não permite o continuado seguimento das personagens e dos painéis, surdindo à tona apenas o que a ele parece significativo às nominalidades, esquema este que suscita no leitor arbitrários suplementos, a descrição das faces no interior de um enredo escrito como o de "O Homem da Areia," além de nos mostrar a visão dos acontecimentos, faculta, ainda em rostos, o suprimento de omissões que, tratando-se meramente da leitura, nos era propinado a só imaginação; assim, à revelia do escritor, mas concordante com o sentido em foco, presenciamos vir à janela a personagem adolescente e com os olhos acompanhar o misterioso visitante; já liberto da cena, da participação exclusiva de nosso miradouro, demoramos a vista nele afora, crente de que se tornava passível — ao longo de seu percurso até perder-se de nosso olhar, e depois, em ruas que nos fugiam — de múltiplos papéis, capacitando-se de algures representar entrecho de motivo ainda oposto, enquanto de nossa parte sentíamos o perdê-lo em tantos nomes; apenas, sobejava-nos a impressão, ao vê-lo ir após o que nos proporcionara, de que ele não se desvestira totalmente da representação de há pouco; lembrava-nos os intérpretes que, o espetáculo concluído, os tínhamos no passeio defronte do teatro como figuras suspensas de suas vidas próprias, tardias extensões da peça, tão constante nesse gênero se nos movia a lupa.

3 — Se determinada coisa importante tem que nos ocorrer, tudo aquilo com que nos deparamos, os edifícios, as pessoas, os seres mais insignificantes, exercem, em nós, a função de protagonistas da cena vestibular; as suas atitudes se processam, no plano fisionômico, em vista do retábulo ora em expectação em nosso miradouro e do qual somos também participante; nunca afirmamos que certa efígie é prejudicial ao conjunto da cena, cumprindo-nos acolher todos os figurantes que nos preenchem a mesma ocasionalidade, convicto o belvedere de que — a modo de estojo imenso e ungido da ampla necessidade de tê-los no existir que lhes é propiciado — nenhum deles se recusa à presença em nosso álbum; da mesma forma que um acidente diminuto pode provocar em alguém a mais séria transmutação da vida, o humílimo objeto, imóvel em algum recanto, alterará a perspectiva a que se vincula, bastando para isso que recaia nele a incidência de nossos olhos; deveras, conduzimo-nos no cotidiano como o fazemos diante de uma tela que a visão geral não explica e somente o exame parcial e metódico nos consegue trazê-la ao entendimento: à feição de uns afrescos narrativos, cuja sucessão lógica o pintor não nos ensina onde começa e onde acaba, competindo-nos, após demoradas ou curtas observações, achar o continuamento do sentido; os painéis da rua não nos obsequiando, com qualquer sinal, para a disciplina da receptação, cabendo à nossa óptica o tirocínio em face da obtenção de seus valores, segundo nós. Na prática das escolhas, o olhar opera de conformidade com o seu estilo de ver, distribuindo as cenas de um modo em que atuam as sugestões do nome e o próprio gosto de nossa sensibilidade; razão por que, no caderno, a singeleza da exposição, correspondendo ao discreto do testemunho, facilita, no ato de o relermos, a mais fiel retomada de quanto nos houve em situações já de muito decorridas. O exercício de seleção, que se evidencia indispensável às concreções de nossos desígnios, nos tem fomentado, particularmente, o uso de simplificações de conspecto, à maneira das que auferimos quando, em retábulo posterior àquele em que um vulto iniciou a

CAPÍTULO 12

sua participação, esse mesmo vulto, em lugar de expor o desempenho com o corpo inteiro, tem cancelada a efígie, aparecendo agora sob o aspecto da bolsa que ele deixou ficar, inequívoca expressão com que permanece em nosso miradouro; sempre que nos defrontamos com essa linguagem das elipses, em muitos momentos a nos entreter como um sucesso à parte, provamos que nos convém ao intelecto a lúdica empresa. O seu embrião, no domínio das artes, figura talvez em alguns portais medievos, onde, ou pela acomodação dos ornamentos ou pela intuição do arquiteto quanto ao emprego de dedutividades, se vêem escondidas, atrás de outro elemento de escultura, umas pétalas da rosácea, o autor parecendo nos dizer que, sendo todas iguais, o ocultamento de uma não importa, na vista do espectador, em ele desconhecer a existência da inteira rosácea. Estimamos singularmente as coisas deixadas por amigos que se vão embora, entretanto ficados por meio delas. Como presença conciliadora, move-se a nossa imagem, e se descoberta por alguém em determinado ângulo, alguém munido de sobrenatural visão, de certo que ele verificaria, se a tanto lhe favorecesse a hora, na encruzilhada dos cortejos fisionômicos, o nosso rosto a desempenhar, a um tempo, nominalidades, papéis em múltiplas histórias; assistiria que a incolumidade da figura em trânsito existe apenas se esta é considerada fora das participações, visto que ela, em escondida verdade, se alia às tessituras perpassantes. A nossa efígie, deambulando pelas ruas da cidade, de semblantes repletas, contribui para harmonias em várias direções, no bojo de espetáculos de muitos gêneros, a percorrer com gestos descuidosos inúmeras escalas de motivos, de nomes, que, através dela, se difundem em correntes quer nuançadas, quer interrompidas com articulações demoradas ou breves. As coisas visíveis são atores prontos a ilimitados repertórios, e apreciada nessa condição — à similitude do artista que, havendo representado em dezenas de peças, tem a sorte de diluir-se na coletividade de tantos desempenhos, facultando-se a prerrogativa de apor, nas paredes do quarto, as estampas de todos os vultos que veio a ser — a face que em tais ruas se mostra em papéis da dramaturgia do acaso, bem os exibiria, se pudera, que nenhum aposento conteria, em toda a abundância, os retratos de si mesma; contudo, a galeria se ostentara quase que uniforme em relação ao contorno e minudências comuns da imagem, e parecera um único papel, não obstante a infinidade deles. As complacências da face ainda nos concedem as vezes em que uma conhecida pessoa, em virtude das sugestões que ela propicia, se dispõe, em nosso pensamento, a desempenhar papéis de que em verdade nunca se desincumbiu em suas situações reais e próprias, equivalendo-se, nessa idealidade, às fisionomias que nos logradouros se coordenam em inapreciados enredos.

4 — Ao assistirmos uma situação em que alguns rostos, não figurando no entrecho em desenvolvimento, se colocam à margem, como à espera de que lhes chegue o aviso da convocação, temos, diante do belvedere, o coro neutro e fisionômico, espécie de repositório onde aguardam o seu pronunciamento os semblantes ainda não atingidos pelo significado; ali se deixam ver como em teatro ambulante os atores adornados para o desempenho, na expectativa de que o contra-regra assinale o minuto de um ou mais ir à rampa; esses rostos à deriva sendo com efeito mais desta que do palco, e assim nos impressionam, quase sempre, desde que à sua margem pulsa um nome em outros seres; poderá o nome concitar ao seu domínio qualquer dos rostos em reserva, o conclave dos circunstantes a parecer em extremo acessível nas facilidades que concede; apenas, para tal coisa, no retábulo de L. V..., não necessitara o assunto que coincidisse a imagem ladeante sair de seu pouso e ingressar no meio das efígies atuantes: os nossos olhos a incluíram nele sem embargo de sua posição irremovível junto a vários adjacentes, no instante exato em que figurantes cumpriam a nominalidade da obediência, da resignação constrangida; passando o miradouro pelas faces dele isentas até então, encontramos que L. V..., com a arrogância do porte, exercia, na quimera de nossa factura, o rótulo de desalmado pregoeiro que, excedendo a condição de arauto, assumia a de preliminar algoz, ao alegrar-se com o anúncio de que se incumbira, de longe; terminado o painel, em nós, os disponíveis semblantes se dispensaram também da conjuntura em que os havíamos posto, e no flagrante do despedimento, que se constitui no ato de suspendermos a ativação do nome, por o considerarmos de todo empreendido, sentimos que eles se ausentavam de nossa atenção, salvo L. V..., um pouco à maneira de protagonista suplente que a inserção do titular, no certame esportivo, fez acumular a feição de platéia e a de proscênio. Ora como figurantes diretos do motivo, ora como parcelas da reunião adjacente, os vultos se infiltram, a cada instante, de nominalidades advindas de todas as direções, atores permanentemente disponíveis ou em plena exibição; se jamais conseguimos deter as correntes que por eles perpassam, nem por isso duvidamos de sua existência, nem tampouco duvidamos das que, a esta hora, vagueiam disseminadas em outros sítios de tumulto, em espaçada ausência de nosso

belvedere. Com a mente aplicada nessas conjecturas, imaginamos a nossa efígie, a despeito de sua discreta amostra, sob o encargo de papéis da mais evidente importância; e a imaginamos também, consoante o seu ofuscamento habitual, em painéis de frágil coadjuvação, todavia útil ao estendal dos nomes. A convicção de que nada de inútil inferimos do acaso, se nos alteia quando, ultimada uma seqüência, assentimos que as figuras, que passamos a anotar, e dentro do motivo não estiveram, nos declaram, com as suas aparências, que bem se inseririam nele, em lugar das que houve: prevalecendo assim, diante de nós, o princípio segundo o qual, em muitíssimas ocasiões, a disponibilidade se converte em sinonímia, a escolha de algumas delas sendo de ordem acidental; com referência à acepção em que as investimos, concedemos que os mesmos favores de nosso conspecto se reproduzem em outros pontos, o próprio acaso significando, através da seletiva indiferença com que nos abordam as imagens, um escorço do que sucede à distância de nossos olhos: da mesma forma que, em nossa presença, uns rostos se impregnam do nome, e uns dele se desobrigam, nos lugares onde não atua o nosso belvedere, igualmente uns se deixam prefigurar, em nossa imaginação, de acordo com o nome que lhes estabelecemos, e uns nem sequer visualizamos, tal como junto à nossa efígie muitas vezes acontece. A nominalidade, que em história se expande e se efetiva, nenhuma determinação, acerca de como deve iniciar-se e terminar, fixa para a obediência de nosso miradouro; antes admite que este se valha dos recursos de técnica, das medições da curiosidade de que se mune ao intuir, da fértil disposição do elenco, o enredo ora sabido, ora despertado no momento; outrossim, o desfecho ou cena final que de algum modo encerra a incorrência do nome, à similitude da elaboração do início de uma história, possui variações incalculáveis, o término se efetuando em maneiras também de impossível cânone: a desenvoltura da nominalidade, com efeito, independe de regras porventura impostas pelo reduzido ou grande elenco: em verdade, ela se insinua e por fim se realiza a expensas das coisas que fazem da concomitância um acontecer da identidade, o painel ou a seqüência vestindo-se do nome a modo do objeto no seu estojo. As faces da conclusão soem diferir das faces do começo, no que tange à virtualidade que naquelas se contém e nestas muito menos se encontra, e ainda pelo atributo de expectação que, presente no limiar do assunto, já se escusa de aparecer nas fisionomias encerradoras dele; entretanto, o derradeiro episódio se compensa da falta desse atributo — o ar de expectativa — ao expor-se com a faculdade de, homologadoramente, delimitar em todos os intérpretes a medida de suas participações; é o desfecho considerado não apenas o último de um seguimento de painéis, mas a passagem que ratifica os vultos antecessores enquanto impregnados de seus desempenhos na urdidura. O desfecho recai nas cenas anteriores como a conclusão recai nas premissas, ele a valorizar os elementos que, até o instante, conduziam para o nascer, ou veiculavam, a incidência do nome. Se o encerro inclui em si, ausentes mas virtualizadas, as figuras que, através do sentido, possibilitaram a sua presença na composição, nesse recair sobre as faces anteriores há como que um gesto abstrato de restituição; e, por meio dele, os corpos que participaram do motivo, têm, a mais do que foram, o confirmador reconhecimento de suas atuações. Assim como os trechos escolhidos de um escritor nos fornecem, sem articulação lógica, fragmentos de um romance, nos quais, narrativas de vultos e dialogações nos deixam entrever do autor somente o modo de redigir, também as curtas situações da praça, da rua, sem o término ratificador do desfecho, nos indicam sobretudo as habilidades harmoniosas do acaso, a presteza comunicativa dos rostos em trânsito; da mesma forma que em seguida à leitura do romance, os excertos esparsos, que conhecíamos, se transfiguram ante as linhas gerais e a conclusão do enredo, se nos fosse dado rever os mesmos vultos em comparsaria com os demais componentes de uma situação, todos eles integrados em relações mútuas, anotaríamos, ao contacto com o desfecho, a valorização repentina de suas aparências. Sendo da técnica do acaso a factura da terminação, como do arbítrio da fortuna é o seu próprio aparecimento, a maneira com que a seriação se finaliza, possui variedades que se excluem de normas regedoras e, em conseqüência, mostram-se relutáveis à nossa previsão. O atributo que a fisionomia encerra, não só de sugerir mas também de conter o resumo de breves e de grandes pronunciamentos, explica a razão por que o rosto, aparentemente inadequado para tanto, às vezes nos surpreende ao ultimar a narração em foco; não sendo os vultos mais aproximados nem os mais expressivos aqueles que compõem o desfecho, sentiríamo-nos embaraçado num instante derradeiro em que urgisse a conclusão; mas a experiência adquirida sempre nos assinala, em tom de miraculosa descoberta, dentre os muitos concorrentes, o semblante que a nominalidade traduz, no estilo peculiar de nosso belvedere.

5 — Após a saída do vendedor de barômetros, aquela imagem que repetia Nataniel assestou o binóculo, com

interesse evidente, para um ponto qualquer das imediações, trazendo-nos, dessarte, em segunda versão, o episódio em que o rapaz observa o autômato do professor Spalanzani; o tempo decorrido entre a compra da luneta e o seu uso em direção à janela de Olímpia, tem no conto de Hoffmann a medida que não corresponde ao tempo fixado em nossa edição fisionômica: tal como nas hagiografias pictóricas, em que os acontecimentos fundamentais se ladeiam, omitindo os sucessos que entre eles se verificaram, nas situações de nosso miradouro — que reproduzem histórias do fingimento ou da realidade, e que em nossa leitura as recebemos mediante uma continuidade específica — os sucessos dos intervalos não contam para o nosso entendimento; acresce que as circunstâncias interpostas, e prescindidas por inconciliáveis com a motivação do enredo, que melhor assentariam em outro assunto, se recolhem ao estado de mero comparecimento, não influindo portanto na visual recomposição da narrativa, que ora nos compete. Conseqüentemente, várias horas decorreram entre a retirada de Coppola e o uso da luneta por parte de Nataniel, isto na versão de nossos olhos, enquanto que, na de Hoffmann, esse entreato perdurou apenas durante alguns minutos; mas, depois da formação das cenas, cumpre-nos a tarefa de articular as que refletiram o teor da velha história, e teremos então uma sucessividade de painéis equivalente à do original; possuímos de "O Homem da Areia", em forma de visualizações ocasionais, vindas em instantes desunidos, fragmentos substanciosos ou insinuações de retábulos, ora nos proporcionando um literal conhecimento, ora nos indicando peripécias que, aproveitadas por nossa mente elaboradora, são válidas para o enredo ainda que nesse estado de reestruturação: entre os primeiros, coloca-se a disputa funérea, da qual resultou a mutilação de Olímpia, estranho ser do artesanato, enriquecido em imobilizações e abruptamente reivindicado por seus autores; entre os segundos, coloca-se, defronte de nossa residência, a visão da calçada, onde, na clareira concedida pelo tumulto dos deambulantes, um amontoado de objetos nos traz a impressão dos dilacerados despojos daquela que parecia um ente humano; neste último e sugerido painel, obtivemos o desfecho da história de Olímpia, e com tal concluimento alcançamos mais uma particularidade no idioma das coisas visíveis: a de que o remate da narração pode consistir também numa quadro de externações incompletas, esboço informe, porém enunciador, de uma figura inconfundível; trechos outros, como o do baile na residência do professor Spalanzani, nos advieram, às vezes com sensível retardamento, depois da consecução da cena final, em que o autômato retorna às suas origens, aos seus pedaços mecânicos; no entanto, essas parcelas do mesmo argumento, surgidas em desordem temporal, agruparam-se em nós, cada uma em seu verdadeiro lugar, de maneira a reconstituírem, com limpidez, o drama da criatura artificial, atendido à nossa feição o cerne lógico dos acontecimentos. Se firmamos o propósito de reunir, por meio do acaso, as correspondências fisionômicas de uma história, notadamente daquela que tem, em virtude da teia adequada, a primazia de nossa escolha, sentimo-nos familiarizar com a natureza cursiva dos semblantes, com a sistemática das coordenações instituída, com as modalidades de convivência no plano fisionômico, no qual nos incluímos, por nossa vez, com muita assiduidade; assim também as imagens que desperdiçamos ou por deficiência da curiosidade, ou por impróprias ao ensejo, enfim, tudo que se incorpora ao alfabeto figurativo, perfaz o rol das utilizações com que atendemos ao reclamos da nominalidade, convindo não esquecer que sobre elas paira o silêncio; do mesmo passo que a não consideração de um objeto exclui a sua presença, as vozes concomitantes, porventura emitidas no retábulo, eximem-se da participação que, em nós, é privativa das faces e delas se contentam os nomes em via de aparecimento; além disso, há uma contingência que os sons afasta de nossos intuitos: o de eles concernirem a um setor cujos elementos se bastam a si mesmos e são obedientes a princípios que poderemos ter por diversos; se terminamos com a palavra o sentido que a imagem iniciou, sacrificamos, a um tempo, as prerrogativas da voz e as prerrogativas da face; se preferimos o uso dos rostos é que eles consentem relações amoldáveis ao nosso espírito, pois que nos conjugamos com as coisas da visibilidade; e, em certos momentos, se vêem unos o nosso semblante e os da cercania, a ponto de fazermos da ausência de um destes a nossa ausência, do conspecto de nossa efígie o conspecto de outra efígie. Adotando os rostos como linguagem de buscas e digressões, a temos com tudo aquilo que os olhos percebem, ajustando uma ordem que, em certos casos, a exemplo de "O Homem da Areia", não corresponde à original realidade que expôs a tessitura; mas autentica a série de ficções idealizada pelo escritor, na insciência de que um dia a fortuidade viesse, com encarecimentos persuasivos, a oferecer o plágio a ele vantajoso por muitos aspectos.

6 — Nas situações em ato cujos figurantes nos permitem, por lentidão das atitudes, um registro mais atento das circunstâncias, uma sucessividade de painéis melhor escolhida, sentimos o desembaraço de nossa atuação à guisa do autor que dispõe dos elementos de seu repertório; por serem eles provenientes de sua factura, a oportunidade, a

posição, o intrometimento dos valores, se estabelecem consoante o pendor arbitrário, mas legítimo, de quem lhes dera o nascer. O ineditismo dos vultos nos coonesta a liberdade de tê-los segundo nós, desde que as contingências favorecem aquele gênero de urdidura, não só com referência à expressiva disponibilidade, como à ordem de intercalação, de ligamento na cadeia da narrativa; os semblantes, ao persistirem na presença de nosso miradouro, nos auferem a possibilidade de rever o conjunto dos comparecentes, de percorrer as faces que atendem ao motivo em curso, experimentando e selecionando aquelas que forem da conveniência da nominalidade e da feição de nosso uso. A ninguém será lícito obtemperar que certo painel estaria mais adequado antes ou depois do ponto em que o localizamos, porquanto o privilégio de criarmos a composição nos assegura a prerrogativa de movê-la de conformidade com o nosso entendimento. Sem determinações exteriores, afora as que são inerentes às próprias fisionomias, as coisas que irão firmar a cena do desfecho, merecem de nós uma acuidade cursiva tanto maior quanto o momento da conclusão requer uma interferência mais cuidadosa de nossa parte, em virtude de consumir-se aquela fonte de prolongamentos situada nos rostos: a faculdade de expectativa e de novas encarnações. O vulto, à medida que nos aproximamos do final, atenua o seu poder explicativo, e, quando o término se esboça, compete ao nosso miradouro obter a face desprovida de sugestões, a face que tenha em si mesma os limites de seus desempenhos; não havendo mais a quem transferir a linfa do enredo, o semblante último deve inserir uma capacidade de finalização que seja também um recair sobre as faces predecessoras. O retábulo da finalização envolve em seu bojo a suma dos acontecimentos passados, e a presença que ele vincula, inscreve, não a simples interrupção de uma corrente, mas o irremediável contorno da desaparição; a nós que seguimos os passos do argumento, sobrevinda a ocasião de perdê-lo, por extenuação de suas reservas, nos perturbamos como se perturba o ficcionista mercê dos estimulantes que pusera na vida das personagens: perplexo ante as energias acumuladas em suas criaturas, ele não mais controla as expansões que estas emitem, e dessa maneira muitas obras acabam por meio de brusca e forçada interrupção, em lugar do desfecho que se vinha armando, fluentemente, desde o início. Prevendo, em nosso caso, os estorvos da terminação, menos pelas matérias necessárias a supri-la do que pelas forças das cenas efetivadas, aplicamos a conjectura aos recursos com que se deve promover a última aparição; se esse mister não retarda os nossos olhos, encontraremos na nuvem, imobilizada sobre os tetos, o encerramento do abreviado conto, ou no poste mais afastado o epílogo da ocorrência histórica. Nem sempre sucede que a efígie do desfecho — apesar ou de nosso antecipado conhecimento das coisas que possam penetrar na cena, ou da precisão com que as figuras anteriores determinam a espécie da conclusiva imagem, a fim de o vulto ultimador ser exatamente o corpo a não surpreender — surge para ratificar a nossa previsão despertada quando ainda no começo do urdimento; no entanto acontece o freqüente pretexto de a deferida figura, convocada às vezes repentinamente, revelar-se de acepção alegórica ou simbólica, e portanto retroagir, com a comodidade mais desenvolta, aos vultos que compartilharam do sóbrio ou do copioso elenco; praticando-se, conseqüentemente, uma intimidade mais estreita entre nós e os favores do acaso, ela é de forma a atenuar nas coisas a rigidez de sua separação com referência ao nosso belvedere, a objetividade a despir-se do neutro em relação ao nosso vulto; em face desse liame, a presciência, que se homologa em ato inequívoco e semelhante àquele em que, ao simples chamado do apelido, acorre de súbito o portador, fomenta as nossas dúvidas quanto ao próprio ser da empírica realidade. Um conceito sobreestimável de nossa pessoa, da presença de nossos desejos e da inventiva de nosso engenho, alça-se no instante em que assistimos, com a aura da intuição, a derradeira cena ungir-se da virtualidade de conter as outras que lhe prepararam o advento. Procurando dissecar, logo depois de havida, uma dessas situações em que o painel último está, em nós, impregnado de tudo que se dera antes, persuadimo-nos de que essa espécie de conclusão se institui graças à mudança de tratamento que se opera em nosso olhar: até o surgimento do desfecho, víramos os episódios e as figuras quase no seu teor de singularidades, enquanto no retrocesso, obtido sob a acepção do final entrecho, os episódios e as figuras como que nos parecem de todo diluídos em seus contornos genéricos; as minúcias só merecendo a nossa atenção à medida que nos desprendermos daquela aura, vale dizer, quando não mais atua o epílogo no seu ar de envolver o recém-acabado conto. Com a mudança de tratamento, sucede ferir-se a unidade de nossa visão, existindo no ensejo duas condutas do miradouro: a primeira, essencialmente perscrutante, sobe com os painéis, atenta a nada perder; a segunda, absorta, restitui a cada protagonista, a cada retábulo, a acepção que mal pressentíramos, que, às vezes, se ocultara de nós quando de seu desempenho; para a recepção desse significado assim, em retardamento, basta que o vulto nos corresponda com o geral de seus aspectos, que, de tão desnudo de particularidades, pode assumir uma consistência comparável ao mero designativo, à sonoridade do nome.

CAPÍTULO 12

7 — Nas práticas do miradouro, muitas vulnerações mutilam a unidade de tratamento, sobretudo quando a objetividade se processa à revelia de nossas modelações: tal a vez em que aceitamos a lógica oferecida por algumas faces que tacitamente nos expunham o modo por que L... se retirara do concílio em casa de M...; modo tão explícito que nos desapontou ter que, em virtude do inopinado regresso daquele semblante, retificar o que em nós se desenvolvera correntemente; a versão legítima sem encontrar nos intérpretes a assimilação que registráramos, sendo a da quimera, a que, por mais consentânea com o nosso álbum, nele se estampou; assim, o episódio em que, por engano de nosso belvedere e de outros ocasionais, um rosto assume um motivo que em verdade pertencera a alguém que fora dele já se situa: o que permitira em todos nós uma formação de tal maneira convencionada que, sobrevindo o autêntico participante, nos resulta em pena ou desencanto o havermos de alterar a composta urdidura. Foi numa hora em que ainda se não verificara o rompimento das relações entre Coppola e Spalanzani, quando passávamos por um armazém de modas onde, dos muitos manequins, um deles, por imprestável, jazia no solo, que então nos acudiu a idéia de incorporá-lo à cena do desfecho; mas ocorria, preliminarmente, que a circunstância mesma de aproveitá-lo, de modo preconcebido, anulava em nós o gosto da utilização, desde que o nosso contacto com o gesto condizente possui uma gratuidade espontânea e repentina; por isso, recusamos aceitar o rosto mais próprio em suas aparências e preferir aquele que, embora menos favorável, surgiu no momento de nosso desígnio; a só idéia de introduzi-lo no elenco nos deixa transparecer a sua inoportunidade, ou melhor, a sua inadequação com respeito ao módulo da narrativa; se tentarmos a sua participação na estrutura do enredo, o vulto assim compelidamente aplicado, se reveste de um destoamento semelhante ao do ator que, no pleno exercício de sua parte, desfigura a cena para advertir aos espectadores, por efeito de súbita indisposição, da impossibilidade de prosseguir no papel. Durante as procuras do adequado rosto, defrontamo-nos assiduamente com eventualidades que, parecendo corresponder às condições de nosso estilo, vêm, sem demora, a suspender, por força da impropriedade, a exibição a meio ou apenas em indeciso preâmbulo: são tentativas malogradas, e comuns no artista que, ou por inconveniência da matéria, ou por imperícia mesmo da factura, ou por outra qualquer razão, abandona para sempre, em algum recanto da oficina, a inacabada obra, sobre a qual muita vez apõe um olhar que se gradua do desdém à aversão; todavia, ao contrário do pintor ou escultor que assim procede, mas que, depois de

sua morte, no arrolamento dos haveres, pode a subestimada
coisa adquirir uma importância nunca pelo criador imaginada, nos eventos em que desprezamos o insatisfatório painel,
a perda se constituirá tanto para os nossos olhos como
para os de quem quer no futuro: ninguém a descobrir, no
inventário dos objetos, um nome a esboçar-se ou a expor-
-se, admiravelmente, no que surdira e se apagara logo;
entretanto, ao passo que no artista a renúncia à iniciada
obra não se compensa ante a esperança de ele retomar o
motivo, consertando, com a mente mais quieta, o que lhe
parecera defeituoso, probabilidade bem exígua porquanto
o impulso intuitivo da primeira hora não se restaura mediante o acerto com que a habilidade das mãos continua
o interrompido desenho, nas situações de nosso belvedere,
mercê da extrema prodigalidade das figuras, se cancelamos
a seqüência de alguma nominalidade, resta em nós a expectativa de que, hoje ou amanhã, outros vultos ou mesmo
os de agora, entrevistos em posições mais caroáveis ao nosso
intento, hão de assegurar o êxito, ratificando com as suas
mobilidades a corrente de sentido que se alonga, em nós.
À riqueza e disponibilidade do léxico fisionômico, devemos
que muitos vultos nos representassem o papel de Coppola,
sem que hoje, ao possuirmos as cenas nos respectivos lugares do assunto, possamos dizer que uma das faces se
desincumbiu melhor no aspecto do vendedor de barômetros;
tivemos, nessa iconografia de variado repertório, imagens
entre si dessemelhantes, e as diferenças não nos tolheram
o bem verificar que esses intérpretes entravam comodamente na feição de Coppola e se afastavam dela com a
mesma desenvoltura; analogamente às páginas em que o
propósito de não repetir as sonâncias conduz o escritor a
cuidados de outra índole — a exemplo da atenção para
que se regulem as frases de acordo com o módulo sem o
qual não se caracterizam — a diversidade dos vultos em
um mesmo papel, sobre realçar a sinonímia com que os
fabulamos, também nos persuade de que, para o nosso
caderno, se descurássemos do tratamento que em todos investimos, ele se nos denotara longe do melhor conteúdo que
um álbum merecera: a unidade pelo motivo de nele se
exporem tantas faces alhures desconexas; considerando mais
particularmente a franquia com que tantos rostos vêm, num
instante, a ser um único, o de Coppola, a unidade, que
induz o caderno, se tem em escorço nos reaparecimentos
desse protagonista.

Capítulo 13

1 — *A alegoria da piedade.* 2 — *A testemunha participante.* 3 — *A comunidade de aparência — O nosso vulto em participação.* 4 — *A alegoria consciente.* 5 — *Na cidade onde somos desconhecido.* 6 — *O nosso vulto deserto de nomes.*

1 — Amoldáveis e no entanto incólumes, as efígies nos revelam um pendor de unificação, uma naturalidade associadora, que às contradições não apenas resiste mas as dilui em disponibilidade, para efeito de fruição por nosso belvedere; cada vulto convertendo-se no ator em cujo semblante perpassaram, sem que ele se modifique em sua pessoa, nomes diferentes e mesmo inajustáveis ao seu modo de ser privativo: é da essência do ator a faculdade de consentir, através de si próprio, a passagem de motivações ora antagônicas, ora complementares de suas características, ora inerentes a elas; a prática se consubstanciando em forma unificadora, desde que, se capacitado para abranger tão múltiplas feições, encarnando-as todas com igual descortino, a convergência nele de muitos papéis, presume a óbvia relação entre conteúdo e continente, a aberta receptividade a hóspedes que a ela se dirigem; conceituando-se o ator na comum estância onde se transfiguram as contrariedades e onde as correspondências se ratificam, tudo por absorção de inúmeras nominalidades em um só rosto. Na linguagem fisionômica, nas vezes do indistinto uso dos semblantes, costuma viger a norma da sinonímia, valendo o conspecto de qualquer rosto conquanto seja preenchido o lugar na cena, isto não por necessidade de equilíbrio, mas por exigência interna do assunto; mesmo porque há ocasiões, no progresso da narrativa, em que a presença de um corpo qualquer é tão importante como as conjunções para o entendimento da frase redigida, ou como, ainda no exemplo da

redação, o intercalamento do comentário entre os descritivos da ação. Faces essas que, participando apenas no seu valor de posições assumidas, servem contudo para impulsionar o enredo, e a condição indispensável para tanto é que seja algo visível e operante mercê, tão-só, de sua presença; assim como existem gradações visuais, há também gradações de sinonímia, desde aquela que se adota na simples composição do argumento, à que se emprega na encarnação do motivo: as figuras que representaram o papel de Coppola, eram sinônimas entre si, e ao mesmo tempo se prevaleceram do princípio geral da disponibilidade; sinônimas conquanto representativas da pessoa de Coppola, mas descoincidentes no tocante ao significado de suas intervenções. Quando um ator exprime uma nominalidade genérica, evento que pode acontecer a cada instante, por força da extensão abstrata inerente à fisionomia, verificamos então que o exibido papel, a despeito de enorme amplitude, limita os contactos que teria ele com qualquer outro figurante. A face que, no grande deambulatório — as ruas, as praças — externa a renúncia, abrange em si mesma um vasto campo de alegoria, cujos inumeráveis elementos, parcelas que se multiplicam em atitudes de variada ductilidade, se orientam para o motivo do imenso rosto, o da renúncia. Enquanto consideradas em relação a esse sentido, as figuras, por irremovível impossibilidade, nos apresentam, nesse minuto, tão-somente os aspectos que vão ratificar a presença do ser alegórico. As relações efetuadas com os demais componentes restringem-se ao teor exclusivo da renúncia, e os entes da vizinhança, por efeito do contágio, incluem-se, com desenvolta adesão, no seio caroável da renúncia. O jogo de conexões integra-se dentro das fronteiras desse motivo, em fusão a tal ponto satisfatória que não nos permitimos a ingerência de outro vulto fora daquele significado; e se penetra na cena algum inesperado rosto, ele abandona, no vestíbulo do local, as aparências discrepantes, e se recobre do ar e dos gestos com que se positiva a renúncia. Tudo que toca a essa nominalidade vem do ator e vai para ele, fonte poderosa que recebe em devolução a essência que ela própria emitira, face participante que resume em si mesma o total conjunto do painel; ela unicamente se relaciona com os vultos que se acomodam à sua generalidade, cujas linhas de contorno, à guisa de paredes estanques, estimulam a convivência nas faces que estão em seu bojo. A natureza da consideração com que a abordamos, elimina a presença facial de coisas que temos por alheias e que de certo se englobam em outra generalidade; a forma receptiva de nosso belvedere sabendo, ao primeiro vislumbre, encontrar as efígies naturalmente dóceis ao nome da renúncia. Através da base imóvel de sua estrutura —

a designação — a alegoria se conceitua, a qual, mesmo recaída sobre rostos que não parecem atendê-la, termina por configurar, segundo a sua abstração, o corpo ambíguo ou resistente; olhamos a fisionomia que nada revela de sedutor às nossas buscas, e para não perdermos a oportunidade da silenciosa oferta, sobrepomos-lhe um nome, desses que envolvem um conceito de larga amplitude, e a fisionomia estéril se alteia em manancial onde iremos, sem esforço, descortinar as equivalências da designação. O que era inaproveitável à nossa colheita passa repentinamente às curvas do nome, diluindo-se nele como em seu terreno adequado, e com tal submetimento que somos levado a crer que, no mundo das coisas visíveis, cada aspecto alimenta-se de seu nome, vive dele, aparecendo quando este surge, extinguindo-se quando este não mais habita em nossa mente. A justaposição do nome à face nunca se efetiva pela só interferência de nosso exclusivo desejo, mas também pela indicação da própria face, às vezes por todo o conjunto, às vezes, o que é mais freqüente, por meio de maiores ou menores frações; a procura do elemento que suscita uma nominalidade alegórica, em vão jamais resulta, desde que a efígie, o odor imitando, nos atende por exalação e às suas origens não são proporcionais os efeitos que propaga. Descoberto um fragmento que nos invoque a nominalidade ampla, todo o vulto consente em inundar-se das emanações daí partidas, graças ao súbito elastecimento de suas qualidades; o advento alegórico mostrando, com o surgir de seu ato, o processo de elaboração dos meios respectivos, mais precioso desta vez em que os objetos contagiados não possuíam antes a cooperadora predisposição. Foi ao contacto de um rosto isento de inequívoca prefiguração, de qualquer tendência a tornar-se um dia o corpo alegórico da piedade, que, à vista de seus pés de muito humilde aparência, nos achamos defronte de um vulto que era, todo ele, a representação daquela nominalidade. A mesma efígie que, em outra hora, nos fornecera o desempenho do vendedor de barômetros, surgia para nos expor uma participação absolutamente diversa da primeira, diferente senão antagônica, ambas denunciadoras de alto índice de disponibilidade; a imagem, que durante os entendimentos com Nataniel, se devotara de todo a essa incumbência, à nova situação ela acorria com tanta naturalidade como se nascera para este mais recente painel. Aquele que traduzia anteriormente a odiosidade gratuita, depois se perfez no nome piedade, refletindo, de modo agudo em nossa lente, o ar e os gestos piedosos, a conduta, enfim, do nome; enquanto a participação, continuada ao longo de um urdume, fatiga o zelo do miradouro, a contemplação do ator alegórico, gerando o repouso de nosso raciocínio, nos propicia à sensibilidade maior deleite; por isso que o antigo figurante, assumindo a forma da piedade, nos suscitou mais demorada observação, e, liberta da vigência dos gerais contornos, pudemos então assistir a convergência de todos os seus aspectos para a estabilidade do nome — a piedade. Era um ser que não havia ainda apontado, ao nosso exame, os pormenores de seu corpo, sendo agora reconhecível pela combinação dos fragmentos, combinação que se nos emitia sob o envoltório do ar, transparente camada que firma em nosso conhecimento a identidade de uma pessoa. Os nossos olhos assestados na aquisição de uma alegoria, esgarçaram a substância translúcida, e se moveram sobre os membros claudicantes, sobre os gestos humílimos de quem fora, num momento passado, a figura repleta de danosos intuitos. O ar desfeito não volve a recompor-se enquanto persiste no objeto a penetração de nosso olhar, contínua e curiosa, tendo por desígnio as correspondências faciais de um nome: a projeção anormal dos joelhos nos confirmou na designação de piedade, e em virtude do assentimento auferido pelo restante do vulto, nada se contrapôs ao prospecto inquestionável da alegoria. Aquele rosto, sem exceção de uma parcela, em todas as atitudes móveis e imóveis, como uma escultura em carne, estendeu à nossa leitura a imensa perspectiva da piedade; ao contacto desse nome, do qual ninguém se aproxima sem, em nós, se marcar facialmente, todo rosto se submete a uma transformação efetiva; e quando o vulto que dele participou revém ao nosso belvedere, mesmo em circunstâncias que não consintam no advento alegórico da piedade, um sentimento de compaixão a ele ainda nos articula; dificilmente nos conseguimos libertar dessa impressão que é exclusiva de nós e o fixa nesse gênero de tristeza; se ele penetra, logo depois, numa situação em ato, a cena há de interromper-se em virtude da impropriedade de sua aparência que ainda se conserva sob o ditame do anterior episódio. A piedade da forma estabelece, entre a nossa lupa e o semblante que certo dia transitou pela mágoa, um ângulo de demorada consideração, e, de tal maneira atuante, que exclui de nós, por algum tempo, qualquer outra modalidade de o possuirmos em nosso miradouro. Limitamos assim os setores de suas participações como o artista que, por uma preferência a ele próprio inexplicável, repete nas marinhas o mesmo tipo de embarcação; em todos os instantes em que o recém-vindo da desolação tenta o ingresso em outro desempenho, o nosso olhar se perturba e com ele a cena em composição, a menos que esta se converta ao signo também da piedade; então, ante a presença do experimentado intérprete, nos asseguramos que de pleno êxito será o novel cometimento. Se ainda nos depararmos com o protagonista de "O Homem da Areia", não é o vendedor de barômetros que uma vez mais ressuscitará em nossa visão, mas a face que representou, somente para nós, o vulto inesquecível da piedade; tão exigente quanto o público, ao preferir determinado ator em determinado papel, não mais portamos aquela personagem em nossa vida óptica, exceto nas cenas que, de alguma sorte, se avizinham de igual teor de tristeza. Como o ator da piedade, alguns seres da rua, onde moramos, por estarem revestidos de concreções alegóricas, reduzem as possibilidades de situações cursivas, concedendo-nos, em compensação, os assíduos contactos com remanescentes de velhas conjunturas; cada um desses rostos abastecendo-se de habituais gestos que, em última instância, nos habilitam a tê-los sob acepção genérica, em alegoria que constitui a qualidade de suas presenças em nós.

2 — Se uma idéia nos pertence como produto de nossa inventiva, original, portanto, aos olhos dos demais autores e livre de consagrados regulamentos, dela usufruímos à feição que nos aprouver; os meios de utilizá-la, as conexões com outro pensamento, a nós dizem respeito, e nesse exercício tão elástico, movido o nosso intuito por inalienável posse, atendemos apenas aos reclamos dela mesma; entrementes, no tocante ao rosto, deslocamo-lo e reproduzimo-lo até o momento em que, como sentindo a infração a suas normas, ele nos acena com as admoestações ou com a recusa: tais os prováveis comportamentos que soem reduzir-lhe a disponibilidade à vista do nome que, sem a devida consulta, pretendemos impor com desígnio precipitado. A fisionomia, ao transmutar-se em ente alegórico, se porventura encerra algum trecho que em outra ocasião colidiria com a piedade, desde que sob esta acepção, fá-lo diluir-se no conjunto que ratifica o nome em pauta; com os olhos seguimos os passos lentos e claudicantes da piedade, contemplamos-lhe o passeio pelas ruas, diminuindo o nosso andar conforme o andar em desempenho, e dessa maneira, recebíamos já um pouco desse nome, o começo do contágio que fisionomicamente recaía em nós; o pórtico se dilatava quando víamos, em torno de nós e do modelo, a indiferença dos vultos deambulantes, o desentendido testemunho de quantos nos ladeavam, de esquina a esquina, a qual indiferença nos expunha o seu consentâneo albergue ao advento da piedade; éramos à vez o acólito da nominação, e o único visualizador, dentre centenas, a demorar-se na consideração do vulto que de certo não pretendera jamais atrair

de ninguém a mais leve atenção, porque incidia no mais puro anonimato, ele o mal vestido entre muitos andrajosos da cidade do R...; a piedade móvel nos deferia em seus passos, a despeito de nosso corpo se ostentar menos propício à adesão que um dos equivalentes no aspecto; dessa forma, nos sentíamos à beira da nominalidade, em unção tão exclusiva que nenhum outro semblante quiséramos aliciar para o efeito de introduzir-se conosco no recinto do pungimento, embora este se institua por demais aberto a um assimilador olhar; bem desejávamos que na rua surgisse alguém que, com lupa igual à nossa, registrasse em seu caderno a conjuntura de havermos sido um pouco naquela piedade que, nos envolvendo assim um tanto, ignorava todavia que o nosso rosto, excetuando-se da geral indiferença, lhe facilitava o entorno de si mesma; comprovando desse modo que há necessidade, a fim de que o nome se preencha de alegoria, de uns olhos anunciadores de seu advento, que portanto retiram do anonimato do nome aquele que no momento paira no abrigo dele, e se presta a concreções dessa ordem. Realmente, a figura diante de nós se ajustava ao teor do nome, e, sem que o disséssemos, restaria apenas como o vulto dos andrajos; entretanto, acedendo em irmos a maior exame do predicamento a que nos expúnhamos, concluíamos por sermos, na representação da piedade, o elemento que a nominação mais encarecera para o seu conspecto ante os nossos olhos e de outrem que acaso se movesse à idêntica leitura; concebíamos que a piedade é um sentimento que se não resume a isolar-se em um objeto, mas que abrange a presença de um sujeito, firmando-se a dualidade a que o nome se limita; em conseqüência, estimáramos que outro semblante estivesse em lugar do nosso e fôssemos o presumido alguém que entendesse a linguagem de ambos os atores, assumindo a participação que nos coubera; em virtude da natureza do afeto, por demais encontradiça, provavelmente que, no mister de simples testemunha, observaríamos a outrem estender a piedade no vulto que também seguiria adiante, e desse modo colhêramos, livre de intermitências, a composição da alegoria a dois; contudo, mesmo considerando que a naturalidade da experiência e as afecções da simpatia nem sempre costumam praticar-se quando as queremos em apoio de nossos ditames, decidimo-nos a continuar no desempenho que, de minuto a minuto cederia a vez à platéia de concomitante miradouro; ao qual não se escondia a contingência de nenhum outro passeante externar, num gesto, o humano interesse de diminuir, conosco, a universalidade da indiferença, através da conjuntura de aceitar a nós e ao homem de pobre roupa, na rua, em legítima nominação da piedade; sem coadjutores, víamos em nós a escassez do elenco, não obstante ser da maior amplitude o nome em causa, circunstância que nos investia — a exemplo de tantas outras oportunidades em que o nome, ao sugerir a sua presença, dispunha de nosso belvedere, de nossa efígie, de nossas facturas, e de mais nada — em intransmíssivel solilóquio, que a timidez de comunicar fazia mais denso, como revelam as folhas do álbum; consciente de que, na formação alegórica, à nossa imagem competia vantajosamente o nome, discernimos, nessa conjuntura da piedade, que o sujeito pode consistir em platéia, em dedicado assistente que, amoldando a si a afecção do objeto, unido a ele se instala embora sem sair da poltrona: o nome piedade incidindo primeiro, ao se abrir a cena, em rosto para o qual as atenções convergem, e depois, saindo da rampa, vem a atender ao encargo de, entre os muitos das fileiras, descobrir o vulto onde pousar, aquele que é, em si, a testemunha participante.

3 — As faces do uso cotidiano, as que nada contêm para impedir as nossas facturas, e cujo número ilimitado não exclui o valor do aproveitamento, de certo que transitam por vários enredos, dos quais bem poucos são registrados por nossos olhos; e mais raramente ainda os anotamos no momento exato em que algumas, a um tempo só, correspondem a mais de uma urdidura, o mesmo gesto servindo a diferentes significações. Os argumentos podem fundir-se em outros argumentos, os nomes em outros nomes, graças à associação de idéias neles inseridas ou em virtude de ligação notadamente facial, à maneira do ator que, reunindo as representações nele expostas, propina à assistência a retomada de outros papéis; trata-se da unificação de motivos por meio das figuras, acontecimento cuja inapreciabilidade se origina de defeituosa vigilância do miradouro que, a cada desfecho, se ressente, por minutos ponderáveis, das sobras, das ressonâncias do derradeiro painel. Mas, sucedendo que a significação conclusiva seja daquelas isentas de maiores repercussões, pequeno entrecho que se dissipa na mesma efemeridade, à nossa atenção restam clarezas para atingir o episódio de registro subseqüente, constituído, no todo ou em parte, pelos vultos da situação primeira. Em frente da igreja de N. S..., com o aberto portal a impor aos fiéis recém-saídos do culto o ato de permanecerem com o chapéu à mão, eis que passa um enterro, e na cena desse modo transmudada, o motivo do respeito aos mortos aproveitara da circunstância de muitas figuras estarem, não obstante a diferença de significação, munidas dessa atitude

adequada a ambos os sucessos. Fisionomias comuns a vários contextos, elas conjugam nominações que se inscrevem em ponto de encruzilhada; no teor desse encontro, além das tessituras que entre si se aparentam, tal o caso da igreja de N. S..., podem integrar-se aquelas que se contrariam, as quais, a despeito de opostas significações, externam, bem nítida, uma comunidade de aparência; no comentário a semelhante conjuntura, há que trazer a contingência de, ao mesmo passo que de algum conspecto assimilamos determinado nome e sobre ele pousa a nossa contemplativa, concorrer ao próprio rosto assim em prospecto um outro nome de natureza inconciliável, e que só não vemos por miopia do belvedere. Quando este se dedica particularmente ao nosso vulto, na suposição de que inúmeros olhos nos observam com o propósito de recolher as manifestações de contágio ou as que nos são legítimas, de nos dosar a presença como face de participação em algum enredo ou na estabilidade de alguma alegoria, fazendo-nos o objeto das argúcias que, de ordinário, aplicamos nos rostos de nosso convívio, vemo-nos atuar na forma do cego do R..., cuja efígie adotara uma aparência que, no íntimo de seu portador, devera aceitavelmente mostrar-se às mais diversas testemunhas. A figura do cego do R... consistia em ponto de encruzilhada a exemplo do havido no pátio da igreja de N. S... e sob o mesmo teor nos surpreendemos ao imaginar que tais processos também os utilizam as pessoas de nosso cotidiano; a consciência da possível reciprocidade nos alerta a instituir, em nosso rosto, um aspecto à vista do qual se não decepcionem os olhos que nos estão a ler. Na eventualidade de nos recair a suspeita em provável urdidura, expressando o nosso corpo um momento de enredo que se efetiva, o avisado comportamento, que assumimos então, cremos ser prejudicial ao miradouro de quem, na certa, aguardava o módulo com que nos entrevia à margem da rampa; se ignoramos o texto do pequeno conto ou do isolado capítulo, a atitude de estarmos em participação não nos basta, de si mesma, a convir às necessidades do argumento, nem esperamos que, por sortilégio da lupa em foco, se converta em apropriado gesto o vago e indistinto que lhe concedemos. Como se houvera sempre em nosso convívio uma sineta que nos avisasse a ocasião de irmos a dentro do espetáculo, temos conosco algo que nos adverte de uma lupa que nos acompanha a efígie, tentando modelar em desempenho as condutas de nosso conspecto; mas, o acúmulo da experiência nos ensina que a presunção de termos em face um belvedere equivalente ao nosso, resulta de ingênua e remota perspectiva, na qual, sobretudo no tocante a afetos, concebíamos a outrem igualmente em condições de nos reproduzir os atributos; inverdade não de todo inócua, desde que, pelo menos em palestras fisionômicas, o interlocutor restringe as nominalidades segundo a silenciosa fronteira que encontra em nosso prospecto; aliás, no ensejo, repetimos o comportamento em muitas ocasiões adotado por nós e imposto pela imagem que possuímos defronte. Estamos certo que sacrificamos a eventual desempenho a espontaneidade de nossos gestos, e fora talvez por acuidades desse tipo, que N..., sabedor de nossas preocupações visuais, ao nos perceber a presença, alterava o seu aspecto, ora em brusco desajeito, à procura de face condigna, ora em repentina concreção, como se, antevendo o contacto, ele trouxesse, pronta para exibir, a figura que presumira adequada; o amor-próprio excessivo, aliado à timidez não menor, tornava-lhe incômodo ou talvez aflitivo o olhar sequioso, como se o receio de uma culpa iminente lhe entorpecesse os dons naturais; a prévia comunicação de que os nossos intentos não afetam as relações de ordem cordial, não seria bastante persuasiva para convencer os atores de bem exercerem os seus desempenhos, daí a perseverança em marcarmos as atitudes de N..., quando ele penetrava no campo de nossos olhos: assumia aparências que não eram dele, de ordinário aquelas que lhe pareciam corporificar uma significação de ordem ética, alegorias projetadas sem o concurso de nossa mente, e por isso mesmo insatisfatórias como equivalentes faciais do nome; os gestos supostamente criados para uma denominação, permanecem tais apenas na credulidade de quem os emite, enquanto nós, que os observamos, nunca os entendemos, salvo, às vezes, após uma série de insistências, quando conseguimos vislumbrar o seu desejo de um conspecto alegórico; a configuração facial de N... era um texto que se não prestava a mais amplos desenvolvimentos, e o que ele pretendia representar, considerando sinceramente algo perfeito, se não transmitia como estava em seu pensamento; no caso de termos obtido a sua presunção alegórica, o nosso olhar, em exercício retificador, e à maneira do mestre de pintura que esmera ou corrige as partes dos ajudantes, melhorara, no rosto em foco, os aspectos da encarnação; livre de participações em nossas tessituras, N... suscitava-nos, com silenciosa coação, um desgostoso sentimento, análogo ao que experimentamos em nós mesmo quando, ao imaginarmos a existência de algum receptador de situações, aluímos a nossa espontaneidade e nos transformamos em efígie alheia à conduta mental que vimos praticando. Os nossos gestos, ante a possibilidade desse ente curioso e fixador, desvirtuam o compasso das meditações, despertando-nos para uma vigília em certos casos vexatória, na qual oferecemos de nosso rosto o que mais consentâneo nos parece, revivendo nesses instantes a angústia do cego do R..., para quem grandes olhos abertos faziam-no agrilhoado a reduzidas expressões. Na eventualidade de sermos surpreendido no setor de um nome, diante do presumido perscrutador, a alegoria por este encontrada nos preocuparia menos que a nossa possível intromissão na fábrica de histórias que sugerem, porventura, as imagens de nossa vizinhança. Por também desconhecermos, na hipótese, o sentido de que participamos, a nominalidade em que na hora nos inscrevemos, impedimo-nos de escolher o papel mais conveniente ao nosso ensejo; em conseqüência, ficamos involuntariamente exposto a toda sorte de implicações, amoldável a muitos modelos de desempenho; entregue a essa disponibilidade, transferimos aos olhos de alguém os poderes de nossa fisionomia e não havemos de inteirarmo-nos de nossa atuação, da medida de nosso advento, no plano da linguagem em curso. Sabemos que no convívio das ruas somos passível, a cada momento, de penetrar em painel ou painéis, de ser envolvido em relações que nos escapam, de completar pequenas ou largas ocorrências; entretanto, nos conduzimos como se fôssemos, por toda a vida, mera figura do comparecimento e não da participação. Há, em nós, uma acessibilidade para cada observador, um vulto que nos pertence e outros cujo paradeiro não atingimos, mesmo se os encaminhamos a destino determinado, que tem já em nosso repertório a sua natureza fisionômica; nos encontros com as faces de íntima convivência, depois de muito praticarmos e de muito traduzirmos, chegamos a promover, em nós, gradações do rosto para fortuitos contactos com elas, com a sua sensibilidade móvel; e tais nuanças firmam, sem dúvida, a tranqüilidade de nossos elos, dada a perfeição de sua correspondência com os protagonistas do diálogo ou do coro, segundo nos ditam as comprovações diárias. A sociedade dos semblantes não prescinde dessas formas intencionais de presença, com as quais armamos a unidade cênica de nossas conversações; existindo nos conclaves dessa espécie, ao lado da mútua compreensão, a figurativa conformidade que incute, nas recíprocas memórias, perdurações de agradável retorno.

4 — Confundido entre muitos rostos que povoavam a rua, liberto da obsessão visual e da espreita de qualquer espectador, despertamos de súbito com a saliência expressiva de certas faces que, à breve distância de nós, permutavam conexões de fácil entendimento; a fim de não perder tão nítida leitura, dirigimos para ela todo o instru-

mental de nossa óptica. A tomada das composições admite que as abordemos com intuito discriminativo, o bastante para anotarmos os excessos ou as omissões comuns nesse tipo de acontecimento, verificando-se, contudo, que a situação pode desfazer-se ou pela redundância incontrolável ou pela inópia de vultos supridores. Nesse instante, uma fisionomia, ao combinar-se com outra, significava o reencontro após demorada ausência, sendo justaposta a outro painel constituído por crianças, indicando assim que as ligações dos dois indivíduos iniciais provinham da infância; a impulsiva idéia de que tal amizade merecia fortalecer-se no tempo e através de constantes proximidades, trouxe-nos o desejo incontido de ali vê-la representada, à similitude de conclusão afirmativa; para tanto, na falta de oportunos intérpretes, revestimo-nos de ator e andamos lentamente junto a um semblante que se afastava; nós e o nosso comparsa do desfecho seguimos o logradouro, e a marcha de ambos, em ritmos coincidentes e vagarosos, levou pelo espaço em trânsito o motivo da união diuturna, consoante nós. Nesse momento em que fomos espectador e participante, e por isso mesmo que a cena se alterou quanto à sua unidade visual, por uma irresistível colaboração a fortuito observador, cuja existência precária não extingue os nossos zelos, facilitamos as contingências do azar, corrigindo-lhe as anfractuosidades; em tal conjuntura, agimos como o pintor que, descontente dos aproveitáveis recursos, faz de sua fisionomia um dos elementos da composição, desse modo prefigurando a autoria inseparável da obra. Dos locais onde os amplos motivos se efetuam, ocorre assim retirarmo-nos com o rosto ungido da realizada significação, convertendo-nos em alegoria do que acaba de suceder, e sempre intentamos, havido o painel, capacitarmo-nos do índice de conteúdo que abrangeu a nossa imagem alegórica. Os recintos formulam rostos que estendem adiante a marca inequívoca do recente fato, do nome que se espargiu por todos os participantes, os quais refletem, pelos caminhos afora, a presença de onde partiram; como o explorador que, para devassar o ambiente das pesquisas, se cobre com uma indumentária que, espécie de mimetismo antecipado, se assemelha ao território da expedição, ao nos dirigirmos à casa do amigo morto, conformamos a face ao entrecho a vir; e, no regresso, acrescentamos-lhe uma languidez maior, com traços que nos fugiram da previsão, e que se animaram ante a estadia no centro da tristeza, de onde saímos recoberto de solidária e profunda sombra. A certeza do desempenho nos assegura da exata recepção pelos olhos de alguém porventura alerta à conduta de nosso rosto, contexto de fácil entendimento e acessível a todas as visões; a natureza interna e externa de nosso ser corresponde ainda fielmente ao eventual relance nela recaído: página incontroversa, a nossa alegoria a percorrer por longos instantes as ruas da cidade, saliente e expressiva no meio de figuras que, desarticuladas do movente nome, são, para as cenas de nós mesmo, simples vultos de comparecimento. Reunidos todos os entrechos, desde o velório ao retorno à nossa residência, numa série de quadros por onde transitou a nossa fisionomia, teremos as gradações do ser alegórico, a sua nuançada diminuição, no afastamento que perfaz a efígie ao esvaecer-se a densidade do nome. Os olhos neutros, que essa transmutação acompanhassem, veriam pouco a pouco se delirem as minúcias de nossos gestos, e volverem à presença, aí reinstalando-se, os contornos genéricos de nossa imagem. Sob o ângulo visual desse alguém, expomo-nos transformado em alegoria, e, assim, na qualidade de representação do nome, nos incluímos em memórias que, conquanto não viessem a nos gravar particularmente, nos admitiriam de modo tácito: a nossa contribuição consistindo em bem haver articulado, nos diversos episódios, a teia fisionômica em tudo que de nosso rosto dependera; feição esta de sermos em outrem que se ajusta ao nome perecimento, que, embora tivesse atingido aparentemente a um, em verdade abrangera a quantos lá estivéramos. Insulado entre formações possíveis, dessas que retratam histórias, pequenos trechos de narração, o nosso vulto, ou legitimado pela motivação íntima, ou traduzido por disposição apenas facial, integra-se no nome, envolve-se nele, fundidos ambos, um a acentuar no outro a sua estabilidade significativa. O nome é uma entidade estacionária em tempo menor ou maior que consente a visitação dos rostos no âmago de sua natureza, ora recebendo-os para modificá-los depois, ora atraindo-os a si e impondo-lhes, no pórtico, as atitudes consentâneas com a hospitalidade; ele inscreve-se na fisionomia dos participantes, intensificando-se ou amortecendo-se conforme o vulto se aproxima ou se afasta do centro desse albergue, no qual pulsa o ditame designativo. Esse proceder da face em presença do nome se patenteia quando nós mesmo, por determinação da sensibilidade, deixamos que a mente e o corpo se inoculem dele, de seus literais desígnios, e dizemos depois que passamos pelo nome como passamos por um ambiente que nos influi em tempo menor ou maior. A designação vem a ser local nesse sentido de, no trânsito por ela, nos afeiçoarmos, nos sentirmos como em natural estojo: nome e recinto são os dois moldes que condicionam, por meio de modalidades parecidas, os hóspedes que poderão aglutinar-se ao continente em que se inserem; quando, por exemplo, se situam num recanto, cujos aspectos, por seus coincidentes valores, prefiguram e ratificam as ocorrências nele desenroladas: o prazer pela manhã concilia em nós os seus traços convergentes e, ao nos retirarmos dele, assistimos que desaparecem de nossa imagem as coisas que eram da alegria e as coisas que eram da manhã.

5 — O nosso vulto enquanto ser cujo significado, por nós mesmo traduzido, se identificaria com o da formulação do observador, muitas vezes se capitula em mera suposição, visto que, na quase totalidade dos sucessos, nunca indagamos do miradouro que nos contém, se em verdade nos constituímos em certa feição alegórica; a presunção quanto à modalidade de nosso rosto, podemos vê-la confirmada na efígie com que nos defrontamos, inibido que nos parecemos para desvelar o nosso teor; embora para tanto se aqueça em nosso espírito a curiosidade, se realmente, no instante, nos cobrimos da tristeza ou do contentamento. As homologações de nossas alegrias nos promovem a segurança do desempenho e a convicção de que sempre restam alguns olhos que, não indo a mais prolongadas leituras, se afinam o suficiente para entender a estável configuração; a hipótese confirmada nos rejubila, e a que permanece em grau de suspeita, por haver sido obstada no decorrer da visualização, perdura com insistência menor ou maior no íntimo de seu detentor; possibilidade que nos sobra ordinariamente quando se não completa, em nós, a afirmação daquilo que em outrem pretendemos. A prática de sermos, tendo em consideração, a cada passo, a lupa de alguém sobre nós aberta, nos induz a desembaraços mais espontâneos se cumprimos aqueles procedimentos que nos foram destinados pela assimilação do nome: de fora nos modelam influências que o rosto ampara e converte em encarecimentos da nominalidade, que, escapando à testemunha, todavia acrescem à nossa auto-observação o equivalente a muitos ensaios; comparando-se o nosso mister ao do ator que, a um tempo, dirige o próprio espetáculo, e, por saber aferir-se no interior do papel, se isenta de treinar nele, tudo indicando superar em mérito qualquer outro dos protagonistas. Na cena do féretro, exibimos à assistência unânime o nosso vulto que era desse modo a síntese afeita às injunções do nome em causa; havendo acontecido que, se nos demos à contemplação também de nossa efígie, da mesma forma a ela nos devotamos quando se iniciou a disseminação dos intérpretes, em seguida ao desfecho da motivação, o nosso olhar a deter em nossas atitudes a fluência com que se desfazia o nome. Os tons adequados se amorteciam ao ausentarmo-nos do painel do luto, surgindo agora pensamentos e faces em desconexão

com ele, o nome a distanciar-se de nós e levando consigo os recursos fisionômicos de sua presença; enquanto o nosso corpo se repunha em insignificativa disponibilidade, pelo menos em relação ao nosso belvedere, que outro ou outros bem podiam, na hora, nos ler sob nova acepção. Na cidade onde ninguém priva de nossas relações, onde ninguém nem de vista nos conhece, espargimos os passos por sobre um terreno fértil a mil denominações, e fomenta-se em nós a suposição de que a nossa figura representa o inesgotável reservatório de quantos desempenhos possam ser imaginados, e no entanto sabemos que visão nenhuma os aproveita; contudo, abandonamos a idéia de penetrar na retina dos seres, e, em face dessa atitude, permutamos de posição: nós, que éramos o alvo possível de alheios rostos, agora somos o belvedere que os faz maleáveis e obedientes às nossas investigações, apreendendo-lhes o módulo coletivo ou as coordenadas que unem uns aos outros enquanto desapercebidos circulam. À maneira do descobridor que, pela fartura do novo território, se esquece das provisões trazidas nos barcos, a nossa memória repousa das formações que alhures recolhera, restituindo à atual atenção todos os alentos da atividade; aí permanecemos convicto de que as coisas, que nos hão de aparecer, se investem de uma transcendência e um teor de originalidade que irão obscurecer aquelas composições já postas em nosso arquivo. A ânsia de ver costuma restringir a sua volubilidade, vindo a reduzir-se a dedicação a um único setor de agudeza, abstraindo-nos da consideração não só dos elementos de outra espécie, mas também das imagens da mesma natureza daquela que nos ocupa a acuidade do instante; o que não for do retábulo imerge em o não existir do esquecimento, mas ocorre que as omissões, ponderadas de certo ângulo, valem como ausências positivas, do mesmo modo que, para efetivação de nossos pendores na arte, utilizamos, inclusive, as deficiências; assim, as formações que se isentam de acompanhar o sucesso de hoje ou de concorrer com ele à nossa predileção, conservadas simultaneamente em indevassáveis bastidores, nos proporcionam, com o seu demitir-se, a oportunidade de o entrecho em foco desenrolar-se à deriva de influências, de contágios condicionadores, expressando-se inédito quanto ao sentido, quanto à aparência e ainda quanto a qualquer leitura. A fim de que tal singularidade fosse possível, todos os objetos de sua proximidade fisionômica ou denominadora se esconderam de nossa lembrança, no momento em que, na vila ignorada de N..., se permitiu a desenvoltura do auto facial, com o elenco de jograis inquietos em redor de um vendedor ambulante que era, por sua vez, a majestade em vilegiatura; todos como se se movessem ao ruído de uma fanfarra, libertando os gestos desmedidamente que pareciam articulados em molas, e a nenhum olhar estivessem sujeitos; a privação de que sofremos, no tocante a sucessos passados, um tanto se compensou ante a visibilidade da pequena gesta cujo tom chocarreiro significava para nós, afeito a uso de modalidade diversa e à vez antagônica, uma originalidade sem dúvida completa; ou por natural feição de nossa sensibilidade, ou pelo fortuito com as suas insistências uniformes, o certo é que no registro de situações, de quantos fatos curtos ou longos se continha, nenhuma acusava que viesse a admitir o grupo medievo, estonteado em alegrias; dessa vez, a ausência elaboradora, modo de ser tão fecundo como os do conspecto, e, em alguns casos, de bem maiores conseqüências, acrescentou à facilidade da feitura a produção de um entrecho por todos os lados isento de nossas propensões; ao vermo-lo concretizado, sentimos em nós um autor que não éramos nós, e na cena um painel estranho ao nosso álbum, parecendo de outra lupa com temperamento oposto e detentora de exercício mental próprio desse gênero de recepção.

6 — Nas ruas que ainda não percorrêramos, se podem sobrevir situações em ato de simples entendimento, a possibilidade de densas alegorias com o nosso rosto escasseia; isto porque o início dos contactos — a menos que a surpresa do desconhecimento se atenui, a ponto de acomodarmo-nos à fluência das reflexões, que nos clareiam as ruas sabidas — faz com que o nosso miradouro se regule apenas ao módulo de extensiva neutralidade, inibindo-nos da menor idéia de exibição, quer em referência a outrem, quer no tocante ao nosso mesmo vulto, segundo nós. Se temos assim poupados os esforços de interpretação, suportamos a perda de nosso corpo enquanto face suscetível de humana observação e reveladora de profunda solidariedade; as suposições que porventura nos advêm, não passam de bosquejos logo interrompidos pelas ineficácias da ocasião: por tendência natural, se nos fogem as vezes que geram os nomes opulentos, dado que o exterior nos desfavorece, inclinamo-nos a conceber a idéia de uma alegoria em que o nosso vulto encarne esse evento mesmo da inanidade, do nada contermos, do não nos associarmos a nominações preciosas e que, neste instante, em muitos logradouros despertam e se erigem em adequadas formas; será a única alegoria condizente com o estado de nosso ser, alegoria que ninguém ainda configurou, e dessarte, liberto de cooperações de tal índole, capacitamo-nos, com vivo empenho, a levar a olhos

presumidos a significação que nos acompanha e que era merecedora de uma aparência que prescindisse de vozes, que confessasse por si mesma o que em verdade existia. O nosso rosto de certo que não é fadado a exprimir com igual intensidade todo o nome que o envolve, e acresce que a natureza do sentido em muitos casos se mostra particularmente dúctil, inexpressável em gestos concomitantes, indiscernível em ato do próprio corpo; a soma dessas dificuldades nos induzia a compor um meio de resolvê-las, sem a exclusiva participação de nossa pessoa, com esta se incluindo como intérprete parcial, mas para si reservando o valor atrativo de todas as convergências, que na hora colaborassem para a plenitude da motivação. Compensando as insufiências com as faces ao alcance de nosso rosto, em tentativa melindrosa mas a única a nos parecer recorrível, postamo-nos à soleira da porta que, aberta a quem quisesse transpor, descortinava o abandono da velha casa, acessível a todas as penetrações, e no entanto despovoada de seres que não atendiam ao gesto mudo de acolhimento e de indiscriminação; à falta de alguém que nos unisse à mansão deserta, coube-nos fazê-lo, numa gratuidade que não nos excluía a sensação de delicado prazer, e um pensamento ratificador vindo de nós nos percorreu a ambos — a nossa fisionomia e o prédio — para melhor unidade do grupo alegórico. Talvez que se alguém o visse não pudesse atentar com a significação que nos parecia evidente, mas é da própria natureza da alegoria o reconhecer-se-lhe a substância depois que a presença textual do nome vem incidir no rosto em foco, interpretando-lhe os traços anteriormente inúteis como expressão direta e universal de seu sentido. É pelo nome que a fisionomia alegórica se comunica, determinando a todos os belvederes a aceitação de sua veracidade; por mais bem esculpida que ela seja, se o autor evita a denominação, a nem todos é facultado supri-la de maneira correta, pois que a figura provoca elucidações variáveis como se fosse excessiva para um só espectador. Durante a nossa existência, certos semblantes guardam para nós um sentimental interesse em virtude de haverem conosco participado de algum motivo, apresentam de comum com a nossa imagem o termos, em um dia, composto a mesma cena, e a circunstância de eles se mostrarem esquecidos do episódio não influi sobre a sua estada em nosso patrimônio. Aquela morada que muito conteve e no momento nada continha, que franca se expunha a quem a quisesse penetrar, críamos que convencera a quem disséssemos do propósito que ia em nossa agenda, à semelhança do artista que, terminada a confecção alegórica, e que fizera em sigilo, proclama aos presentes o nome de que ela se intitulará, e obtém de todos estes a repentina confirmação; assim, embora alcançada através de outro vulto que não o nosso, de si tão repleto da nominalidade, veio esta milagrosamente, ali mesmo na rua, a suprir a este no papel em que malograra enquanto passível de ser em homologação por outrem, convertendo a desabitada mansão na alegoria do nada contermos, do sentirmo-nos deserto de nomes; e a nossa figura, a incluir-se no miradouro que abrangesse a fachada, assumia o predicamento símil ao do retratado devoto que estimando sublimar-se em tela, determina ao pintor que reproduza na cena em que ele, o encomendante, aparecerá, o conspecto do amado santo, vindo ele a manter-se anonimamente junto ao precioso orago.

Capítulo 14

1 — *O recinto que desaparece no decorrer da cena.*
2 — *A contemplação e a cadência externa.* 3 — *As retificações em nosso repertório — As coisas presentes ao devaneio.* 4 — *A figura adequada às contingências.* 5 — *Os vultos presentes à absorção.* 6 — *A identidade pela contemplação.*

1 — Todos os vultos da reunião ocasional lembram de início a assembléia formada ante um votivo monumento, cerimônia que se efetua para assinalar a evocação do terreno onde algum fato ocorreu, merecedor de perpétua memória; pela predisposição de a todos acomodar, pelo motivo de ser, no domínio fisionômico, a entidade na qual os rostos, como figuras subsidiárias, integram a sua completação, a sala do albergue surge ao nosso primeiro olhar com a preponderância de inquestionável presença. O recinto impõe a sua nota às faces circunstantes, parecendo, à maneira da homenagem votiva, que todas elas se acomodam a fim de salientar-lhe a significação, de tornar evidente, a quantos o perpassam, o sentido de sua posição na terra. À medida, porém, que o conciliábulo se desenvolve, o ambiente se retira de modo a proporcionar aos presentes maior desenvoltura, a nitidez mais límpida de traços, e esse esvaecimento acontece sem que possamos verificar os gestos de fuga; sabemos da separação depois que ela se consuma, sentimos que se perderam as imagens enquanto rotuladoras de seus ambientes em nossa consideração. É nesse particular que o ato de ver pressupõe concomitantemente o ato de ocultar, e se a impossibilidade de atender às visualizações simultâneas faz a estrutura dos ritmos, por outro lado ela faculta reaparecerem que são sobrevidas homologadoras de existência. A parcialidade da óptica determina captações que por sua vez geram perspectivas de valor mais transcendente que aquela porventura firmada por um miradouro de

mais largo descortino, por uma visão que pudesse, no mesmo ato, ver em todas as dimensões, distinguindo com a mesma clareza e até o fim dos horizontes, as faces espargidas sob a luz. Reduzido às nossas omissões, contudo não nos vemos privado de grandezas advindas a nós por força das omissões mesmas, dado que para recebê-las contamos com a perspicácia dos olhos e com a disponibilidade das coisas na sua atitude de corresponder a quem as perscruta de qualquer ponto. Em todas as manifestações faciais, a natureza reserva ao olhar atento a feição de sua conduta figurativa, exibindo-a ora em vasto panorama, ora nessa parede do albergue que, situada atrás dos hóspedes reunidos, era antes o locativo indicador, e que depois veio a ser o anúncio sem utilidade e ausente. Atrás dos semblantes que se extinguem e dos que perduram à nossa vista, resta sempre a natureza com diversidades, algumas, de certo ângulo, não pertencendo a ela mas às nossas observações esparsas; porém, de outro ângulo e mais recuado, atingindo amplitude mais extensa, recaem no domínio da natureza, entidade que soma, à infinita solicitude, esse fatal poder de compelir o retorno, à sua extensão, dos olhos que ao vê-la supõem fugir à sua posse. Expondo-se em pequenos e grandes episódios, a face-recinto, em consonância com as disposições de nossa visibilidade, oferece-nos a variação de seu desempenho; mas nesse instante da estalagem, em que o muro deixa de ser o local para ser um vulto nos bastidores, ela se subtrai à nossa atenção, propinando-nos apenas, depois de ultimado o entendimento dos circunstantes, a sua restituição em forma de um ser modesto que uma importância maior assumida pelos demais figurantes não permitiu anotar-se-lhe a presença. A gradação do aparecer ao desaparecer, sem dúvida que foi imperceptível à nossa acuidade, e em troca do entreato sutil, obtivemos mais viva a impressão dos entes isolados do recinto, da cena originada por ele e no entanto dele liberta como de fonte extinta. Efetivamos a posse do lugar ou por havermo-lo construído, ou por havermo-lo aceitado, assimilamos a permanência de seu aspecto para logo após verificarmos a sua perda, embora momentânea, mas suficientemente acabada a fim de que possa, exclusivo e atuante, desenvolver-se o teor do retábulo. Ofusca-se o recinto ante a presença de um motivo obstinado por vir à luz, por exibir-se através desses rostos cerimoniosos em novéis relacionamentos, cada um proferindo gestos que mal se acomodam aos gestos adjacentes, em desarmonia de coro improvisado; consentindo porém, graças a esse mesmo desencontro de atitudes, que o nosso belvedere anote a possibilidade de cada um dos semblantes, e por fim registre aquele que, favorecido de penhores contagiosos, vem armar, como o núcleo dos desempenhos, a trama figurativa da situação em ato. O painel se anima independentemente do lugar que o tornou exeqüível, cumprindo entrementes um processo de isenção para realce de uma vida autônoma; desaparecendo o albergue, brota de sua lacuna o quadro em que os participantes, já regulados na teia lógica, fixam o texto fisionômico, a estampa facial do grupo que, a esse tempo, adquire um nome e os efeitos digressivos. À sua tradução, adultera-se o entrecho antes constituído apenas do recinto, e deste nada mais resta, desde que o pequeno conto, figurativamente redigido pelos hóspedes, tanto poderia ocorrer nesse albergue como em qualquer parte, em alguma rua, ou no interior mesmo de nossa residência. Recinto pródigo, fértil local, a hospedaria vem, como a natureza em miniatura, proporcionar a nós, assíduo e curioso visitante, algo mais impressionador: a perda freqüente dele próprio, dando-nos em compensação certos excedentes de sua figura, bastante atrativa para preencher o nosso contentamento. Os vãos, os maciços, o prédio inteiro da estalagem, destituído de suas formas a fim de salientar, ou melhor, de consentir as representações, por mandato facial, que se efetuam sob o teto, reassume os aspectos primitivos quando, encerrado o motivo que o paralisara, ou despertado por algum agente exterior, sentimos recair em nosso olhar aquele ente imóvel, nunca demitido de sua faculdade de recuperação, de vir a ser ele mesmo, aberto aos miradouros, prestadio em favorecer, às outorgas de longe conferidas, a disponibilidade de sua presença.

2 — Existem lugares que têm especial compleição para certas efígies que, entretanto, nunca os percorrem, apesar do convite sempre em vigor; ao qual elas não atendem mas que permanece intuitivo, acentuado, tal se nele estivesse visível o nome desses vultos convocados. Presumindo os contrastantes efeitos que seguramente estão a causar, em locais impróprios à natural acolhida, esses rostos ausentes, persuadimo-nos da perda de que eles sofrem por não haverem articulado ao seu aspecto a cenarização adequada e fisionomicamente disposta a envolvê-los; dela a contingência os conserva distanciados, talvez com o misterioso propósito de lhes oferecer, por força mesmo das linhas desarmônicas, relacionamentos de outro tipo mas também preciosos. Muitas vezes, em presença de um local, imaginamos a vantajosa feição que ele tomaria se se lhe agregasse o vulto de certa alameda, isto em virtude de ostentarem ambos a mesma espécie de tranqüilidade; e que assim desu-

nidos parecem mostrar que a índole de quietude é qualquer coisa de tanto interesse que deve dispersar-se em outros recintos, aonde vão os nossos olhos; ao estabelecermos mentalmente a junção dos sítios análogos enquanto emissores da mesma nuança, idealizamos uma perspectiva cujo ar deleitável seja, em face daquela conjugação, mais prolongado à posse de nossa lupa. Sendo-nos impossível obter os do panorama ordenadamente coligado, dispomos de seu trecho disperso para maior valorização do devaneio — repertório de unificações — trazendo a alameda ao recinto sossegado como nos trajamos com indumentária própria à estação da época, transfigurando a fisionomia em complemento da paisagem, por meio da qual o aspecto locativo se aumenta sem se afastar de si mesmo. Com freqüência, regressando de um lugar fisionomicamente propício ao rosto de determinado ser que o não conhece, ladeamos essa imagem em desterro, com a preocupação de lhe proporcionar, à custa de nossa presença, um contacto que nos parece tão prometedor de conseqüências faciais, entre o deslocado vulto e o recinto a ele correspondente. A visita que realizamos à casa de alguém, como nós repleto do mesmo panorama, embora hoje nos situemos ambos à distância dele, visita que é tanto mais pressurosa quanto voltamos do local de que se ungiram as nossas existências, encerra o valioso pretexto da transposição da paisagem através de nós que a levamos em nosso rosto, à similitude do fertilizante com que socorremos o vegetal combalido, fazendo reverter a pessoa, que nos recebe, ao sítio que a assinalara. A circunstância de o rosto existir fora de seu lugar, se ressente de peculiar desolação, sobretudo se considerarmos que o logradouro visto de outro ângulo é algo que a todos acolhe, nada restringe, afeito a inúmeras assimilações, com a naturalidade que só os artistas resolvem, a exemplo do pintor em quem as nuvens, as árvores e as ninfas não se repelem, antes configuram a paisagem melhor, espécie de situação em ato emergida da própria terra. Palpita o local distante nas fisionomias que o conduzem, e entrementes, nele ficou sobrando o vazio desses mesmos rostos emigrados, à maneira dos salões e das praças tão concorridos em certas horas e que em outras nos oferecem apenas as modalidades dos seres despedidos; testemunhamos o molde dos que se retiraram, e as formas permanecidas como que se expandem no ato do desaparecimento, conseguindo-o por meio de mais tênue matéria que imprime às pegadas dos ausentes um ar perdurável. Acontece que alguém fala junto a nós e no entanto, com o pensamento noutra coisa, nada percebemos de suas palavras; contudo, a presença desse alguém não nos parece inútil: a gesticulação, a face inteira, seguindo o ritmo de nossa idéia, nutre a qualidade de nosso desatencioso pensamento. Assim como obtemos com os dedos acompanhar a música que mentalmente executamos, consonância esta que, sendo falsa para quem nos observa, é entretanto real dentro em nós, aquele visitado amigo, em todas atitudes que manifesta, vem corroborar o seu próprio retorno, ao qual se mostra tão passivo e solidário, em plena prática das recuperações. Se nos for dado comunicar o ritmo de nossa cantiga ideal ao semblante que nos perscruta, receberemos dele a confirmação de que os nossos dedos tamborilam a contento; no caso da visita àquele alguém, levado que somos pelas ruas e praças, reduzidas a pensamento mas suscetíveis de serem remostradas em gestos, à medida que nos restituímos o panorama absorvido por nós em outra idade, em concomitância com palavras que são meros ornamentos de nossas atitudes, as faces de nós ambos readquirem as modulações e os aspectos que a cidade, antes olhada por nós, havia criado com a sua força de incidência. A rigor, as nossas duas fisionomias representam, com a repetição da mímica procedente da cidade do R..., um monólogo de sobrevivência, onde o teor do velho recinto se desenvolve como o corpo da cidade se alonga na cadência de nossa marcha. Há instantes em nossa vida, e eles são muito freqüentes senão diários, em que essa conduta de absorção, que às vezes toma a forma do batimento dos dedos, consiste num pensamento cuja mobilidade restringimos o bastante para melhor lhe sentirmos a profundidade: e então as nuvens, as árvores, os edifícios, os homens, tudo enfim que penetra em nosso olhar, atua em ritmo adequado à meditação, e tanto mais harmonioso se afigura o acompanhamento quanto mais pura for a mudez da paisagem. Ao ser de tão constantes interioridades, a natureza, no intuito amável de lhe deferir esses momentos de concentração, espelha em sua própria superfície os rostos que irão, na presença desse vulto abstraído, regular, segundo a visão dele, os seus íntimos acontecimentos; sucede porém que tal poder de avistar as coisas segundo o compasso da ideação, se aplica a todos os pontos em que nos situemos, sendo necessário tão-só que o pensamento dilate a nossa redoma; e como semblantes a quem se prodigalizou toda sorte de instrumentos para possíveis orquestrações, as efígies do local se nivelam e pactuam perante a regência de nossa reflexão.

3 — Existem faces que, para serem atendidas por nossos olhos, surgem em determinados ambientes, e assim recolhidas parecem indicar que o fundo da cena é parte

integrante de sua estrutura, dada a naturalidade dos entrelaçamentos no seio do panorama, das atrações misteriosas que se realizam como se as redondezas e os figurantes fossem individualidades consangüíneas; os corpos convergentes à paisagem, os que se distanciaram dela, e os que, nascidos embora em logradouro diverso, se introduzem por fatalidade fisionômica em seu facial domicílio, são guiados, quando ocorrem essas emigrações e esses regressos, por um princípio equivalente àquele que rege os conjuntos barrocos, nos quais as edificações complementam ou exornam as linhas perpétuas do lugar. Ou porque o ambiente anseia por matizes que lhe faltam, ou porque os rostos em exílio se sentem minorados em seus contornos, e neste caso eles se privam de certas expansões, a potência mútua de analogia intervém, sobrepondo-se às distâncias e permitindo a restauração da unidade da terra, em feição visível. Sucede às vezes que nos defrontamos com um vulto cujo significado se condiciona ao aparecimento de outro vulto, semelhantes entre si pelo ar ou por suas linhas genéricas; assim aconteceu ao divisarmos um dia determinado rosto de nós ignorado e extremamente parecido com a face de J.... Só então descobrimos que o rosto de J... era marcado por um ríctus irônico que nos escapara de todo, apesar da freqüência de nossos contactos: não fora o surgimento da figura ignota, continuaríamos desconhecendo aquele traço importante, senão essencial, da fisionomia de J.... Quantas há, no repertório de nossas relações, que, supostamente reveladas, viriam entretanto, após recebermos o anúncio emitido por uma outra, a manifestar o que elas são como seres inequívocos e merecedores de seu nome. No uso facial da convivência, sob a suspeita de que esse princípio de subordinação atinge um número de casos bem maior que os devidamente comprovados, se dá que debilitamos o nosso juízo sobre um aspecto costumeiro, na dúvida se tal aparência não será algo de provisório, à espera talvez de uma outra que nos venha a expor a sua verdade. Não podemos, a rigor, declarar que ele é exatamente como nos habituamos a ver, nem sabemos qual o seu prospecto definitivo, nem tampouco a hora em que assistiremos cessar-lhe a interinidade de ser, a ponto de afirmarmos: esta é a imagem de M.... Sempre retificamos as fisionomias de nossa curiosidade, enchendo-se a memória analítica de penoso tumulto onde se agitam flagrantes diferentes de uma mesma face; e a nossa tensão emocional se eleva tanto que, inquieto pelas incertezas, recorremos à fotografia de M... como a um repouso de certo precário mas de qualquer maneira apaziguador da dissoluta apreensão. A vista sobre as figuras equipara-se a laboratório onde se processa a composição de entes a princípio neutros em relação ao nosso miradouro mas que de repente se acercam de vultos amados, influindo neles e à nossa revelia, ora nos contentando, ora nos afligindo; de onde o receio de prosseguirmos demasiado nas experiências, de surpreendermos, com a vinda de um rosto momentâneo, o perecimento, em nós, de antiga admiração. A memória, à custa de severas contenções, pode localizar em série as nuanças que certa fisionomia apresentou no decorrer de suas próprias corrigendas, e desse modo havemos de alcançar, por fim, menos uma sucessão imposta pelo tempo do que o encontro progressivo do corpo com a sua veracidade mesma. A personalidade de S... era tão vigorosa e irradiava tão vivas emanações, que as efígies que a defrontavam expunham gestos especialmente feitos para essa conjuntura; da face de S... partiam moldes imponderáveis, cada um facturado para cada vulto circunstante, como se à base dessas propagações estivesse o cuidado de atender às peculiaridades dos interlocutores, o intento de evitar possíveis uniformizações; os indivíduos participantes vinham com seus rostos singulares, com a independência que se desfazia no limiar da porta, quando, vendo ao fundo da sala o pródigo semblante de S..., passavam a receber os influxos como se fossem eles, os visitadores, umas telas onde se projetava o ser figurativo daquela fonte; a variedade de seu teor fisionômico residia no fato de, para cada semblante transvestido em anteparo, sobrepor-se-lhe um vulto diferente, adequado com perfeição a cada figura disponível; ele expedia de seu rosto, em diversos espelhos, imagens diversas, encerrando em si a possibilidade de plasmar, conforme com ele, um número interminável de fisionomias; o contágio do rosto de S... era irresistível sobretudo se as pessoas que o procuravam, desconhecendo tal poder de contaminação, iam entregues à espontaneidade, sensíveis, portanto, à primeira aura de envolvimento; com o respectivo semblante, S... confeccionava o seu ambiente, variável na extensão, de acordo com a menor ou maior quantidade de efígies circundantes e despidas de si mesmas ao desempenharem a figura de S..., desmedidamente prolongável e imitadora dos seres que, para sobrevivência da espécie, fabricam a toca para nela habitarem; a poucos vultos era permitido escapar intactos de tão absorvente semblante, em cujo itinerário, quando ele se dirigia a algum ente humano, resultava ser facialmente a ele mesmo que se encaminhavam os seus passos; no permanente reencontro de si próprio, a imagem de S... executava no mais alto grau as propensões da face-recinto. A fim de que esta exercite os seus pendores, várias circunstâncias, todas elas de ordem figurativa, se lhe agregam colaboradoramente de maneira que tenhamos na face-recinto um exemplo da natureza num de seus gestos espontâneos. A faculdade substitutiva do rosto, isto é, a expressão de sua presença que ele exibe mas por meio de outro vulto, mostrando-se num dia sob o aspecto comumente apresentado, como nos flagrantes da rua assimilávamos a cena a ponto de a entrada de uma efígie e a saída de outra não alterar a impressão do conjunto, a faculdade substitutiva inoculou-nos a sensação de que o corpo encerrava algo além dos atributos apenas visuais. Em verdade, o vulto que na hora nevoenta descia a escada, vestindo um sobretudo que pela cor era a facial antecipação da bruma para onde se endereçava, repetia a nossos olhos, e sob o mesmo ângulo, o quadro que nos adveio momentos antes, impondo-nos os mesmos efeitos rítmicos, pensamentos iguais, na modulação e no conteúdo, aos que tivéramos há pouco. Diante de nossa lupa, a ocorrência descortinava uma perspectiva mental onde, à parte sua completa disponibilidade, um virtual território, que se continha na figura primeira, transferia-se aos contornos da segunda como se nada em absoluto houvesse afetado a sua integridade extensiva, indiferente à mudança do invólucro, lembrando as coisas a um tempo estranhas e inerentes à mobilidade da terra. O cortejo mental e particular que anexamos a determinado rosto, volverá a nós, conduzido por outra personagem, e nenhuma resistência propiciam à operação de entrega, tal como a das peculiaridades existentes mas então invisíveis entre as figurantes da escada. Se nos desaparece o rosto que até então regulava os nossos pensamentos, a vinda de outro semblante que os mantenha imperecidos, nos impede de lamentar-lhe a perda, pois que na ocasião ele era tão-somente o vulto concomitante e adequado às idéias. A equivalência facial nos favorece a perseverança no pensamento como nas viagens que realizamos as águas e os arvoredos persistentes, sem interesse a nos inspirar, vêm contudo em benefício do devaneio, correspondendo-lhe ao módulo da continuidade; no papel de estimulador, as fisionomias habituais nos reservam ainda, depois de havermos esgotado o seu repertório de surpresas, a rotina coadjuvante, e criadora também. A limitação do espaço a que nos submetemos, se muitas coisas preciosas nos oculta, dá-nos entretanto a oportunidade de ver sem olhar os objetos do corriqueiro e, em conseqüência, a prerrogativa de soltar a imaginação até o final de seu esvaecimento. A neutralidade de tons que recobre os seres presentes à fantasia, é mais do que silencioso testemunho de nosso isolamento, ela se compara à música de gestos, a uma encenação sem a qual os sonhos não seriam talvez consentidos. Os olhos perpassam de um vulto a outro, os pensamentos se desenvolvem como se esses tranqüilos coniventes fossem uma só superfície incolor, lisa e isenta de interpretação, tal a naturalidade com que meditamos em sua presença, conjugado a semblantes obsequiosos que se nivelam em muda sinonímia.

4 — B..., em período recuado, adquiriu certos gestos provindos não de sua natureza mas da influência sobre ele exercida pela face contaminadora de J...; depois de longo intervalo de separação, quando aqueles gestos se haviam afastado do corpo de B..., talvez substituídos por outros de igual modo obtidos na convivência, desde que B... era um rosto fisionomicamente mais receptivo que criador, novo encontro ocorreu entre os dois vultos: agora em presença do antigo modelo, a figura de B..., irresistente às emissões partidas da imagem de J..., repetiu de maneira literal a gesticulação abandonada há tempo; a forma assim amoldável, após estar revestida de determinado padrão, ao qual se acomodara sem constrangimento, vem a recolhê-lo ao esconderijo, ou de aparência original ou de algum rosto alheio; na ocasião em que um propício painel lhe restitui a velha e fecunda efígie, a imitação se restaura como se no entreato da ausência nenhum traço impeditivo a tivesse contrariado. O reencontro dos rostos influi poderosamente na composição dos indivíduos, trazendo à continuidade facial variações de atitudes que se combinam, muitas vezes, para a valorização figurativa de quem, desnudo de teor pessoal, faz de sua vida a propagação fisionômica de outros seres. Gesticulamos e não seremos capaz de distinguir dos meneios, em dados momentos, os que são exclusivamente nossos e os que em verdade pertencem a repertórios estranhos; acontecendo porém em muitas situações vislumbrarmos, no uso do gesto de alguém, uma desenvoltura maior de nossa parte, superior talvez àquela que tentássemos produzir com os recursos congeniais. Usufruímos automaticamente de outrem, e à sua revelia, o desempenho circunstancial que executamos na certeza da melhor espontaneidade; tal a medida perfeita com que justapomos às palavras que ouvimos ou pronunciamos, os respectivos gestos nascidos fora de nós, ao contágio de alguém de certo desconhecedor de tão oportuno auxílio. Com que perturbação, em presença de motivo inesperado e inédito para o arquivo de nossas relações, infletindo-nos, portanto, à cautelosa previdência, procuramos expor a efígie adequada, e sob a fatal premência do instante, exibimos apenas um gesto que é a lastimável alegoria do próprio vaziamento dos gestos; com que inútil e tardia ajuda, em seguida ao fracasso fisionômico, vem à nossa lembrança a figura de M..., tão capacitada a expri-

mir as reações que as nominalidades pedem, a qual desejaríamos ter sempre conosco, juntamente com outros semblantes suscetíveis de bem representar; de modo que, ao anúncio de qualquer nome superior às nossas possibilidades, em nós pudéssemos outorgar à pessoa que lhe correspondesse, e sem prejuízo do episódio, o privilégio de harmonizar a imprevista conjuntura. Na complementação da figura indigente e surpreendida por nossos olhos, do rosto que, livre de ensaios, devia atender à significação do painel, as faces recorríveis pululam em nossa imaginação, como que retiradas dos proscênios respectivos; e numa atmosfera mais fecundante, mesmo porque o malogro fora irremediável, nos dedicamos depois a colher no catálogo da memória, a imagem que propiciaria o melhor êxito na obliterada participação. O corpo sobresselente, que nessas ocasiões nos acorre com posteridade — maneira de surgir a que nos inclinamos com impiedosa insistência — tanto pode ser o amigo de toda a hora como o vulto que vimos uma vez unicamente, mas o bastante para figurar entre os coadjutores; no caso de nossa efígie, cada exemplar dessa série fisionômica é correspondente a uma lacuna de nosso rosto enquanto passível de representação; e a soma de todos eles equivale à figura que almejaríamos ser: a efígie adequada a todas as contingências. A vida fisionômica de B..., que absorve os gestos que poderão cooperar no êxito de muitas cenas, assume o seu lugar entre os tipos colecionados em nossa memória; a face de B..., de muito sensível à recepção do contágio, é de preferência escolhida para expressar o que não soubemos, como um objeto de uso mais fácil, desde que coincidem, em nós ambos, os mesmos gêneros de sucessos possíveis. Toda gesticulação costuma se repetir, e se a face ignora a motivação que vem de lhe ser acordada, sem ensejo para se compor intencionalmente, tanto mais perfeita se lhe estabelece a expressão a expensas das atitudes vindas de outrem; os ademanes, quando afetados, suscitam a sensação de gestos propositadamente feitos para o evento, de que não praticaram treinos bastantes para a sua desenvoltura, de sorte que as premunições de raro se libertam da impressão, que nos deixam, de amostras artificiais; mais importando, para a boa receptividade do entrecho, os entes que se expuseram em curso espontâneo, embora sob a influência de desapercebido plágio. As peregrinações a logradouros não nos permitem dizer, com convicção, que dentre os vultos deparados alguns exibem as singularidades próprias, isto sobretudo pela fortuidade dos encontros, sendo porém mais correto afirmar que nunca eles são rigorosamente originais, existindo a seu redor outros vultos estimuladores e a presença catalítica do lugar. Em determinados momentos, ao dirigirmos a atenção para as nossas atitudes, abstraindo-as de seus motivos causais, temos a impressão de representarmos vários indivíduos a um só tempo, tal o reconhecimento de gestos de outrem repetidos de modo fluente em nossa imagem; ocorre, inclusive, que durante a palestra que mantemos com alguém, quer ouvindo-o, quer pronunciando palavras, sentimos conter-se em nosso conspecto a sucessão de diversas efígies; e quando um único fato exposto merece tantos matizes fisionômicos, nenhum deles de nossa propriedade, concluímos que à solicitude do reservatório se alia a desenvolta solução de nossa precariedade. A plástica de nossa figura revela-se, nesta hora, tão favorável que temos a certeza de que a manifestada impressão não seria menos consentânea com o motivo se este fosse expressado pelos verdadeiros senhores das atitudes, caso ali surgissem para ouvir ou pronunciar os mesmos vocábulos. A reprodução dos gestos alheios oferece-nos também a oportunidade de revelações, na forma do descobrimento mais difícil de se verificar se, em vez do ator, tentássemos consegui-lo por intermédio da face-modelo: o rosto de F..., embora já o conhecêssemos de muito tempo, só nos facultou o peculiar aspecto na data em que assistimos a imitação que dele nos proporcionou L. J...; a descoberta consistindo na soma de todos os meneios, no imponderável procedente da reunião harmônica de todos os gestos, em algo que era a sua pessoa facial e iniludível.

5 — Agrada-nos sobremodo estudar a figura de alguém, cujo círculo de relações freqüentamos com assiduidade não livre de curiosos intentos, seguro de encontrar as fontes que nutrem o rosto desse alguém, os vultos solícitos que o marcaram para sua mesma comodidade. O estudo que tal preocupação suscita, leva-nos a alcançar setores que não eram do nosso propósito; à maneira do indivíduo que, procurando um objeto sem valia maior, se defronta com outro superior mil vezes, o que o induz a desertar do primeiro desígnio, acontece absorvermo-nos, a certa altura da análise, em contacto com um elemento que nos faz abandonar o primitivo intuito. Querendo perscrutar as conseqüências fisionômicas que expressariam os componentes de determinada grei, em virtude de uma proposta que íamos formular numa das habituais sessões, nos surpreendemos coibido de fazê-lo, porquanto os vultos reunidos estavam excessivamente inoculados da figura de D..., personagem naquele instante ausente do pequeno grupo; os seres que diariamente privavam da efígie de D..., vendo-se nessa ocasião desli-

gados da substancial companhia, promoveram o modo de salvar a integridade da cena reproduzida todas as noites; a forma da preservação consistia no arremedo com o qual cada um dos circunstantes reproduzia o vulto de D..., estruturando dessarte a presença do rosto em vilegiatura. De certo existem graus de ausência, e neste caso a de D... permanecia de alguma sorte à nossa vista: como acontece, de determinado ângulo, nas coisas visíveis do mundo, quando todas elas são comparáveis a estojos cujos objetos se afastaram, deixando neles o desenho de suas formas. Então, o que denominamos presença é o molde das criaturas ausentadas, é um plano do universo no qual os vultos que observamos não valem pelo que mostram de si mesmos, porém pelo que restauram dos semblantes desaparecidos. Nesse plano repousa uma multidão de seres mortos, de habitantes que se acumulam dia a dia, que se entrecruzam como unificados nessa sobrevivência, revestindo-se as faces, colhidas por nossos olhos, de uma feição de espargida presença. A figura que se mostrou freqüente ao nosso miradouro, aparece-nos às vezes tão distinta do aspecto que assegura a sua identidade, os traços assíduos se escondem tão de súbito ao nosso belvedere, que despendemos uma duração apreciável para repô-la no abrigo de seu nome: pouco a pouco, ela se vai despindo das linhas momentâneas, ao mesmo tempo que recupera a costumeira modalidade; ao consegui-lo, isolamo-la em consideração especial, a do ser revindo ao prospecto mais constante de sua existência. O vulto oferece, à revelia do possuidor, inúmeras transmutações dele mesmo, efêmeras mas afirmativas de fecundo mister; e o que ele porta de presumidamente invariável — o algo que o personaliza — é apenas o núcleo referencial que a denominação recobre e por meio dele apreendemos a medida e a qualidade das alterações. Há também o rosto que nos deixa a impressão de que antes o conhecíamos, restando-nos contudo a incerteza se se trata de um vulto perseverante ou de uma face adventícia; na ocasião em que obtemos eliminar a dúvida, senhor da convicção nascida de alguma informação incontestável, notando que a figura presente não é senão a figura antiga, vislumbramos, simultaneamente à sensação da descoberta, o ritmo de sua volta ao reconhecido semblante. A partir desse momento, resulta possível a reaparição continuada e espontânea das linhas que firmavam a identificação, evidenciando as particularidades até então vedadas de ressurgir. Quando estamos absorto, e a idéia que nos submerge nunca é tão forte para nos impedir de ver, os olhos adquirem uma imobilidade acesa e profunda, e os objetos envolvidos por esse receptor sem curiosidades, se exibem com a predominância dos contornos genéricos, permitindo que às suas imagens meio esvaecidas se justaponham outras oriundas de nosso íntimo catálogo. Freqüentemente insistimos nessa postura que lembra o êxtase, perseverando no pensamento fixo até que uma interferência exterior nos venha a despertar, o que sentimos, menos por ele que pelas formas gerais ali sob os nossos olhos; as quais bem podem no silêncio emigrar de si mesmas e se tornarem outras, consigo consentâneas desde que os contornos admitem, sem tergiversar, a prática de ocorrentes substituições. Isentas de pormenores, libertas do nome, as faces que se defrontam com o abstraído olhar, revelam um ar de imprecisão semelhante ao que recolhe a visão do míope; a ausência das minúcias propiciando a duração da fluidez, sendo certo que a abundância de detalhes induz ao desaparecimento do rosto, como o excesso de imprevistas realidades nos deixa inseguro quanto ao verídico das coisas encontradas. A diluência dos contornos, quando alcançada pela absorção, deriva sobretudo da circunstância de os vermos com indiferença objetiva, delicadamente regulada pela meditação; esta, após o ato, à guisa de instrumento já inútil, se perde no esquecimento, para na memória preservarmos apenas a face esmaecida, que perdura em essência quieta, no resumo vago de seu insulamento; os contornos reservam-nos a atitude igual à de componentes secundários de um episódio, os quais, vistos separadamente, não demonstram, dada a feição agora nítida, que um agente receptador lhes estabelecera a ambigüidade no recente painel. O recinto que esses eventos nos proporciona, se retrai à simples permissibilidade do acontecimento, não constituindo um anteparo fundamental às nossas visualizações, antes, representando um cenário que poderia ser qualquer um: tão costumeiros são em nós os contornos genéricos e os estados que os facultam, havendo-os sempre onde a mudez prevalece, e também onde as vozes, que se pronunciam, em vão ressoam ao nosso lado. É que o logradouro se retira a fim de que as figuras nele penetradas prescindam de sua convivência, e os rostos em autodiluição estendam as suas marcas nebulosas como seres do sonho. As faces contíguas às nossas introspecções, tendo com elas uma relação apenas de simultaneidade, se despem da clara presença para atingirem horizontes antecipados, condutas fisionômicas bem mais próprias da ausência.

6 — Detemo-nos no lugar preciso em que alguém esteve, e de onde descortinou a paisagem que se nos repete agora, que aí nos situamos para promover entre nós e aquele alguém a identidade, senão de nossos corpos, ao

menos daquilo que contemos: a identidade de posse da perspectiva contemplada. Assinalamos o trecho exato em que o vulto se localizou e estendeu a vista larga e envolvente, em gesto análogo a este que reproduzimos; na reconstituição da cena, se alguma parcela não pode reaver-se, é que a dificuldade provém das inconstâncias da luz, do céu, jamais de nós cujo empenho em restaurar o mesmo ângulo foi medido com rigoroso propósito. Do horizonte ao nosso rosto, uma extensão habitada por efígies diferentes nos concede a oportunidade de sermos, enquanto captador do panorama, a pessoa que antes o olhara atenta ao exclusivo espetáculo desse território que assim reúne, à sua faculdade de incluir, a de uniformizar o texto de ambas as nossas visualizações. A perspectiva ampla vem a se tornar o conteúdo figurativo de dois entes que até então não se haviam entre si notado qualquer valor em comum, cada um deles com o seu repertório peculiar; no entanto, desde o momento de adquirirem aquele campo óptico, passaram a vincular-se através da mesma suplementação, ficando coerentes pelo que avistaram e, mais ainda, se fundiram num único ser pelo que contiveram. Como os indivíduos se igualam no trânsito pela tristeza, pelo contentamento ou por outro nome do domínio da alegoria, nós ambos nos unimos ao recebermos a paisagem ali imóvel e em oferenda perpétua; bastando apenas que os circunstantes, que porventura almejarem aderir ao mesmo elo, para maior comunhão de seus olhos, convirjam para o ponto miraculoso de onde a natureza, em breve amostra, indica o processo de sua grande oblata. Que as impressões posteriormente formuladas divirjam, mas houve um instante de idêntica apreensão, no qual a perspectiva foi o mesmo preenchimento para nós ambos. Em grau menor, mas também suscetível de duradouros laços, o recinto que visitamos, o lugar histórico, a terra onde viveu alguém de nossa afetividade, nos suscita parciais unificações, sob o imperativo quase sempre de nossa sentimentalidade; esta nos incita a tentar, alcançando-o muitas vezes, o olhar da figura impregnado da árvore, da montanha, do casario que encheram em todas as horas, ou ocuparam, na fatal ocasião, a retina desse vulto predileto. Com freqüência nos encaminhamos a certo local sob a intenção de vê-lo segundo fora visto por um miradouro que pretendemos utilizar como se fosse comodamente usufruível; isto no desejo de juntar ao nosso patrimônio aquilo que se insere na posse exclusiva de outrem que o recebeu e nunca o transfere integralmente; mas, alguma coisa resta do panorama que queremos reeditar, do recinto que primitivamente não era nosso; e dela nos contentamos como do ser a nós apresentado em época posterior à do episódio de que ele participara, e então nos sentimos articular à cena da qual ele é, em qualquer instante da ulterioridade, a chave da sobrevivência. Pouco importa que os anos hajam decorrido, que outro aspecto lhe tenha alterado o rosto, desde que algo do acontecimento perdura enquanto vive um de seus comparsas, e se eterniza quando, por outorgas inumeráveis, ele dissemina, ao longo das paisagens, os vestígios de sua presença na terra. A diluição que o tempo e o espaço efetuam não extingue a perpetuidade do ser, que semelhante apagamento se produz no ato mesmo de nossa visão, nesses momentos em que, desertos de curiosidade, perdemos as minúcias, as marcas das fisionomias comparecentes. Ocupamos o lugar de onde N... avistou a bela perspectiva que tanto o comoveu, imprimindo-lhe na face um gesto que nenhuma outra paisagem talvez lhe fizera antes; daí havermos acrescentado, ao ensejo de adquirir o conteúdo de sua posse, a razão de ser dessa mudança de atitude, por certo existente em alguma peculiaridade da extensão em foco; diligenciamos a coincidência de nossas faciais suplementações com as de N..., e ao mesmo instante descobrir o porquê da transmutação efetuada em seu rosto, o que resultou inútil devido ao fato de desconhecermos o complexo mecanismo de sua mente, as figurações de seu passado e as miragens de seu futuro; o relance incompreendido sobrou como um veículo de dúvidas sobre se o panorama, ao modo de substância fluida, não se condensa, para melhor utilidade, nos repositórios que, diferentemente do nosso, se revelam estanques a determinadas aglutinações; o campo descortinado uniu as pessoas de nós ambos mas a efígie de N... não foi reproduzida embora quiséssemos atingir a tanto, no intuito de maior comunidade que, a rigor, durante toda a manhã em que ali estivemos, nunca se cumpriu; tudo intentamos para atrair os comparecentes àquele ponto de mira, porém os que obedeceram nos negaram a face pretendida, o gesto expressado por N..., movido pelo só efeito da paisagem; a equivalência fisionômica obtida era, em dois ou três casos, do gênero daquelas que abandonamos pela infecunda e estática vulgaridade que nem mesmo o poder, que temos, de prevê-la, valoriza o ato de presença, desmerecido ante o seu aparecimento fácil; provavelmente que nem a própria imagem de N..., voltando a estar na mesma posição, fosse capaz de repetir o gesto, que talvez ainda não o tivesse N... apresentado em toda a naturalidade de sua inteireza, e assim carente de exercícios ele viesse a tornar-se de dificultosa reprodução. Em cada um de nós se verificam atitudes inéditas ao respectivo rosto, movidas por influências que nos escapam; por não reaparecerem, passam tais gestos a indicar, como seres restritos a uma presença única, a nossa própria condição de ver sob a eventualidade dos perecimentos. De ordinário, por meios indiretos conseguimos restabelecer a posição das faces transitórias, do sinal inconfundível que vale toda vez que nos acercamos do local onde ele se efetivou; ao se tratar da perspectiva de N..., o gesto se tonifica em nós por haver sido vislumbrado quando incidíamos em propósito distinto: o de possuirmos de N..., não a figura, mas unicamente o conteúdo dos olhos; o gesto, por intermédio de nossa mente, veio a se agregar ao panorama como um ente supletivo dessa mesma paisagem que, por conseguinte, o englobou em seu território, mostrando-se ela inquestionavelmente mais incomum àquela contemplação do que à do nosso rosto que nenhuma particularidade acendeu quando de seu minuto de assimilá-la.

Capítulo 15

1 — *O logradouro e seu preenchimento.* 2 — *O contágio figurativo.* 3 — *Os alimentos da memória.* 4 — *O método de assimilação das cidades.* 5 — *As árvores refletidas na vidraça da janela* — *A efígie exposta pelas águas.*

1 — A praça da ... ostenta de certo ângulo um aspecto que é o mais singular de quantos ela possa oferecer a qualquer hora do dia ou da noite; feição esta manifestada inesperadamente, não obstante a assiduidade de nossas idas, de nossa observação alerta, convicto que estávamos do pleno domínio do logradouro com as fachadas, o pequeno jardim e as ondulações dos transeuntes; mas, acontece que um vulto por mais íntimo que seja, sem o prevenir, pode surpreender o belvedere de seu possuidor, que, de futuro, talvez, se esforçará em reconstituir esse lado novo, o que ele nem sempre alcança, desde que há vislumbres cuja imponderabilidade foge a estritos desejos. O conspecto da praça da ..., ao nos expor a inadvertida versão, era de gênero favorável ao apego que ela tanto nos merece, em virtude de tal aparência ser restaurável logo que o pretendermos; bastando apenas ocuparmos uma ponta do passeio existente na rua que, obliquamente, deságua nessa foz cordial e perseverante. O peculiar que supera os semblantes anteriores da praça da ..., se caracteriza pela exatidão real que nos parece ser a dessa recinto, a qual é, sobretudo, um rosto enlevado, a face que a memória retém com o mais enternecido apreço; nesse sentido, ao afirmarmos que a sua estampa verdadeira é a apresentada por esse relance, exprimimos o reconhecimento de que, entre as inúmeras vistas do álbum, esse ângulo novo se afigura o único a não retificar, quando o vemos em prospecto, aquela que está repousada em nossa lembrança. Ordinariamente conferimos

as visões mentais, na véspera construídas, com os seus objetos correspondentes e palpáveis, e por mais que procuremos acertar, distinguimos sempre, no ato do confronto, que as duas faces se não ajustam; enquanto isto, mercê de estranhável privilégio, a perspectiva dali apanhada coincide com a dos nossos devaneios, quase tanto valendo pensá-la como tê-la fixada pela observação. Local de inauditos oferecimentos, a praça da ... é o exclusivo ponto da terra que nos dá em ausência a comovida autenticidade, agindo com a sua teia, proporcionando-nos operações em comum, episódios que iniciamos à distância e vemos em seguida, ao assumirmos o nosso posto, completados como se jamais tivéssemos saído de tão preciosa posição. Nada perdemos se dela nos afastamos, porque a conduzimos conosco tal como se encontra fora de nossa visibilidade, ambiente quieto sob a luz das lâmpadas, tendo as árvores a nos separar do belo edifício exposto ao fundo como a razão de ser de tudo que o cerca, solene construção que dita no tempo a conduta das vizinhanças; e enquanto existir, presidirá a ampla área e as palmeiras inclusive, cujas colunas são as correspondências exteriores de sua dórica simplicidade. Do ângulo providencial, captamos a duradoura essência da praça da ..., o edifício que, de sua predominância, firma a integridade do logradouro, premunindo-nos dos eventuais e forasteiros objetos que porventura se intercalem entre nós e a superfície dele; dessa perspectiva colhemos, em forma de excerto, os seres contidos no lugar e obedientes à esculturação tão marcada por suas próprias linhas, que se lhe não inocula o rio que ela esconde, apesar de este deter em si mesmo a fonte de muitos contágios. Cada efígie possui entre ela e o espectador a sua particular distância que geralmente nunca é evidenciada, e daí a facial incompreensão do objeto visível; daí também um dos motivos por que este se dispersa em versões inadequadas, sem que o olhar curioso o introduza nos papéis de sua natural vocação. O semblante perscrutado determina ao observador a posição correta onde este deve situar-se, sob pena de suprimir, perante os olhos, a sua autenticidade, incutindo-lhes apenas um aspecto passível de errôneos esvaimentos quando, impossibilitado de volver ao recinto, ao observador compete evocá-lo pela imaginação. O vulto essencial da praça da ..., para sua perduração completa, estabeleceu o espaço preciso em que nos devíamos localizar, exatamente a ponta de calçada que nos trouxe a sua feição verídica; é uma distância existente em função do objeto visível, expandindo-se a partir dele em busca do olhar que, por intuição ou casualidade de quem o possui, está no ponto que a figuração do monumento prescreveu. Além de conter e coordenar as personagens que transpõem o seu vestíbulo,

o local apresenta, em manifestação conectiva com os seres
afastados, a sua versão indicativa, com a qual traduz o gênero de semblantes que irá dentro em pouco preencher-lhe
os acessos, consoante uma regularidade que se mede pela
constância dos horários. À maneira de um contra-regra, a
repetição diária dos momentos, com as intervenções infalí-
veis, vem a favorecer o lugar, permitindo-lhe que à sua vista
registremos antecipadamente os vultos que o deverão percorrer ou estacionar em seu campo, atestando todos eles, à
assiduidade da freqüência, o convívio sobre o solo corpori-
ficador. Dispersos em ignorados recantos, eles se aglomeram ao toque de chamada do tempo, chegando para oferecer as suas individualidades; nessa prática se constituindo
a grande cadência fomentada pelo logradouro, cuja capacidade nos dá tantas variações de presença, a tal ponto que
separações se desfaziam e coisas compareciam eram ausentes assim que o olhávamos de um ângulo mais curto. A
paisagem, enquanto em si mesma, contém o anúncio das
efígies prestes a abrigar; a encenação, que nos gera a reali-
zável expectativa, assume uma forma adstrita às futuras
visitações, algo cujo motivo de ser reside fora dele, no
setor de semblantes que estão por vir; enquanto eles se
preparam para acorrer ao largo seio, as posições vazias
representam invólucros com atribuições predeterminadas. O
puro ato de vê-los importa na certeza de assistir, instantes
após, à penetração dos vultos em seus devidos lugares,
como à simples pronúncia do nome acode a pessoa, solícita
por mais uma vez incidir com o seu corpo na imutável e
própria designação. Os avisos da localidade são chama-
mentos a que se não recusam os seres conformados segundo
o teor da praça ou do edifício público, como se estivessem
sob a atração de força irresistível, de energia substancial
à procura de unidade imperiosa. Impregnado das próprias
ocorrências, o panorama aduz ao espectador o seu estado
profético, o significado que se há de cumprir, e é tão
forte assim virtualizado no terreno onde virá a surgir, que
muitas vezes nos dispensamos de aguardar os vultos homolo-
gadores, preferindo espreitar apenas o lugar enquanto ser
de expectativa, deleitando-nos com melhor apreço em torno
do recinto despovoado, e nessa atitude nos satisfazemos
com os objetos perceptíveis através de lupa obviamente
pressaga. No uso de poderes visuais, e de conformidade
com os nossos desejos, dedicamos dias ou horas ao exercício de certo gênero de contemplação, do mesmo modo
que no manuseio dos livros metodizamos a leitura; e nenhum exercício é tão estimável como aquele, nenhum outro
nos descerra tanto as promessas de posse que têm o vigor
e a repercussão de demiúrgicos afazeres. A praça oferece
aos nossos devaneios a desenvoltura que ela propicia aos

rostos que a perpassam, repletos de múltiplas articulações; transferindo-nos os comportamentos, os gestos, os apareceres e os desapareceres que, por estarem longe de nossos olhos, se nos tornam acessíveis por intermédio de substitutivas pegadas; as posições vazias são ocupadas pelos vultos que mentalmente restituímos aos seus lugares, dando às crianças os canteiros, ao teatro os curiosos, e ainda os confundindo todos sob a rubrica de incidentes eventuais, quando, para cada objeto que imaginamos, vemos, na disponibilidade do local, o resíduo correspondente e abrangedor. A certeza do evento arrefece-nos a curiosidade de sair ao encontro dele, e sob a mudez de nossos pensamentos, no logradouro em que estamos na ocasião, reproduzimos, para nós somente, o texto que no determinado recinto é vivificado pelas figuras preenchedoras de suas posições. Nenhuma individualidade de aspecto, nenhuma das faces conhecidas, nenhum rosto de nossa convivência se inclui na aglomeração da praça, mas apenas ali estão os seres em linhas abstratas, os exemplares, únicos ou repetidos, da aparência humana; se, forçando intencionalmente a retentiva, afastamos a névoa que envolve os comparecentes, esgarçando os seus contornos genéricos, extraímos-lhes os vultos singulares, inconfundíveis e merecedores de nome; os quais, no confronto com a realidade que buscamos em seguida, com o propósito de obter a sua correspondência exata como a obtemos em relação aos entes de gerais contornos, logo nos trazem a impossibilidade de êxito, porquanto a efígie, meditada anteriormente, não se patenteia no ponto certo em que a tínhamos localizado. Vamos à praça com a intenção de ver a quem antes havíamos criado em pormenores, de pé sob a árvore que fica à direita do repuxo, e lá o não avistamos: daí o desapontamento com que descobrimos em substituição a ele outro vulto repleto de fácil compleição e bem poderíamos ter, com a vasta galeria de que dispomos, vaticinado a sua estadia, tal como a registramos, ali, àquela hora, a olhar a fonte sem luz. O oráculo das coisas visíveis nem sempre anui as nossas claras e distintas prefigurações, a não ser que as nossas conjecturas se limitem àquilo que, sendo anônimo, nem por isso se presta a menos ductilidade: aos contornos genéricos digressíveis e restauráveis, cuja atuação, na rampa, se aproxima da que desenvolvem os nossos pensamentos. Se porventura recolhêssemos da praça os povoadores tais como se acham dentro de seus nomes, vultos considerados apenas em fronteiras pessoais e estanques, ela desapareceria como logradouro caroável a todas as ocorrências, diluído o seu próprio ser fisionômico, extinta a sua essência estimuladora, em proveito da elucidação inequívoca desses rostos que, assim, ao serem gravados, consomem o casario, os arvoredos, os entes passeantes que se contêm no reservatório da praça. Perdemos a praça toda vez que nos detemos para vislumbrar uma figura qualquer, uma face amiga ou um rosto saliente, e de quantas versões ela nos faculta — generalizada e disponível — em nenhuma delas surge presente alguma fisionomia revestida de nome; todos os seres de nosso especial conhecimento, conterrâneos e contemporâneos da praça, estão ausentes desse recinto para que ele seja rememorado e posto em homologação.

2 — Sem gestos próprios, L... era figura despertada para muitas influências, e depois de tanto reproduzir, expunha o esboço de certa constância, o produto híbrido de suas várias modificações através da convivência, como em geral acontece nos vultos isentos de radicais fisionômicos, alguns com tal poder de assimilação que a face parece, ao observador sem intimidade, a soma de naturais meneamentos. O rosto de L... submetia-se cotidianamente ao jogo dos contágios, nada importando que o recinto, com emanações vigorosas, viesse a pairar em suas adjacências, tão solidário ele se conduzia em frente das pessoas com quem palestrava; em alguns momentos, íamos surpreender a perfeita simultaneidade entre ele e o companheiro como se antes houvessem ensaiado a dupla exibição de um mesmo teor. Em outros instantes, as atitudes de L... dependiam das atitudes iniciais do interlocutor, ficando ele confrangedoramente à espera de que este emitisse o semblante oportuno, condição que representava, com o estímulo à prática fisionômica, o socorro indispensável ao seu pronunciamento. Na conjuntura fatal e imposta à efígie quando ela tem, de qualquer maneira, que se ajustar à norma da cena, associando-se à postura dos demais participantes, a tímida e desprovida face, vendo-se compelida a prestar o seu concurso, e não possuindo como a de L... a pronta acomodação, salva-a, se por acaso lhe acode a felicidade desse prêmio, o auxílio das reservas convencionais, do protocolo íntimo e tão matizado que ninguém anota o artifício da procedência, tanta habilidade existe às vezes em externar, com propriedade correta, os elementos do preventivo repertório. O rosto de L... pertencia a gênero mais favorável, livre portanto de possíveis constrangimentos quando de irreparáveis insucessos, vindo mesmo a propiciar certas facturas não despidas de agudos proveitos: à semelhança daquela que testemunhamos no dia em que ele — figurando na cena da despedida, em grau menor, porque dentre

todos os vultos do cais era o de menos importância, estando ali por dever de gratidão que só a nobreza humilde ostenta e em geral é despercebido pelos outros circunstantes, inclusive pelo homenageado que, por sua vez, reserva a melhor das atenções para quem exageradamente encarna o papel do adeus — à distância do grupo sofria por não fixar-se em alguém que lhe trouxesse a flama das atitudes; como na oficina resta a porção de barro para ulterior terracota, junto àquelas esculturas em carne sobejava o rosto de L... à procura do incitamento que o conduzisse ao coro dos prestantes; receoso pela demora, tendo que exprimir um gesto de qualquer maneira consentâneo com o teor da cena, L... se prevaleceu da modesta condição ao imitar, não as fisionomias eloquentes, mas o trôpego e lasso vulto do carregador de malas; sensível matéria, o semblante de L... amoldou-se ao motivo que lhe era mais próximo, como as cores que, trazidas para representar a composição marinha, são contudo aplicadas no interior doméstico, tais as irresistíveis sugestões que elas mesmas inculcam no ânimo do artista; fê-lo sem servilismo, em ato espontâneo de figurar no painel, ele próprio colaborando no transporte da bagagem, estendendo em demasia as injunções do encargo, ora voltando a apalpar os volumes, ora arrumando-os desnecessariamente, até o instante em que, terminados os votos de boa ida, e oculto a bordo o viajante, L... se retira com o ar equivalente ao das outras personagens; embora sem haver tido o ensejo, ele também, de exibir a sua afeição quer por palavras, quer por mímicas, parecendo mesmo não ter sido avistado por quem fora induzido a olhar para tantos; a obscura face de L..., que se revelara a princípio em angustiosa expectação, depois de recusar o desempenho para o qual se aprontara, preferindo aquele mais harmônico às suas tendências, conduzia ao final a sua escolha fisionômica, a participação na estatuária dos estivadores, inclusive quando, sob a omissão dos abraços, ele se inseria na indiferença que aos homens do porto dedicam os seres que transitam à margem; em presença de muitas pessoas, ele resolvia os embaraços da acomodação sempre de modo a nos surpreender, tal a mesma destreza com que se contagiava ante as mais diversas fisionomias, mas nenhum dos modelos adotados nos parecia tão condizente com as suas inclinações emotivas como o da figura simples e tocante; lembrando nisto o ator que, apesar de não preferir, demonstra ao espectador, que o conhece no íntimo, uma aptidão mais natural pelo papel coincidente com algum de sua vida pessoal. O semblante de L... é para sempre desaparecido, mas quando nos ocorre rememorá-lo, se estamos junto a alguém, que desenvolve, em pleno calor da palestra, o enlevo da gesticulação, é como se víssemos esse interlocutor em duplicidade, um exemplar sendo ele próprio e o outro a face de L..., ambos emitindo as iguais expressões, frisando no ar os mesmos desenhos; essas recordações nos fazem gravar, mais talvez do que merecia, a figura do ser imitado, daí termos colecionada uma série de fisionomias por si mesmas sem maiores atrações; tudo graças à figura de L... que nunca soube que valera tanto, nem nunca percebeu que a nossa insistente companhia repousava menos na afeição do que no interesse facial que, se fora em vida acolhedoramente aproveitado, ainda hoje continua por intermédio de seus reaparecimentos póstumos.

3 — Quando refletimos, as coisas adjacentes sonegam as faces, mostrando-nos apenas os contornos, o que significa a solidariedade do meio às nossas atrações internas e, em virtude dessa cenarização favorável, as idéias se soltam como o desenho das nuvens; enquanto permanecemos abstraído, a mente, em franca volubilidade, pousa e repousa nos pensamentos que ela mesma propõe, cheia de formas inéditas e de imagens da lembrança; acontece às vezes que o fio da meditação se interrompe ao surgimento de inesperado desígnio, tão fluentes eram os percursos arbitrários e os evocadores: o agente inopinado talvez proceda igual ao rosto sobre o qual, nesse instante, incidem os nossos olhos, o rosto de uma janela sem ornatos, fechada e simples, longe de nossas quimeras, como contendo um sortílego teor até então adormecido e agora despertado, alertando e exigindo a investidura da atenção. Em toda a história de nosso vulto, poucas janelas particulares existem, e se algumas outras se inscrevem no álbum, são oriundas do ouvir dizer, insuficientemente marcantes para se juntarem ao texto de nossa efígie, havendo escassa participação de todas no pleno devaneio. É possível também que o nosso despertar lhe não diga respeito, havendo necessariamente uma face como testemunha da idéia suspensa, um vulto que assiste à mudança do olhar ante a interrupção interna; quer incitando, quer assistindo, a figura que nos presenciou acordar, se articula ao extinto pensamento como a pessoa involuntariamente envolvida no último olhar, que deitamos à saída do porto, se fixa em nossa lembrança, unida ao cais, existindo para nós apenas sob esse aspecto: o do ser que apesar de todo o seu passado, nos viveu tão-só o minuto da posição efêmera. A janela de nossa residência, mesmo sem nada haver influenciado, tendo sido mero rosto de comparecimento, restaura-se em nós toda vez que nos reportamos à idéia

interrompida, porém o faz com uma significação peculiar: a de que sem ela não poderíamos manter na superfície da memória a integridade mesma do pensamento. Verificando-se, todavia, que a morada se prolongou por muitos anos, e que também se amiudaram as absorções do gênero daquele inicial devaneio, diversas das quais se aluíram em frente do mesmo quadrilátero, a janela dos assíduos desaparecimentos se tornou um catálogo de confusas indicações; hoje, ao nos recordarmos dela, são poucos os pensamentos que ressurgem em seu rastro, um ou outro trazido, menos por intrínseca associação, do que ainda pelo próprio fato de sabermos que essas determinadas idéias vêm unidas ao elemento que as ladeara da primeira vez; quanto aos demais, eles resistem às indagações que formulamos através da janela que, tantas coisas possuindo, se vê impossibilitada de acudir ao nosso desejo que é o de ter, num só mostruário, a série das inconcluídas meditações. O pouso onde habitualmente recai a nossa visão, se afigura solícito no receber e parco nos atendimentos, daí a resolução de escolhermos outros pontos que, raramente utilizados, nos prestem maiores auxílios quando, à maneira do indivíduo que percorre sua propriedade, retornamos a eles a fim de obtermos as conseqüências dessas fixações. De tanto conhecermos a capacidade informativa dos móveis, das paredes, de tudo quanto é freqüente ao nosso olhar, a interferência que eles operam em nós, atua cada vez com menos vigor, vindo a ser por último umas entidades sem estimulações, dado que em sua superfície nenhum tom, nenhum ar, um relance qualquer surge para vivificar as idéias antigas, demarcando-lhes as singularidades e restituindo-lhes as folhas onde se ativeram. A janela da moradia guarda ciosamente inúmeros segredos que lhe contamos em silêncio, e que nem a nosso pedido ela nos revela, reservando-os para si, disposta entretanto a ceder alguns; e, em certos casos, quando os não procuramos, divertindo-se com a sua incomunicabilidade, a modo do que sobreveio no minuto em que, ao pedirmos o pensamento ocorrido na data da visita de M..., ela em sua mudez impiedosa, instou em nos oferecer apenas a meditação surdida quando voltamos do embarque de..., ambos entre si tão diversos que só os aproximava a circunstância de terem sido criados no interior do mesmo aposento. A janela contém uma versatilidade insatisfatória, e o feitio com que ela nos responde, ao anseio de salvarmos as idéias em via de esquecimento, lembra o da efígie do ser admirado que, não estando no álbum, e tendo, de qualquer sorte, de contentar o nosso anelo de visualização, se deixa substituir pelo retrato do parente que lhe foi mais próximo, na esperança de entrevermos, pelo menos, os toques presumidamente vinculáveis ao rosto que, de outra forma, estaria em perda obstinada; por muito recorrermos à estampa consangüínea, fixamos um corpo ideal, arbitrário, sem dúvida, mas veronicamente representativo e não isento de possível veracidade, preenchendo o nome que, sendo venerado, nunca permite que, por prazo longo, o pronunciemos sem os respectivos contornos do semblante. As pessoas que se fizeram perpetuar, embora a sobrevivência não haja atingido o aspecto fisionômico, foram tão esculturáveis na medida de seus feitos, que os vindouros se apressaram em lhes figurar o vulto que se tornou inquestionavelmente aceitado, sobretudo porque as linhas, no lugar de contradizerem, ratificam os moldes de sua nominalidade. Se nos afastamos da janela, levando conosco um pensamento que ela nos ressuscitara mas que não era aquele que lhe pedíramos, pelo muito esforço que empregamos em volta desse pensamento substitutivo, conseguimos às vezes recuperar a idéia em apreço, e então diremos que a janela no-la propinou por interposta meditação; e que ambas, a intermediária e a pretendita, renasceram da janela, e se porventura malogre a utilização da idéia enganadoramente inspirada, não nos abatemos de todo, restando-nos em troca qualquer coisa que relaciona o objetivo alcançado ao inalcançado: a irremovível conjuntura de terem sido ambos seres da janela, e em virtude dessa conexão vemos abrandado e contido o seu atributo de esvaecimento, em nós.

4 — Desembarcando numa cidade onde são poucos ou nenhuns os indivíduos de nosso conhecimento, adotamos, como providência necessária à acomodação no ignoto local, o sistema de, indo a lugares diversos, gravarmos a fisionomia de pessoas que nesses recintos possam ser reencontradas a qualquer momento; tudo isto com o intuito de estabelecermos no ambiente vários pontos de apoio que facilitarão em nós o equilíbrio óptico e emocional, cuja ausência nos desanima tanto. Como o estrategista que, após sondar o terreno, determina os trechos dentro dos quais deverão desenvolver-se os acontecimentos previstos, investigamos a área de deambulações futuras, para em seguida traçarmos-lhes as devesas limitadoras e cardiais de nossa atuação; convencido estamos de que muitas ocorrências irão suceder — elas resultarão mais legíveis se assimilamos as coordenadas que tocam aqueles pontos — e o método aplicado representa uma medida essencial como a da procura do hotel e a da fixação das ruas. Os vendedores permanentes, marcas divisórias do largo trecho, conser-

vam-se em seus postos, obedientes, irrepreensíveis em nossa sindicância; a certeza de reencontrá-los quando aumenta o desejo de adaptação, já nos propicia certa segurança à alma, e o solo em que pisamos começa a nos parecer tapetado de promessas amigas. O receio inicial atenua-se sob o amparo afetivo desses rostos que são referências estáveis a quem não possuía outras que a cordialidade lhe estendessem, nem mesmo as cartas de apresentação que antecipam ao portador os vestíbulos da cidade, tranqüilizando-o quanto às oscilações da presença e quanto às tarefas de que ele há de desincumbir-se com os recursos de sua diligência. Pessoa alguma interfere em nosso plano de convívio, porque são exclusivamente nossos os processos com que facilitamos a rotina, os lados harmônicos entre nós e a paisagem do domicílio, de tão urgente necessidade que, concomitantemente à sua aquisição, vamos expungindo da memória a outra cidade que, igual a um gigantesco ponto de referência, insistia em permanecer e confundir o arraigamento fisionômico. Associando a regularidade do tempo às visitas de inspeção, articulamos os seres divisórios a momentos determinados; assim procedendo, alcançamos algum progresso na extensão do recinto, de vez que agora não são apenas os comerciantes com tabuleiros os únicos a desenharem o nosso mapa; as sombras de suas adjacências passam a incluir-se da mesma forma como sinais constantes e benfazejos no território em confecção; pouco a pouco, à medida que se avoluma a nossa freqüência, todos os recantos selecionados se alongam até se extinguirem da agenda, como fontes próximas que se inundaram, impossibilitando, a quem as viu anteriormente, descobrir depois, na promiscuidade das águas, as posições precisas que ocuparam outrora. Na alegria do conquistado ambiente, caminhamos sobre hostilidades vencidas, seguro de um domínio em que se alenta a faculdade acolhedora que, sendo grande, mais se elastece em face da aplicação de nossa fórmula; por isso podemos nos mudar de uma cidade para outra com a tranqüilidade de quem acredita no valor das recomendações, uma crença de acertar mais forte que a oriunda das vigílias sobre a planta do logradouro. Quando o recinto estiver organicamente assimilado, quando nada mais conturba a vista na plenitude das aquisições, os vultos demarcatórios que a princípio nos serviram tanto, se não nos ocorre a lembrança desse anterior significado, passamos por eles sem acentuar o quanto lhes devemos; a gratidão olvidada se nos debita menos se considerarmos que ela provém da natural circunstância de se haver consumado a diluição de todas as balizas nessa entidade plástica e niveladora — o local. A nossa faculdade de preferência não mais se exercita entre rostos sob improvisadas funções, desobrigados de atributos intransferíveis, como em geral são as coisas enquanto seres de desprovida intimidade, durante a qual as temos em indiscriminada simpatia. A cidade que nos enchia de precauções e cujos segredos marginávamos com recursos preventivos, veio depois a unificar de tal modo os seus elementos que já lhe não encontramos particularidades impeditivas: aqueles recantos que, por se situarem além das fronteiras artificialmente sobrepostas, nos faziam deter em seus limiares, retardando a nossa visita como se nós ambos, em cerimoniosas reciprocidades, carecêssemos de cautelas e de protocolos. Coletivizado em nós, o recinto nos oferece, em substituição às perdas singulares, uma transparência mais adequada ao nome, ao sinal minúsculo que no atlas indica a sua posição na terra: ser abstrato mas onde todas as ruas, todas as praças, os habitantes inclusive, se englobam numa só tomada de absorção. Esses elementos que constituem o logradouro, uma vez desvendados por nosso belvedere, reduzem as curiosas iniciativas com que os abordávamos; e o que era antes o objeto de nossos deslocamentos, jaz agora em suas paragens, livre de nossas procuras, não porque nos afastáramos de sua envolvência, mas porque se extinguira como fonte de conspecto, como inestimável captação dos olhos, o qual ambiente nos fixava em sua perspectiva enquanto tateávamos o centro de nossa gravitação. O intuito de ver descende da intimidade exígua em relação ao lugar, e hoje que somos imbuído das clarividências do reduto, passamos a receber do interior do próprio aposento as indicações, os estímulos e as coordenadas do permanecer; tudo sob a quieta convicção de que, longe de nós o recinto acontece tal e qual o deixamos e de tal maneira que o edifício derrubado ou a árvore suprimida não desfigura o meio que, apesar de todas as alterações, insiste em merecer a cobertura de seu velho nome. A existência do logradouro, após decorridos os momentos de aprendizagem, se desvanece em gradações até equivaler-se à leve estrutura que a nossa idéia move e remove às expensas da lembrança, colhendo-lhe o poder de emocionar e auscultando-lhe ainda os pendores da sobrevivência.

5 — Da janela do aposento, observamos a vista do quintal, e o fazemos com especial ternura, por ser o panorama condizente com as suavidades da hora, não sendo de certo muito abundantes as coincidências entre a qualidade da atmosfera e a do vulto que a presencia; testemunhamos assiduamente a tarde recair em objetos que persistem na

manhã, como a luz do meio-dia envolve coisas cujas formas se empenham por conservar os recolhimentos da noite. Impossibilitado de ver a pequena paisagem de maneira direta, desde que de nossa posição ela se oculta, o retângulo da vidraça, à similitude de amável intromissor, no-la exibe, miniaturada e silenciosa, revelando-nos que a sua conveniência facial em nós deriva assim de uma transposição do acaso que pode nunca surgir, restando-nos para sempre a figura incapacitada de mais íntimas efusões. Todos os lugares, todos os corpos talvez possuam imponderáveis elementos que, à falta de uma superfície onde se venham a estampar, guardem perpetuamente o potencial de seus eflúvios, por mais que os estimulemos a aparecer, ora solicitando-os no minuto que cremos propício, ora fomentando-os com a tentativa de recebê-los das sombras dispersas, ora obrigando-os a externarem-se por força de artifícios: em nosso caso de agora mais eficientes que as disposições da natureza, porque algo distinto escapa do espelho rústico, favorecendo e humanizando os refletidos contornos. Quantas vezes preferimos demorar os olhos sobre as águas para surpreender na escura tela o vulto que em sua alegria solar nos importa menos que ali deformado e hesitante, ser aquático que tem restituída a forma que as versões terrestres apenas sugeriam. O rosto de V... continha em verdade certas fixações que nos incomodavam por alheias à sua unidade fisionômica, gestos cuja firmeza esdrúxula se desfazia quando, debruçado no parapeito do rio C..., ele continuava com as costumeiras objurgatórias em que se comprazia, não suspeitando que a correspondente facial de seus ruídos nos chegava através da estampa liquefeita. Estabelecemos em V... o hábito dos passeios à margem do rio e à medida que o acompanhávamos era maior o entendimento de nossa parte no tocante à índole de seu espírito que, em nós, só se integrava figurativamente se ao lado houvesse, como única substância favorável à sua escultura, o recinto das águas. No álbum flumíneo que paginávamos ao entardecer, recompúnhamos a verdadeira presença do semblante, e se porventura quiséssemos exibi-la a alguém, ver-nos-íamos impossibilitado, a não ser que o objeto em consideração se submetesse, num consentimento condoível, à tão delicada amostra. De ordinário as pessoas são inflexíveis às experiências dessa ordem, e acresce, quanto a nós, o sentimento de piedoso respeito que nos inspiram certas criaturas que, devido à inconsciência, se prestam, sem obstáculo, às exigências de nossa posse, às vezes muito diversas das atitudes de sua vida pessoal e cotidiana. Em extensas folhas do caderno, a utilização gratuita dos indivíduos — nesse particular, tanto se inserem os simples comparecentes da visão como os participantes do afeto — as tentativas realizadas e os resultados obtidos, repercutem em nós com ressonâncias de arrependimento, ressábio sobrevindo por não podermos lhes revelar as intenções nem tampouco ser cabível, sem dano para a factura óptica, a expressa licença. As composições do rosto humano sendo as mais fecundas no que se refere à visualização de significados, somente sua prodigiosa oferta, difícil de recusarmos, nos releva do desamor porventura cometido, amenizando a pena que nos fere, tornando-a, em conseqüência, pouco durável em nossa retentiva. Enquanto as imagens humanas criam, junto a suas disponibilidades, ressentimentos que nos podem impedir de ultimar a tessitura de seus gestos, as faces da vegetação ou do casario, contando com sugestivas persistências, e muito menos acessíveis à piedade, demoram-se, à guisa de modelos entendedores, ante a maleabilidade de nossas coordenações. Revindo à cena da vidraça, o bosque doméstico se despia dos acidentes inúteis à nossa assimilação, para nos mostrar a contemplável quinta-essência cujas dimensões reduzidas combinavam com o movimento das folhas; a minúscula paisagem, deformando a posição de seus elementos, assim como se encontravam no texto primitivo, exibia-o inclinados obliquamente, o que lhes estimulava o aspecto recolhido, como se o aposento tivesse condicionado a sua junção, a ele, à conjuntura de também se investir na ordem apaziguadora. O recinto composto de verdes ramos e de copas espessas, que até então nos viera como algo distinto de nosso quarto, continuava lá fora, porém com um requisito a mais: o de nutrir esse outro local tão próximo de nós pela curta distância e pela equivalência de seu ar com relação aos objetos, aos móveis, à mudez de nosso agasalho. A penetração do recinto palpável, através de uma outorga de poderes limitados quanto ao aspecto irremovível, se por um lado nos sonega a plena recepção, por outro nos obsequia com o fato mesmo de ser restringida e deturpada, a exemplo do oceano que se reduz vantajosamente para o nauta na diminuta marinha que ele apõe entre os utensílios do camarote; a abundância que existe em derredor não suprime a oportunidade de uma repetição de contornos que se transferem para vir a ser uma paisagem autônoma; cujo molde de origem, com a sua enorme envoltura, lhe proporciona como que uma presença propositada, um pano de harmonia entre o belvedere e as coisas que no instante lhe fogem porque não as vê. Quando debruçado na janela que nos favorecera tanto, distinguimos os vultos em sua versão real e primeira, a perspectiva então projetada está para nós como a reaparição de alguém após outrem o haver suplantado, o que nos arrefece a ternura que lhe consagrávamos antes; acrescida, no entanto, da certeza de que, sem a sua ausência ocasional, não se haveria dado a aliança de nós ambos, embora contíguos estivéssemos um do outro por largos períodos e sob as mesmas horas; se estas se escoam em companhia dos estimados reflexos, as árvores originais e fronteiras nos asseguram que volverá a surgir o panorama sublimado, nisto residindo, à maneira de compensação pela volubilidade de nossos olhos, a sua importância de permanecer.

Capítulo 16

1 — A fixação na existência. 2 — A coletividade das ruas — A nossa presença no repertório de outrem. 3 — O ar da fisionomia. 4 — O contágio facial.

1 — A curiosidade em torno das analogias fisionômicas nos obseda a tal ponto que o meio único de saná-la é irmos resolutamente em busca do objeto em causa e trazê-lo ao laboratório das experiências; mas a ânsia em atingir esse empenho está em desacordo rítmico com o seu processo de realizar-se: lento, cauteloso e repleto de circunlóquios, o método aplicado difere da vivacidade com que nos decidimos a devassar o vulto infantil parecido conosco ao tempo em que éramos de sua idade. Ciente de que o rosto humano se não deixa abordar sem o requisito de sua ignorância a esse respeito, conduzimos os cuidados e depois de tudo conseguido, quando a tênue matéria nada mais possui para nos oferecer, sentimos o quanto foi acertado o nosso procedimento; quão bem se ajustara à estratégia a natureza mesma dessa pequena figura vista e revista sob as mais diversas angulações. A delicadeza das sondagens recaía em objeto de idêntica fragilidade, simples de comover, fácil de dirigir, exposto ao nosso olhar como era em seu melhor aconchego; nos momentos em que nos encontrávamos, ela apenas saía do berço para um berço maior, correndo-nos aos pés, e em seu ar risonho consistia o sinal de nosso merecido prêmio. O intuito se perfazia em orientar nesse rosto os desejos, os impulsos, todas as coisas que em seu íntimo ocasionassem a movimentação dos gestos; queríamos estabelecer uma ordem na efígie tenra e persuadível, segundo as leis de nosso próprio vulto, algumas esmaecidas pelo tempo, outras inteiramente vigorantes, procurando

assim estender fora de nós os princípios que regem e mantêm os nossos contornos. Por informações colhidas junto a pessoas que testemunharam a nossa infância, por verificação firmada diretamente em retrato da meninice, convencemo-nos da admirável semelhança que nos aproximava — ela tal como existia e nós tal como fôramos — o modelo escultórico assistindo, em sua presença, formarem-se as linhas e as porções de seu respectivo corpo. As contingências do cotidiano, os recintos por onde perpassará o menor e dúctil ser, se diferenciarão daqueles que nos configuraram arquitetonicamente, mas a nossa acuidade e a sua submissão vêm permitir que certos episódios nos sejam comuns a ambos, que breves acontecimentos da face se possam repetir; para isto levamos o débil rosto ao local onde vivêramos os primeiros anos, e demos-lhe os brinquedos de que nos servíramos, de sorte que, com esses elementos, se restaurasse o teor de velho painel. Os nossos propósitos se resumiam apenas à reconstituição de curto período que aqueles instrumentos restantes — junto a outros perdidos para todo o sempre — condicionaram; se o esquerdo de nossa participação nos afligia, os resultados eram contudo plenamente satisfatórios, porquanto vislumbrávamos entre eles certas atitudes nas quais sentíamos, em vagas ressonâncias ou em relevos mais salientes, a reprodução da desaparecida imagem. Os logradouros por que perpassamos e aqueles em que transitará o rosto em repetição, sendo de naturezas e de temporalidades distintas, anularão de certo os eventuais prosseguimentos da confrontação; mas a leve ponta do prodígio é suficiente para nos compensar do inútil vindouro, e ela mesma, uma vez descoberta, nos incita a proclamar o triunfo e esquecer os posteriores insucessos. Basta que o risonho aspecto com que passou a criança a nos receber, após vários estudos, seja mais que o das cenas de agora, seja aquele que se cristalizou no retrato que conservamos; de modo que, ao abraçá-la e erguê-la, é como se nós, de nossa infância, sobrevindo das folhas do álbum, viéssemos ali junto ao portão, a nos agasalharmos em nossa ternura. Transferimos ao corpo menor o semblante de nosso vulto, projetamos sobre ele a nossa fisionomia e, à semelhança de espelho afetuoso, o jovem amigo nos favorece com uma aparência feita de virgem tranqüilidade, e sobre ela demoramos a vista como na calma do aposento preferíamos o ser da vidraça ao ente do parque doméstico. Analogamente ao arvoredo do quintal que, ao se esbater na tela polida, parece selecionar o que pretende exibir sob forma diversa, inclusive assumindo uma obliquidade estranha ao seu natural, assim, ao outorgarmos à criança a presença de nosso rosto, abandonamos as rugas e as asperezas da pele, as dimensões do corpo e as marcas das convi-

vências, para nos resumirmos à pura e quieta essência das
origens. Em verdade, o que aspiramos é ver em alguém
as formações figurativas a que nos submetemos, mas na
época oportuna de observá-las em nós mesmo, as deixamos
escapar e agora desconhecemos se foram contraídas de
alguém ou criadas por nossas expansões, e quais, na concorrência desses dois casos, têm sido os graus de contribuição
de um e de outro; levando na mente os dados de nossa
fisionomia, poucas vezes os surpreendemos na face de
outrem, as repetições que porventura acontecem não o são
a rigor, antes significam complementações vagas ou incisivas de nossa maneira fisionômica. A nossa ingerência na
sociedade humana, sobretudo quando influímos com espontâneas empresas, dedica boa parte a esses descobrimentos
de que necessitamos; os resultados colhidos provêm mais
da timidez, que com freqüência nos reduz a mero ponto de
captação, que da indulgência dos seres perscrutados ou da
colaboração de certos meios interferentes. Participamos de
muitos colóquios sem nos imiscuirmos nas discussões, reservando para nós apenas as atitudes do bloco gesticulador,
cada figurante de per si, e entre estes, às vezes, o nosso
próprio rosto, ora fingindo compactuar, ora registrando
somente, apesar dos estorvos com que esta conduta nos
embaraça. Por isso regressamos das assembléias munido
de documentos que não visam a nós mas aos outros circunstantes, documentos ora retirados do mero perceber, ora
desarquivados por nossa iniciativa que, sempre alerta, provoca os semblantes segundo os processos que sabemos
adequados a cada um; se no final tudo ocorreu conforme
esperávamos, cumpre-nos dizer, de alguns ajuntamentos, que
o motivo da controvérsia ou do acordo unânime fugia à
nossa propriedade, porém o conjunto figurativo estimulado
por ele, este sim, foi obra apurada de nossas modelações. A
preferência com que selecionamos os rostos para o conciliábulo por nós mesmo promovido, recai geralmente em
figuras cujo repertório de gesticulações nos seja familiar
e, dentre estas, com especial interesse, as fisionomias correspondentes, tanto quanto possível, ao estojo de nosso vulto,
aos movimentos por ele efetuados à sombra de certos pretextos. As previsões se realizam, de hábito com tal esmero,
que o ato de ver os atores em cena mais parece o ato de
revê-los; os corpos em experiência reconstituindo assim o
texto mentalizado, original, que se repete quando as eventualidades nos induzem a reuni-los, proporcionando-nos, de
nossa introspectiva atuação, os desdobramentos propagados
além de nós. No caso do ser infantil, em que depositamos
esperançosos intuitos, os obstáculos nos impediam de crer
na total identificação, através do tempo, de modo que ele
fosse em toda a vida a reprodução de nosso rosto, o

substitutivo inalterável quando nos víssemos ausente. Empenho insensato que entretanto não nos impede de prosseguir, de demorar na criança os olhos comovidos, ela que de futuro bem poderia ser o que somos agora: o vulto contido e escasso de efusões, a face que a misantropia, a timidez, quase imobilizou; e quando acontece expandir-se, recolhe-se descontente à idéia de que P... gesticularia melhor em igual circunstância, desde que seus braços oscilariam com maior acerto se ali estivesse para pronunciar nossas frases longas, exatamente do tipo daquelas que esse amigo tão harmoniosamente compõe e que tornam, inclusive simpática, a sua presença. Compensa-nos a certeza de que na plástica dos assuntos discutidos, reina a grave omissão dos que seriam seus verdadeiros intérpretes, muito raro sucedendo que os motivos, os argumentos, as razões de falar, tenham nos gestos a mesma acessibilidade que desfrutam na mente onde eles se resolvem circunscritos à mudez das meditações, espaço desimpedido ao tráfego de todas as aparências. Conhecedor das possibilidades fisionômicas de alguém, nós sentimos o quanto lhe agradam — e isto influi na boa impressão que esse alguém nos dedica — as permissões e os incentivos de nossa intencional presença, de nossa palestra envolvedora e cheia dos estímulos que geram o seu desempenho e a pequena felicidade de exibir-se. O prazer de estar, quanto às pessoas desse gênero, consiste em efetuar seu repositório de gesticulações, e com que diligências e subterfúgios evitamos o seu contacto com rostos desconhecidos ou com seres que sabemos inadequados à concórdia; as faces intempestivas destroem o objeto de nossas pretensões, daí acontecer com freqüência conduzirmos o vulto maleável a um recanto discreto onde ninguém nos virá interromper, e então pedirmos, como se olvidado estivéssemos, a repetição da narrativa tal, ou reavivarmos o debate com novos raciocínios que valem menos na qualidade de proposições do que na de incitamento ao busto confirmativo, satisfeito por se tornar o que desejamos. Com acurado esforço, tentamos sondar os inícios de nossas próprias atitudes, alternando o ritmo da atenção, ora dirigindo-a aos pensamentos e palavras, ora enviando-a aos desenhos que no ar nossas mãos agitam; e, por assinalarmos certas incidências, consideramos a viabilidade de uma norma que nos fizesse predizer quais os gestos que se aplicam a determinadas influições da mente. A essa idéia, porém, sobrepomos a certeza de que o rosto é um elemento vário, incluindo em si, costumeiramente, diagramas difíceis de ajustar às razões internas, oferecendo para as mesmas coisas figurações diferentes; assim, ao reproduzirmos a história contada por alguém, observamos quão diversas das nossas foram as mímicas adotadas por ele; e como os jeitos iguais, emi-

CAPÍTULO 16

tidos por nosso semblante, informam sobre conteúdos distintos e, quando o fazem a respeito do mesmo assunto, as gradações do expressar podem não coincidir com a receptibilidade de quem nos escuta, dado que nem sempre se combinam as impressões de quem ouve com as de quem fala; a importância de cada acidente induzindo a uma arbitrariedade fisionômica suscetível de promover, em posteriores divulgações, corrigendas achadas imprescindíveis por parte de quem veicula o episódio. As versões da mesma narrativa não se propagam textualmente, e as discordâncias ocasionadas procedem tanto das deturpações de sentido como da prioridade que cada agente transmissor concede, segundo a escolha e as tendências de sua imagem, a certos entrechos da legenda em vulgarização; de maneira que a biografia de uma história representa o cortejo flexível de tantos rostos quantos a difundiram: a série que, ao tomar apreciável desenvolvimento, resultaria, se fosse captável por nossos olhos, mais atrativa e impressionante que os valores e as digressões do arrazoado. As mutações e as modulações da respectiva alma impedem que cada pessoa, enquanto aparente, seja a estátua de si mesma; e seguro da inoperância de qualquer ensaio com o fito de trazer à luz a incolumidade do espírito, perpassamos o miradouro sobre as figuras como quem entrelaça uma superfície em disponibilidade e autônoma. Assim sendo, disseminamos nossos intuitos nas uniformidades fisionômicas, nas constantes faciais, nos contornos genéricos, envolvendo-nos nós mesmo entre os protagonistas da cena, com desejos de fixação e de perpetuidade que se manifestam ao esculturarmos a criança cuja fisionomia era a de nosso velho retrato e a da confirmação das testemunhas; que esses desígnios viessem a ser os do pequeno sósia, de certo que seria a mais profunda aspiração de quantas formaram a simpatia em torno da dócil matéria. Forte necessidade de existir alguém que nos articule, mesmo sem o suspeitarmos, aos seres e aos recintos de sua convivência, dando-nos uma oportunidade nos seus conluios com os semblantes visíveis: propinando-nos dessarte um domicílio menos obscuro na esfera do imenso anonimato, como o que faz existir a folha que agora mesmo, neste instante, se despregou da árvore em alguma floresta, humilde em sua fatalidade de desaparecer, sem haver sido o objeto da contemplação de alguém.

2 — Há indivíduo que por vulgaridade fisionômica muito poucas vezes se intercala na tapeçaria que certa visão

coordena; se acaso alguma réstia do vulto se cristaliza na memória do observador, ela o deve não ao seu semblante sem particularidades, mas à circunstância indicadora do nome, de fatos da vida, do ser objeto de ocasional inscrição no cuidadoso transeunte que, ao chegar à residência, recompõe para si ou para os familiares os encontros que lhe ocorreram durante o trajeto. Quem estiver fora do privilegiado índice, e nenhum realce ostenta para nele obrigar a sua inclusão, acomoda-se no limiar da ausência; faltando, para penetrá-la de todo, unicamente esconder a coisa que então parece infrutífera e vã: o rosto sem marcas singulares; ele se habilita ao olhar desatento, aliando-se à atmosfera que dá a este, em consonância com outros fenômenos da rua, a perfeita sensação de já se haver nela exposto e de se ter visto e revisto o vulto imerso em congeneridade. Além do papel que desempenham os rostos anódinos, nenhum outro se inscreve no olhar indiferente, os quais lhe merecem o mesmo que a fachada dos edifícios ou os carros em movimentação, todos esses invioláveis em meia ausência, compondo algo de generalizado que a si avoca, sem discriminação e sem escolhas, qualquer dos tipos ali presentes pela exuberância do acaso. Os semblantes esquecidos representam, nessas peças do acontecer cotidiano, trechos do local, ainda que o ato mesmo de possuí-los independentemente dele, os torne abstratos como o são as facturas em que os dados componentes soem substituir-se sem dano para a ordem e a caracterização do conjunto. À semelhança do navio que o uso prolongado sujeitou a mudanças parciais senão totais de seus elementos, sem que por isso ele se transformasse em outra embarcação, a coletividade das ruas se mantém por força mesmo do entrar e sair de tais rostos que acumulam em si, concomitantes e igualmente imprescindíveis, a necessidade de comparecer e a contingência de separar-se. Em última instância, persevera a fisionomia do ser maior em cujo bojo palpitam os que aí foram recobertos, e, sem o saberem, atuam nivelados, ou melhor, diminuídos por suas permutações naturais; de nada valendo a força dos nomes, o relevo das conjecturas ou o grande receptáculo das memórias: todos os valores estanques, intransferíveis e incomunicáveis ante a analogadora investidura que só as faces em plena discrição abasteceu. Na visão do transeunte que apenas recolhe as efígies de seu conhecimento, situando as outras onde elas ficaram, longe de sua mente e reunidas ao cenário onduloso e ileso também, não obstante a retirada de mais este complemento do recinto — que ele o era igualmente — na visão proibida aos seres do anonimato, as pessoas, que escalam a memória desse passeante, se arriscam a obtê-la sem a proporção do merecimento; isenta de ressonância afetiva, de conteúdo facial, a nossa presença descortinada na rua pode inserir-se muitas vezes na lembrança de outrem como um objeto que em si mesmo nada inspira, nada estimula ao próprio lembrar, ressequido de quaisquer emulações: algo a modo da insignificante coisa que não assegura, a quem a toca, o advento da recordação desejada. A figura entregue à alta assinalação de si mesma, que, discorrendo os olhos sobre as perspectivas renováveis, supõe que muitos miradouros recaem nela, inscrevendo e ratificando-lhe a satisfatória ou desprezada postura, longe está de perceber que a retentiva, porventura ministrada na atenção de outro mister, a resume, se muito, à simples presença indicadora, a mero mneumônico, à ajuda ocasional de uma rememoração. O nosso rosto constituído por dons comuns, pode reviver assim moderado em suas aparências quando, no regresso à morada, o observador reconstitui para os íntimos os incidentes marcantes do passeio, nos incluindo entre eles como um vago ser de paisagem; acontece ainda que, muito tempo depois do breve contacto, esse mesmo observador, reportando-se ao fato de haver chovido, o que o fez retardar-se sob um alpendre, pensa em nós, não por interferência de nossa pessoa, mas pela amável conexão estabelecida entre ele, nós e a chuva. O nosso viver na lembrança de alguém, condiciona-se, na maioria dos casos, a interveniências que ignoramos embora nos digam respeito, alheio que somos aos relacionamentos imaginativos ou memoriais, e o receio de possíveis desenganos exacerba a nossa timidez; as posturas intencionais, os subterfúgios da esquivança, não são suficientemente fortes para nos introduzir na fabulação de outrem, de maneira a nos colocar, em situação favorecida, nas suas visões internas, dessa forma permitindo-nos escolher a modalidade de nossa preferência, para completo êxito do realce que almejamos. As idealidades são exclusivas de seus detentores, daí o melancólico preparo com que nos armamos para a visita de certo vulto; abatimento maior se consideramos que a nossa efígie, se animada por algum pretexto dissonante, virá a contradizer as atitudes e os contornos pressagiados que, por avisos de interpostas criaturas, ele retrata em sua concepção acerca de nós. Insignificante ou essencial, a nossa fisionomia perambula na mente de conhecidos e desconhecidos, jamais estamos imune de sofrer adulterações que nos chocam, outras que nos elevam, todas elas alimentadas à nossa revelia, e sujeitas ao arbitrário desígnio dos sentimentos ou do puro devaneio. Cada ser formula entrelaçados episódios onde as imagens de sua convivência assumem aspectos imprevisíveis, indo de um extremo a outro da divagação, percorrendo da extravagância os limites inconciliáveis, enquanto a efígie propiciadora de tais distúrbios, na cidadela de sua verdadeira face, mal suspeita de que a tanto se encontrava suscetível; exposto às variações do pensamento, o vulto irresponsável ignorará as tramas em que se envolveu, qual dos desempenhos foi o mais consentâneo com os objetivos intencionais de seus gestos; em certa ocasião, qual das fisionomias imaginadas correspondeu, porventura, ao rosto que ele considera o mais apresentável e digno de permanecer. Retificações serão processadas à medida que ele reaparecer no olhar de seus compositores, e a idéia dessa eventualidade o incita a promover metódicas aderências com o visualizador de sua predileção; as quais podem não atingir por inteiro o desejado intento, mas qualquer coisa de positivo sobra dessas regulares aproximações: talvez o remorso que fará interromper de súbito o fluir da mente quanto a sucessos de condição imeritória.

3 — As relações continuadas dissolvem os distintivos fisionômicos, de tal perda redundando a unidade facial que não só compensa como excede em valor essas marcas anteriormente servidas para deter, em nosso conhecimento, o vulto que as conduzia para se fazer lembrar; quando os contactos se reproduzem, os nossos olhos deixam de recair nos pontos assinaláveis, desprezando-lhes, por obsoleto, o significado antigo, e o que doravante regula a sua identidade é alguma coisa que transcende à superfície da pele: a combinação de várias posturas aliada principalmente à nossa certeza de suas aptidões. Ciente da inevitável transformação que se vai operar em nosso modo de ver determinado indivíduo, cujo começo de amizade tende a progredir de maneira a obrigar entre nós ambos amiudadas entrevistas, revestimos o inicial encontro com os zelos que atentamos em algum acontecimento que não irá repetir-se, a fim de gravarmos todos os pormenores da excepcional presença. Deploramos o não havermos retido o aspecto primeiro com que se nos defrontou um vulto agora pertencente à nossa intimidade, o qual por isso mesmo se confunde com outras visualizações também recuadas no tempo, todas elas feitas hoje de espessura igualmente nebulosa, como vagas e confundíveis são as adjacências que as cercaram; a indeterminação da data de nossa morte faz com que aceitemos a figura recém-apresentada como um rosto passível de regresso aos acolhimentos de nosso miradouro; para que nos prevaleçamos da oportunidade oferecida pelo social entretenimento, inclinamos a vista sobre a face móvel, com o ânimo de perpetuá-la assim inédita, como quem recolhe cuidadosamente o escrito que um dia adquirirá a verdadeira im-

portância; de nossa mesura especificamente aplicada podem ocorrer, por parte da efígie em observação, validades alheias ao real sentido da atitude, quais sejam o atendimento pressuroso, a atenção exclusiva e o delicado respeito, que estabelecem no interlocutor uma tradução sem dúvida inexata, mas obsequiosa quanto aos divulgamentos de elogio ao nosso vulto. A obtenção da inicial aparência mal indica o alcance daquela coisa que excede a própria fisionomia: o ar da face que toda ela possui à guisa de atmosfera particular e restrita aos marcos de seus contornos; e lhe dá ainda uma ordem menos oscilante e uma textura menos permeável, de maneira a termos do rosto amigo a composição regulada e uniforme onde se projetam os grandes e pequenos influxos. Os nossos aparelhos são pouco eficientes para precisar o índice de contribuição de cada um dos elementos que colaboram nessa entrosagem figurativa, da qual gradativamente se excluem até se apagarem de todo, como sinais incisivos, os relevos demasiados, as reentrâncias em excesso, os dísticos das feições que, de raro, à primeira vista aparecem harmoniosas. É tão sutil o ar que a figura envolve, a afinidade entre ele e sua pequena terra varia tanto que nos dificulta perceber o ponto mais atraente de quantos na efígie concorrem para o inefável aspecto; há, de certo, partes do semblante que na formação da transparente máscara predominam sobre outras sem contudo dispensar-lhes a modesta interferência e a de fatores sobrevindos de fora, dele inseparáveis por contaminação. O ar da face não provém unicamente desta, mas em sua constituição abrange rudimentos e características que recebeu ao longo da existência, ora por força das estimulações do hábito, ora por influência de algum ou alguns rostos que as simpatias da alma fizeram contagiantes, a exemplo do que sucedeu na pessoa de Z..., cuja imagem era mais representativa da convivência que tivera com F... do que de seus intervalos de isolamento. A fisionomia de Z..., desde o instante em que travou conhecimento com a de F..., pouco a pouco se foi despindo da cobertura diáfana, não obstante os acentos que ela possuía, próprios aliás a duradoura fruição; por último, veio a participar da mesma e adquirida substância etérea, passando a percorrer todas as conjunturas com aquele ar de pressurosa reverência; entre ambos não havia rigorosamente qualquer insinuação de ordem facial que induzisse ao ar comum, restando ainda, para desnortear nossas observações, os casos de figuras que, exibindo proximidades anatômicas, revelam contudo distanciadas aparências, embora tenham, inclusive, habitado sob o mesmo teto, escapando, por conseguinte, às inter-relações das tendências e do contágio; a fixação, em Z..., do ar que lhe não era congênito, se comprovava mediante a coincidência, quando se ventilavam os mesmos assuntos, de ambos discorrerem idênticas elocuções faciais ou, em termos outros, o sentido em foco transitava pelos dois vultos sem sofrer alteração em sua figurativa continuidade. O ar que unifica aparências diversas, que desune visibilidades homônimas, predispõe o nosso miradouro a moderar o fluxo de seu olhar primeiro, certo, que estamos, de que nem tudo ocorre como o relance atenta; existindo, em toda figura, termos de expressão que se equivalem mas que não se comunicam, com a mesma cadência, e cujos efeitos se ajustam à apreensão nossa, porém, por outro lado, vêm às vezes nos dissuadir dos propósitos de real autenticação. Depois de firmarmos a convicção de Z... e F... serem em comunidade de aparência, sob uniformes translúcidos, no entanto mais associativos que os da vestimenta escolar, sentimos que outra associação se desenvolvia entre eles, a de suas diferenças anatômicas se extinguirem na vala niveladora de nossa inconsideração; aquelas coisas que por muitos meses foram particularidades fixas, hoje se desvisualizam, isentas de nossas curiosidades; ao convergirem para a ausência os dados inúteis, concluímos que o ser fisionômico se torna abstrato concomitantemente ao nosso apego para com o delicado envoltório. Regressarmos ao objeto das primeiras impressões se nos afigura dificultoso, mas o belvedere é uma galeria de muitos instrumentos cuja maneira de proceder consegue livrar-se de nossa iniciativa; entretanto aparecendo para nos auxiliar, em ocasiões julgadas impossíveis, por decisão dos próprios vultos perscrutados e pela grande aquiescência de nossa óptica; nesse processo de reconstituição e de reaquisição residem os nossos comoventes e ponderáveis triunfos sobre as correntezas do tempo. Como um sucesso inesperado, vitimando o rosto amigo, lhe redescobre atitudes que já se haviam apagado, concreções do gesto nunca mais expostas, apesar de díspares os pretextos que alimentaram as duas posições, assim, quando menos esperávamos, a figura de Z..., por um milagre de subversão, efêmera mas penetrante, foi devolvida à sua factura pessoal, e o ar, que era de outrem, se rarefez também sem mais demora.

4 — Dissolveu-se a sociedade fisionômica no minuto em que alguém, por imperdoável descortesia e conduta bem pouco humana, revelou a Z... a despersonalidade que sendo, no entanto, apenas figurativa, era notada por todos que privavam de seu conhecimento; a reação de Z... foi de tal modo instantânea que não permitiu o socorro de nossas

CAPÍTULO 16

tergiversações, os subterfúgios da estima que desviam os constrangimentos e são compensados pela silenciosa **gratidão** de quem os mereceu. Assistimos à derrocada de um vulto que fazia o prazer dos testemunhantes, que excelentes se expunham os desembaraços com que ele, munido de alheios gestos, enfrentava as mais distintas situações; presenciamos, sem poder evitar, uma cena de flagrante delito, na qual o desconcerto fisionômico de alguém, que se surpreendeu em culpa, nos transferiu para extrema piedade. Sem atinar que muitos gestos são de propriedade coletiva, que a **imitação** inconsciente nasce das boas harmonias da intimidade, que a circunstância de apoderar-se de uma efígie estranha exprime o enriquecimento elástico das atitudes, o pobre Z..., recuperando-se em detrimento do diário acerto, passou a eliminar as possibilidades de comunicação que mantinham suas pequenas fortunas, sem nada acrescentar de proveitoso à nova e desabituada fisionomia. Até o momento em que esta viesse a agir com absoluta espontaneidade, o que ele, cremos, jamais conseguiu, a posição de sua figura consistia em procedimentos alternados, ora se valendo dos próprios recursos, ora reproduzindo, quando se lhe afastava a lembrança de F..., os meneios desta companhia, dissertando sobre os assuntos de maneira tão facilmente incorreta que os ouvintes os aceitavam sem o antigo e pronto convencimento. Se nas palestras o grau de imposta convicção deriva sobretudo da eloqüência, a aprendizagem de Z..., por descabida no meio adulto, resultava paradoxalmente **constrangedora** senão negativa, tendo sido inúmeros os instantes em que a sua presença, antes solicitada, aborrecia a todos como um ser inoportuno, desses que sobram, por **inadaptação** radical, aos regulamentos do grupo. Ele perdeu os recintos onde se acomodara, ignoramos se chegou a **descobrir** outros lugares propícios à nova existência, panoramas nos quais se integrasse sem esforço preconcebido; acreditamos, ao contrário, que ele nunca se sentiu, nas muitas zonas que percorreu, tão familiar, tão senhor de seus gestos, como se sentira sob a vestimenta de F..., cuja amizade ele viu também desaparecer como se abandona o caminho palmilhável mas errôneo. Ele o supunha falso não obstante desimpedido, e o descontentamento dos gestos **suplanta** o gozo das facilidades que alguém outorga por meio deles; além disso, a brevidade de uma observação, às vezes inconseqüente para aquele que a formula, faz sucumbir na tristeza e na auto-insatisfação o inocente usurpador que não suspeitava ter vivido em fisionômica ilegitimidade. Ao se desmascarar, vieram ao nosso lume, como vêm ao olhar do aviador, depois de retiradas as nuvens, os acidentes da terra, os destoantes fragmentos de seu rosto, as **irregularidades** e as discórdias anteriormente despercebidas; o seu vulto, que merecera o retrato, nos sugere agora a caricatura, a tal ponto degenerou aquela fisionomia que muitos disputavam pelo encanto e a naturalidade dos desempenhos. Tornou-se um vulto de comiseração a quem não sabíamos situar, porquanto ele mesmo desmentia nossos intentos, procurava objetos desconhecidos de nós, improvisava recusas incompreensíveis, desarvorado onde quer que freqüentasse, inseguro particularmente de nós, testemunha que fôramos de sua grande falência, por isso mesmo atingido por uma respeitosa aversão. De nosso compreensivo belvedere, lamentávamos a ausência daquele ar que tantos efeitos e tantas conexões nos proporcionara; como a figura, mesmo assim despida dos habituais interesses, nos compensa com alguma coisa de visualmente aproveitável, o rosto de Z... transmutou em nós os seus processos de atuação, desincumbindo-se de outras usanças, talvez menos ligadas aos nossos sentimentos, porém de certo mais disponíveis ao miradouro: as participações e os comparecimentos nos puros repertórios da visão, as ocasionais investiduras que se estabelecem, desde o simples ponto de referência aos episódios das situações em ato. Como se se nutrisse dos rostos que até então envolvera, o ar comum, ao restringir a cobertura a uma só fisionomia, no caso a de F..., frustrou de muito o valor de sua aparência, aquela antiga contextura que juntava ao corpo de Z... a indicação de sua procedência e do vulto a ele geminado, de sorte a concebermos que um não estava de todo ausente quando o outro aparecia. Após a desarticulação, cresce-nos a necessidade de buscar a cada um de per si, desigualmente agasalhados em suas atmosferas correspondentes; e as denominações respectivas, que se atenuaram por tantos anos, voltam-nos agora a soar com acentuação preciosa como se as conhecêssemos de hoje; essa importância abruptamente assumida, mostra-nos que os dois vultos por elas mencionados exigem de nós um renovado exame, desde que se inverte no sazonamento da face o regime do nome, enfraquecendo-se este à proporção que ela vigora. As posições em que se acham os remanescentes da velha sociedade não estimulam as nossas intenções: um, passível de diferentes conjunturas, e o outro, detentor do patrimônio anteriormente social, nos impedem de prosseguir nas ilações a que sempre se deram; sendo muito pouco provável que eles nos forneçam melhores condutas que estas de representarem o vulto em desfavorecida recuperação e a efígie na perseverança de um ar em certa época maravilhosamente pródigo. Enquanto viver o rosto de F..., e o ar, que nele flutua, resistindo às perturbações da idade, for ainda o mesmo que recobriu a figura de Z..., toda vez que nos surgir aquele semblante, este outro, individualmente excluído de sua velha essência, mas recapitulando em nossa memória um trecho do passado, se nos defronta de algum modo; obedecendo assim à norma de que ninguém escapa, completamente ileso, das cenas em que firmou a participação, das coordenadas em que incidiu; significando bem inúteis os esforços empregados para só estabelecer na mente de antigas testemunhas a reforma facial a que ele próprio, com êxito inegável, se submetera.

Capítulo 17

1 — *A unidade das figurações em nós.* 2 — *O nosso vulto e os móveis do aposento.* 3 — *As faces de mera evocação.* 4 — *O vulto despegado de nosso interesse.* 5 — *As faces anunciadoras.* 6 — *O nosso vulto na qualidade de hóspede do próprio lar.* 7 — *O espetáculo diante da platéia dos móveis.*

1 — Ao avistarmos pela primeira vez o vulto de P..., tivemos a impressão repentina de que se tratava de alguém consangüineamente ligado a S..., tal a semelhança que nos pareceu uni-los; semelhança advinda sobretudo dos olhos, os agentes privilegiados que, precipitando-se na conquista geral do rosto, iniciam, antes de todos os seus concorrentes, a formação da inefável tessitura. Esta, que nos leva a colocar os dois semblantes sob a intimidade do mesmo domicílio, se compunha das teias da absorção, dos focos parados e dirigidos ao horizonte, como que sem pousar em coisa nenhuma, e cujo preenchimento se ordenava com as atitudes mesmas de nada querer cuidar. Alimentando-se das próprias lacunas, tanto importavam para eles as infindáveis planícies como a parede opaca e erguida a um metro de sua posição; de ordinário, olhando-nos, era como se não nos enxergassem, tal o nivelamento de todas as coisas perante a natureza dessas pupilas; inundavam o rosto de modo a nos empecer singularidades que na efígie de P... se distinguiam tanto das de S..., e víamos-lhe somente os olhos, procurando, à nossa maneira, prover o seu insaciável continente com todas as disponibilidades da atenção, com o inteiro tributo de nossa vista. Se acaso desviássemos o belvedere para outros elementos de cada um dos semblantes, eram os olhos ainda, prolongados nas expansões do ar, que se expunham ao nosso miradouro; se pedíssemos que os cerrassem, e acendendo a súplicas tão modestas, pareceria que se desvelava um pano que recobria

os outros dados da figura. Se as contemplássemos a dormir, ou se mortas as presenciássemos, surpreenderíamos totalmente à luz aqueles pontos que na vigília se ocultavam. Desejamos ver com esses olhos, não que os possuidores o merecessem, mas porque eles nos trariam de certo, de todos os planos abrangidos, um tom de panoramas sonhados, de tardes subsistentes; dispondo assim desses olhares, sentiríamos em nós a prerrogativa de envolver com eles todos os objetos, mediante um invólucro igual ao da névoa que harmoniza a pesadez da montanha ao vôo de alguma ave. Não sabemos se neles ocorria semelhante unidade de figuração das coisas grandiosas e das diminutas, parecendo que as horas se haviam imobilizado, que todas as ações não eram suficientemente valiosas para despertarem nelas uma nova gota de brilho, um vestígio qualquer de especial atendimento. Eles não eram postiços, pois que a placidez e a veludosa ternura atestavam a impossível improvisação, havendo ainda a expectação úmida que não provinha do desejo das coisas, talvez fossem os resquícios de um choro remoto. Por externarem ambas o mesmo ar, a certeza de sua raridade nos induziu a pensar em vultos irmãos, entes que haviam experimentado as mesmas contingências, defrontado com as mesmas perspectivas, e sobretudo devaneado com idênticas imaginações; no entanto, bem pouco existia de comum entre os dois seres, nem sequer se conheciam mutuamente, consistindo esse bem pouco nos aspectos do distrito que habitavam; por mais suscetíveis que sejam as composições do gesto, os acidentes do logradouro não chegam por si sós a criar e nutrir tão delicados predicamentos. No dia em que, por iniludível informação, tivemos a prova do engano, de ser insubsistente a proximidade que supúnhamos haver entre P... e S..., que nenhum laço de parentesco explicava as conexões, passamos a vislumbrar diferenças só agora atentadas, vindo a desaparecer, até se extinguir por completo, e quase com a mesma facilidade com que fora contraída, a essência imponderável e oriunda dos olhos; em virtude de natural subversão, o que não existia quando apenas aquelas fontes nos ocupavam, adquiriu uma feição saliente e difícil de remover; os próprios atributos do olhar não mais se continham na mesma substância e se desafinavam como orquestrações sem regência, repartindo-se em aspectos autônomos quando anteriormente eram uma só e mesma entidade. Sem mais nos prendermos à ultrapassada assimilação, agora descobrimos unicamente distâncias onde, no decorrer de outrora, apenas a uniformidade prevalecia; resultando, com referência aos olhos, as mesmas distinções que notamos em relação aos temperamentos e ao viver doméstico, e o ar que pairava em ambas as efígies veio a desdobrar-se em duas parcelas, cada uma emitindo, desta vez sem risco de malogro, as inequívocas peculiaridades. Construída sobre arbitrária crença, a conexão que fundamentava, em nós, a equivalência do ar, se decompunha ante a certeza de sua ilegitimidade; desaparecendo assim, sem podermos salvá-la, uma relação de férteis prosseguimentos, e também a oportunidade de, vendo uma delas, nos dispensarmos de ir ao encontro da outra. As retificações operadas nos planos da ótica, se impedem a continuação deles, contudo não suprimem as coisas que aí se fecundaram e se configuraram, apesar de tão ineficientes esteios; muitos planos são passíveis de se retificarem ou de se reduzirem, e é com atenção nessas prováveis ocorrências que nos prevenimos quanto a eventuais conjunturas, diligenciando gravá-las todas na defesa de nossos arquivos. A tarefa de revolver as suas origens transcende à natureza de nossos propósitos, e a fim de tolhermos futuros insucessos, cuidamos de evitar os pretextos aniquiladores, as acareações prejudiciais, e também de marginar os elementos que possam com as evidências extrafisionômicas, inutilizar as esculturas de tão leves pedestais. As duas que sobreviveram do fatal desencanto, lembram, enquanto se desfaziam por mágica e silenciosa maneira, as que em geral se processam no curso da nominalidade, sendo que ali onde intervêm as seguranças da lógica, se dissipam os semblantes puros da visibilidade. Na forma da designação que antes se confundia com o objeto, e ora se livra dele, cumprindo uma existência de mera sonância, o ar das duas fisionomias, em índices de rarefação, deixa, isoladas no tempo e destituídas da aliança pretérita, as figuras que hoje necessitam de referências de outra ordem para incidirem em nosso interesse; desapegado embora de seus vultos, o ar comum, pela circunstância mesma de haver sido, flutua dentro em nós, buscando pousar nas duas faces que o esperam do fundo de nossa memória.

2 — Recolhido ao aposento, somos o olhar que não distingue os objetos, que estes vivem meio nublados da longa convivência, e com o acréscimo de nossas últimas preocupações mais se volatiliza a presença familiar; esse estado de dissolução que se manifesta ao abrirmos a porta, já se escalonava, mas só agora, no interior do costumeiro abrigo, se patenteia flagrantemente a obnubilação das acolhedoras faces. A nossa conduta, em relação às coisas da intimidade, se condiciona aos afazeres que tivemos lá fora, aos acontecimentos inauditos e responsáveis pelos desajustes entre nós e as telas melhor amadas de nossa visão; e

cuja mudez, quando as compelimos a atuar, mais se integra na linguagem com que também se define o nosso rosto. O idioma do abrigo doméstico possui sem dúvida o vocabulário menor, um dia inteiro de confabulações domiciliares muitas vezes é mais restrito do que poucos minutos nas praças ou nas residências estranhas; mas as reduzidas externações dos móveis, dos utensílios de uso, são mais coerentes com o exercício mesmo da língua, cujas palavras pronunciamos sem medir o número das letras nem a quantidade das sílabas. Acresce que é bem maior a inteireza do texto que o aposento oferece, tendo, ao contrário das ruas, menos possibilidades de, acenando algum poderoso gesto, vir a despertar em nós a presença do local então adormecido: não por iniciativa dele, que o sono lhe rege todos os pormenores, mas por nossa visão, toda ela aplicada numa fisionomia da mente, a qual nenhum sortilégio virá transferir à retentiva dos olhos. Essa efígie que está apenas em idéia, se acaso sucedesse aparecer diante de nós como pensamento encarnado, de certo interromperia a absorção, imitando nisto o vulto exótico que inopinadamente atrai a nossa atenção em prejuízo das conjecturas, vulto muitas vezes sem valor para merecer o cuidado da receptiva. As condições do isolamento jamais se coadunam com os tumultuários painéis que em sua quase totalidade presenciamos sem participar; daí a recôndita postura, procedendo como a empanar os objetos que, pela ocasional insignificância, ali permanecem ausentes de nosso olhar. Livro de estampas fechado sobre nós, que o não folheamos por nenhuma delas resolver o problema que nos contrista, quando, em outras horas, as páginas, envoltas em recolhimento, formavam a doce e consumida iluminura, em cujo seio descansava o nosso espírito; constituindo assim toda a cena do quarto o episódio onde o principal corpo se solidarizava tanto quanto possível com as atenuações das margens. Houve um dia, porém, em que manuseamos o velho álbum, não à maneira de quem modula o convívio, mas à semelhança de quem, com sôfrega necessidade, busca o rosto que ele sabe existir e no entanto, oculto em alguma parte, sonega o seu aparecimento; ao fazê-lo, as figuras, como seres reclamados, de súbito a nitidez ostentam, restaurando os desenhos que havíamos perdido, e de uma a uma pesquisamos aquela que foi a causa de nossa inquietação. De quanto sabíamos, restava apenas a idéia de um rosto, de um ser da visão, esquivo à identidade, parecendo que ao longe se nutria desse obsedado tormento, esmerando-se em ocultar-se à medida que os efeitos de sua lacuna nos impediam de pensar em assuntos outros, e de desistir portanto do refratário desígnio; contudo, as dificuldades têm que ser removidas sob pena de, abandonando-as agora, voltarmos depois a elas com embaraços maiores, dado que o tempo se incumbiria de nos arrefecer o impulso da reobtenção. Por isso fazemos desfilar na memória os acontecimentos do dia, detendo-nos em cada um como se todos contivessem o mesmo ensejo de determinar a vinda do rosto que a só idéia de haver sido nos conturba as leis do aposento, como se uma desarrumação intempestiva nos mostrasse as coisas fora de seus lugares, subvertendo com elas os próprios ritmos de nosso costume. Com a intuição de que o abrigo é uma espécie de oráculo para os obscurecimentos da memória, nele penetramos pressuroso em desvendar o mistério; o ato mesmo de lhe transpor a entrada difere essencialmente do de nossa calma e rotineira introdução: equiparando-se menos à chegada do dono do que à primeira visitação do indiscreto hóspede, quando tudo que este vê é examinado em minúcias, materiais recentes com que elabora mais uma etiqueta de seu itinerário. Sob o fracasso das recordações de tudo quanto sucedeu na mesma data, compulsamos com apressado intento as gravuras da intimidade, como se pertencessem a uma coleção conseguida por empréstimo, onde o olhar se demora percorrendo ora do geral ao particular, cobrindo com um cartão quase toda a figura a fim de que o pequeno trecho descoberto exponha, sem influências do conjunto, a rápida e milagrosa autonomia; ora regressando dos pormenores à composição total onde cada fragmento coopera com dosagens meticulosas, exibindo-nos fontes conectivas difíceis de atinarmos sem o retrocesso à inteireza fisionômica. Os vultos caseiros e despertos do prolongado sono, vêm a falar em nosso inquérito, à feição de depoentes que nada viram mas que circunstâncias óbvias, oriundas talvez de certa proximidade figurativa, os obrigaram a comparecer ante o nosso miradouro com o empenho que haviam perdido; em seus vocábulos vislumbramos um acento e um sentido diversos dos que murmuravam em surdina, sobretudo categóricos nos seus ditames negativos. As indagações dessa natureza se regulam por critérios inerentes ao impulso com que as formulamos, existindo em seu interior uma retidão lógica, uma sutil corrente de método que nos garante por fim o exato convencimento de terem sido inúteis os esforços intentados, os interpelamentos e as acareações feitas sob improvisos e visuais desordens; se falha o primeiro sistema de disquisição, um outro se apressa em substituí-lo, impondo-nos, desta vez, lentas figurações da memória, cada vulto de nós recebendo a reconstituição dos fatos em que se envolvera e de cujo passado poderia irromper o semblante esquecido, ou rosto que no-lo presenteara ou o vulto que de forma indireta se associou a algum período de sua existência. Na utilização dessa nova prática, logo atingimos o procurado êxito — se perdemos os contornos genéricos das faces desde o momento em que firmamos a vigília, era como se uma inclinação inconsciente nos anunciara o absoluto insucesso das testemunhas dormidas e o possível triunfo no plano das coisas acordadas — o êxito de termos outra vez na lembrança o vulto de A... no papel de autor da breve parábola que reproduzíamos de cor, solta em nossa mente mas que sabíamos derivar de alguém agora ressuscitado sem nenhuma dúvida pelo influxo da mesa onde, em antiga época, ele entornou o tinteiro num descuidado movimento que tanto contribuiu para o acréscimo de nossa cordialidade. A cerimônia convencional se humanizou delicadamente a partir desse constrangedor minuto, e por muito tempo a nódoa espargida sobreviveu à guisa de assinalação de decisório evento; por último, a fisionomia do móvel conservou, em virtual herança, a potência de nos indicar o objeto de nossas preocupações. Resta-nos, depois de tudo, a lastimosa evidência de, sendo tão importante em nós a figura de A..., havermo-la esquecido, quando chegou a ser maior o valor de sua parábola, nem sempre vigorando nos estatutos da memória o princípio razoável das proporções; em aditamento a essa cogitação penosa, de logo sentimos que muitos rostos estimados cederão o amável privilégio de seu lugar a motivos insignificantes, provindo deles mesmos, entretanto sem sequer atestarem a natureza da procedência.

3 — Conhecemos o rosto do amigo C... como o escultor sabe do rendimento que lhe trará, para a obra futura, a porção de matéria que nenhum pretexto obriga a perseverar em sua forma e isolada a um canto da oficina, para onde viera com o fim de se tornar diferente do que fora e do que é ainda enquanto sobre ela não atritarem os instrumentos da transfiguração. A imagem de C... nos informa a respeito de sua capacidade de desempenho, das dimensões que ela tomará no painel a ser, sob conivências do acaso, proximamente instituído; o que com certeza não demorará muito já que os nossos olhos a cercam sem perder um relance de suas atitudes nem as estimuladoras oportunidades que impulsionam, no rápido entrecho, o vulto que nossas preferências haviam antes recomendado para o elenco das participações. A pequena estátua e a significação do protagonista conservam de sua essência passada as limitações que impediram a primeira de ser um corpo enorme e a segunda de representar um papel estranho ao fio do retábulo; nem por isso resulta de menor criação e

de menor autenticidade essoutra vida que lhe inocula o autor e testemunha o belvedere afeito a situações em ato. Jamais a efígie de C..., nas inúmeras circunstâncias em que a colocamos, excedeu a nossa expectativa, nem foi além da respectiva contextura; nesse particular, diferindo de certos semblantes que no decorrer da palestra amontoam em si, como nuvens ao vento, muitas figurações, surpreendendo-nos com a fartura do repertório. Considerávamos o vulto de C... como a conseqüência facial da pessoa de C..., por meio dele descíamos às zonas do caráter, adotando assim o usual processo com que os indivíduos se defrontam e se entendem para se comunicarem; a fisionomia em apreço, por não transcender ao seu possuidor, mistura-se ao próprio nome e a identidade se firma igualmente pelas impressões do retrato e pela amostra do apelido. Mas, acontece que C... viajou a um lugar onde residimos outrora, e nele a face amiga teve ocasião de ver e rever as figuras que também vimos e revimos, os seres da saudade duradoura, hoje impossibilitados de virem, com estimáveis presenças, restabelecer conosco o tecido das velhas cenas onde se acomodavam a insistência de nossos olhos e a boa passividade de seus habitantes; eram entes afetivos que pronunciavam um idioma de atitudes simples e tocantes, repleto de suaves enigmas, desses que poucas horas de convivência nos oferecem a calma decifração. Enquanto lá esteve, a sua figura, impregnada de afazeres tranqüilos, assimilou sem demora as regras da linguagem a que todos os forasteiros se submetiam, terna linguagem que perdemos logo ao deixar o hospitaleiro recanto, tal o profundo enraizamento que a articula ao próprio solo. Quando nos despedíamos daqueles seres generosos, nos adeuses recaíam também as nossas possibilidades de volver àquelas dicções, certo de não encontrarmos outro indivíduo com quem utilizá-las; mesmo se um dia, em território distante, déssemos com alguém conhecedor daquele gestuário, nenhum termo, nenhuma proposição restauraria entre nós os seus meios de comunicabilidade, resumindo-se o contacto — enquanto entre pessoas que residiram no lúdico rincão — a alusões através de palavras, a reminiscências sob a mudez e os olhos absortos e comovidos. Tal ocorria quando C... e nós inclinávamos a conversação para o domicílio que nos acolhera, nenhum de nós tentando sequer entabular em gesticulações o início de algum entendimento; mais fortes que o desejo de aviventar o antigo uso são as irremovíveis negações do local que, por hipótese alguma, consente aos estranhos, em recinto alhures, fomentar certas coisas do primeiro exclusivas, e cuja liberalidade se restringia à condição de em sua terra permanecerem. Sutil pressentimento nos tolhe o gesto por todos os motivos inoportuno, defende-nos do constrangedor ridículo que muitas vezes o impulso chega a armar diante do interlocutor, em quem zelamos a idéia que ele perfaz de nosso semblante; de onde o silêncio quanto a maneiras idiomáticas que recebemos e partilhamos, ora como componente da sintaxe visível, ora como o expressado objeto, este vindo à baila em ocasiões quando nos ausentávamos; se inesperadamente colhíamos o grupo a cogitar de nós, menos que o sobressalto de nosso conspecto, as atitudes ainda em suspensão confessavam que éramos o assunto do conclave fisionômico. As referências à nossa personalidade traziam variações segundo a pessoa que nos interpretasse, como os dizeres sonoros de cada boca revelam peculiar inflexão; mas de quantas nos exprimiam facialmente, uma restou que era a média dos tons ali aplicados em nossa existência: os braços erguidos como quem estampa no ar a forma de uma interrogação que em si mesma inclui a impossibilidade da resposta. Alguns desses gestos possuíam tanta graça que, aceitando-os sem recusas, pusemos a todos livres de constrangimentos, e então nos sentimos ingressar no seio da família, envolvendo-nos sem estorvo nas correntes de comunicação, estimulado por uma alegria sem causas remotas, oriunda do puro ato de ver e de ser visto em mútua compreensão. O gesto da inútil indagação jamais o repetimos em presença de C... pelo escrúpulo de reservá-lo a suas fontes longínquas, onde temos a certeza de que, à pronúncia de nosso nome, alguém erguerá os braços e aí estaremos na mais cristalina representação: tanto melhor evocado quanto não pedimos que assim nos fizessem, nem propusemos de modo sub-reptício, ou por sugestões de nossa imagem, que tal fosse a maneira de assegurar-se a nossa sobrevivência. O vulto de C... nos escapava como elemento suscetível de compor algum painel, no qual se envolvesse na condição de personagem alheia a suas próprias conjunturas; mas o seu comparecimento diante de nossos olhos era sem dúvida auspicioso por nos lembrar a sociedade dos gestos, hoje desaparecida para nós; ao visitá-lo, o transmutamos em ser de evocação, prerrogativa de certo comum a todos os rostos, dado que qualquer tem sempre indicações a nos oferecer, parentescos diretos ou indiretos com as fisionomias de nossa intimidade.

4 — Muitos vultos se esgotam para nossa alma se uma seleção interna os retira de utilidade, proibindo-nos logo depois o exercício da rearticulação, inaproveitáveis às circunstâncias que estatuímos, como se vivessem sob as

regras do esquecimento; a despeito dos contactos que possamos ter diariamente, as faces exclusas do interesse se escondem para nós como se houvéssemos, à simples suspeita de sua aproximação, desviado, em sentido oposto, a diretiva do olhar. Anteriormente já lhes tínhamos cerrado as pálpebras da simpatia, e os gestos que elas outrora manifestaram, acompanham as suas figuras na obscuridade em que as imergiu um grande descontentamento, duradouro e atuante em nós, do qual mesmo que elas ignorem a existência, nem por isso se libertam da rigorosa privação. Mas, decorridos muitos anos, se ainda pudermos avistá-las, é bem possível que a meio recuperem em nós o lugar de antigamente; sendo mais provável que ocupem um espaço menor, ou pelo menos não volvam a inutilizar as cenas onde se intrometem, diferente do que acontecia ao tempo da animosidade, quando, ao pressentirmos o seu conspecto, recusávamos de súbito as coisas, férteis talvez, de sua vizinhança. Desconhecemos se todos são passíveis de igual reabilitação, mas o rosto de D. O..., graças ao esvaimento das fontes que nutriam o desenlace, nos abriu a clareira a eventos que não supúnhamos viessem a instituir de alguma forma a rearticulação; longe de ser uma completa restauração do convívio, das horas em que pouco suscitávamos de seu aspecto, do muito que ele nos daria, superabundância da amizade onde comovente escrúpulo detinha o ingresso de perscrutações, foi apenas um objeto suportável à nossa lupa, menos no sentido do rancor apagado do que no do comparecimento sem relevo, do ser de multidão que embora posto em algum escaninho tem, como a parcela das aglomerações, a faculdade de se confundir e de se permutar por outros congêneres. Essa posição do rosto, em perpétuo fundo de cena, corresponde à concórdia de dois indivíduos cuja reconciliação, após um prolongado desentendimento, nunca reverte aos termos anteriores em que se formulavam as visitas em instantes até inoportunos, os passeios sem idéias preconcebidas, os usos e costumes sem protocolo. A face de D. O... tem a vida liberta de nosso miradouro, sobreexistindo em peculiar ausência, qual seja a de perseverar no indistinto, a despeito de freqüentemente incidir no campo de nossa óptica: num domínio tal da indiferença, que a recapitulamos como agregada ao conjunto de muitas outras, inexpressiva e anônima na superfície de um ser genérico, do qual nenhum pretexto nos move a excetuá-la; ao promovermos na memória o desfile das imagens congêneres, ela vem ao cortejo com o quase nada de seu conspecto, de sua presença, esta mesma desligável da transcendente reunião. As fisionomias assinaladas ainda de leve e sem agirem em nossa curiosidade, desempenham contudo o papel que em última instância representa o meio exterior de se salientar e inclusive a prova de seu prendimento em relação a nós: o de indicar o tipo de aglutinação, a particularidade de ajuntamento a que se incorporou, de modo a dizermos de certa coletividade, distinguindo-a assim de qualquer outra: foi aquela em que apareceu o rosto de D. O.... Em geral, a sorte dos quadros abundantes é a de constituir em nosso pensamento ondas de pluralidades, semelhantes e confundíveis como se tendessem para um só aspecto de presença, inclinação unitária de nosso espírito que sempre anuncia uma igualdade mais ampla; quando um elemento referencial, às vezes de diminuta significação, a exemplo do rosto de D. O..., singulariza uma quantidade fisionômica que vem a caracterizar-se na época e no recinto de sua própria apresentação, no íntimo agradecemos ao fato de o nosso repertório permitir que um dos figurantes, de maneira quase sempre inesperada, acrescente, à porção a que se associa, o valor de marcar em nossa lembrança a presença nítida da comunidade. Se recordamos as cenas dessa natureza, que sobrevivem em nossa mente, percebemos em cada uma delas um pormenor que foi a luz de sua anotação, uma efígie que, sem querermos, lhe assegurou a permanência; uma face cujo teor era mais circunspecto, um gesto rápido de alguém que não conseguimos identificar, escapando-lhe apenas do corpo esse gesto que, momentaneamente destituído de proprietário, foi o bastante para defender do equívoco a cena total e copiosa onde se envolvera. Figuras submissas ao grande acompanhamento, elas ignoram a importância de que se revestiram, a ameaça que a sua ausência traria para a documentação de algum historiador de fatos diversos; e tanto mais sensível é a sua ocasionalidade quanto no domínio desses sucessos intervém de raro a prática das substituições; daí perdermos o fio de tumultuários episódios, quando o fazemos desenrolar a título de evocação: sabemos que as coisas se passaram na cidade do R..., porém nos fogem o instante e o exato logradouro dos acontecimentos; porém, a ondeantes intervalos, um rosto qualquer, uma atitude preservada, desenha para nós as fronteiras do painel no tempo e no local da realização. A face de D. O..., a quem atingira a escala de nossas atenções, regredindo ao esquema de seus começos, às modalidades de quando desconhecíamos o seu próprio nome — nesse retorno, mais do que a efígie, se oblitera o nome — mostrava aos nossos olhos uma pureza consentânea com a conjuntura de sua fisionomia, marcante como na floresta a árvore de menos folhas.

CAPÍTULO 17

5 — Alguns seres de referência tanto insistem em seu papel que dificilmente os conduzimos a outras atribuições, bastando para nos ocupar os assíduos intrometimentos com que eles nos veiculam as faces expostas, ora despontando-as da obscuridade, ora prestando-lhes uma saliência mais viva: tão articuladores se propõem entre nós e as coisas visíveis do cotidiano, imprimindo à linguagem de nossos existenciamentos uma corrente uniforme quanto à natureza dos processos utilizados. Eles exercem incumbência que, por sua sutileza, se aproxima das tarefas adequadas às vozes da mútua compreensão, dos avisos que as palavras, quer ao serem ouvidas, quer ao serem pensadas, traduzem com vertiginosa exatidão, preenchendo os vazios entre os rostos em apreço; isto em deduções que muitas vezes se desenrolam sem necessidade, quando já eram suficientes os pareceres das sonâncias ou das iniciais conjecturas. Se as condições da cidade não favorecem maior vizinhança entre nós e o vulto de referência, persistindo por muito tempo a forma de indicação que ele nos trouxe na primeira ocasião em que o vimos, em nós se atenua a vontade de conhecê-lo pessoalmente; de desviá-lo desse sistema de consideração com que, ao relance de seu reaparecimento, atinamos vislumbrar ainda, na figura que o ladeia, o rosto de certo alguém, tal o duradouro efeito daquela antiga informação. Condicionado unicamente pelos contornos genéricos — requisito que torna inoperante, no minuto ilusório, a interferência de qualquer imagem que não esteja incluída em suas linhas — o rosto do mesmo sexo, a configuração do mesmo teor, diversa no nome e na personalidade, vem reeditar aos nossos olhos a denominação e o respectivo corpo daquele certo semblante que aspiramos rever um dia: e o conseguimos de algum modo sempre que a face anunciadora acompanha alguém que bem poderia ser o indivíduo do velho retábulo; por meio das inferências, o estimado vulto se transfere da ausência para o invólucro desse rosto que segue em companhia da face noticiosa, ambos consentindo que uma conjuntura passada reconduza ao nosso belvedere a sua existência momentânea, feita sem particularidades da fisionomia, composta e recomposta somente de relevos gerais. No exercício dessa permanência de contornos, os acidentes da distância e o obstáculo de sobrevindas figuras se integram entre nós e a pseudo-efígie, ora a escondem de todo, ora a seccionam furtivamente, sugerindo-nos no primeiro caso uma hipótese mais lúcida, desde que a falta de objeções adversas nos descobre uma perspectiva mais ampla de possibilidades. E os contornos genéricos são produzidos então de pura ausência, nenhum trecho do semblante vindo a desnaturar a nossa crença de que ali está a efígie de Z..., a criatura que nos surgiu uma vez em palestra com O... para nunca

mais revermo-la: esse O... a quem jamais outorgamos outro significado senão este de nos haver podido propiciar a vista no desejado rosto. Durante o tempo em que estivemos residindo na cidade, e foram alguns anos de criações e de experiências ópticas, a fisionomia de O..., se a observamos inúmeras vezes, se a surpreendemos em múltiplos aspectos, não foi além dessa função oblíqua, dessa eventualidade de trazer à sua sombra, embora em recintos diferentes, o ser da invisibilidade e do desaparecimento, o figurante indispensável à reconstituição do painel. Muitas efígies, à maneira da de O..., vêm a devolver à nossa lembrança acontecimentos significativos ou corriqueiros que bem estimaríamos reincorporados em sua primitiva composição, num revivescimento de texto que em última análise é tudo que importa para nós, imbuído que estamos do ato liberto das adjacências, como a boa leitura nos apraz quer a efetuemos no tomo habitual, quer no volume estranho ou no fragmento impresso em alguma revista. Uma noite sucedeu que era tão incisiva a indicação formulada pela figura de O... que sentíamos ser verdadeira a presença de Z... ao seu lado, prosseguindo ao longo da rua e nos manifestando, a cada tomada de nosso miradouro, a nitidez dos traços que nos era oferecida; aumentada, sem dúvida, pela força de nossa mente, a identidade de Z..., que se constituía da soma continuada dos aspectos, ora um braço promissor, ora a inclinação afetiva de O..., ora o dorso tão parecido ao do vulto procurado, nos suscitava o impulso de acorrer-lhe e de perto anotar, concomitantemente à dissolução dos contornos, as saliências das peculiaridades. Mas, as fortunas da casualidade se divertem à vista de nossas suposições, e em período extremamente breve, o rosto suspeitado, clareando-se num trecho menos impedido — isto em correlação com a incerteza que de repente dissipa o nosso ânimo — nos expõe a clarividência inaproveitável. A resignação em face de perdas desse gênero nos acomoda pouco a pouco no mero plano dos avisos irrealizáveis; e em conseqüência abandonamos o impelimento de examinar se tal rosto em companhia de O... é exatamente aquele que pensamos, reduzimos a presença de Z... ao anúncio abstrato que em certas circunstâncias lemos na fisionomia de O...; em favor de nossa renúncia, ponderamos que estorvos de natureza sentimental, os embaraços da cerimônia e da timidez, nos impossibilitariam a perscrutação atenta; além disto, os conhecimentos estreitos afloram os motivos da decepção, de onde ser preferível o recolhimento de nosso olhar na figura pressagiante de O.... No domínio das faces anunciadoras, a busca do objeto previsto nada acrescenta ao seu poder de noticiar, consistindo, a melhor de suas tarefas, em reestabelecer em nossa memória o quadro de uma cena anterior; tanto assim que, se porventura acontece a milagrosa reconstituição, o quadro revivido diante de nós tem o ar de uma condescendência das coisas visíveis às postulações de nossa alma.

6 — Aplicado no mister de fazer de determinada figura o objeto de atenções por vários dias, e ciente de que ela virá em data próxima exibir à nossa experiência os seus aspectos reais, aprestamo-nos em preparar o recinto no qual havemos de recebê-la; e termos nos arranjos uma representação semelhante àquela que imaginamos ser a mais adequada aos informes em nosso poder e às prefigurações de uns ligeiros e antigos contactos. A princípio, sem a esperança de revê-la, nos apegávamos aos poucos elementos que persistiam em nossa lembrança, mas depois, à medida que se acentuava a certeza da vinda de L..., os rudimentos fisionômicos dessa pessoa, como acelerados por fertilizantes progressivos, estabeleceram em nossa mente o modelo antecipado do que ela haveria de ser quando chegasse e assumisse a posição que nenhum motivo supúnhamos capaz de desatender à expectativa. Como se os rostos apenas entrevistos fossem animados pelo impulso de nossas intenções, adquirindo os gestos que programamos para melhor afeiçoá-los à nossa sensibilidade, intentamos conformar, segundo suas linhas, as coisas do ambiente que vão a acolhê-la, à guisa do selvagem que indo à procura do alimento, adapta tanto quanto possível as suas formas às do animal escolhido para a nutrição. As faces que relacionamos para a convivência, os locais onde a havemos de introduzir, são aqueles que se harmonizam com a idéia que construímos às vésperas da volta de L...; promessa agradável que pode cumprir-se junto à nossa presença guiadora, disposta a avançar ali onde pareça natural a acomodação do rosto, e pronta a recuar ali onde suas atitudes nos venham a surpreender e exigir, portanto, uma recomposição mais adequada. A esperada figura, sendo das que contrariam as mais acuradas preparações, e aparecem para nos indicar o inútil dos cuidados, mesmo assim, decepcionante e transgressora, ela ficará em nós na condição do ser que permitiu confeccionarmos um logradouro não à maneira das instalações de hotel, feitas para um padrão geral, porém ao modo do aposento que dispomos à base de um semblante cujas singularidades diferem das de qualquer outro indivíduo. O ser ideal nem por isso deixa de obrigar, para a sua recepção, um aprimoramento de minúcias dirigido a eventualidades inconfundíveis como as que certamente acompanham o rosto

mais imaginado que conhecido de L..., prestes a nos bater à porta e sentir-se em nossa casa tal como se estivesse no recinto por ele mesmo configurado consoante as particularidades de suas mímicas. Cedemos as formas que se estendiam de nosso corpo, obedientes a ele e que nos representavam em nossa ausência, ao ser em verdade estranho a nós e, para maior prazer da mente, continuamos em nosso domicílio que no entanto é mais de L...; e olhamos as coisas do aposento que se transfiguraram a fim de que, numa inversão constituída pela afetividade, fôssemos nós, e não L..., o hóspede de nosso próprio lar. O nosso corpo não mais se vê nem repercute nos móveis e utensílios da casa, tudo é subvertido e condicionado a esse ente cujo rosto poderá talvez recusar fisionomicamente os preparativos que, com tanto capricho, foram efetuados para recebê-lo, à vista somente de determinados traços que distinguimos e de alguns elementos que as informações de outrem nos forneceram. Se a imagem inteiramente conhecida costuma suscitar desencontros entre ela e os ambientes que lhe são destinados por seus próprios íntimos, muito mais razoável será, sem dúvida, descobrir no vulto de L..., quando ele transpor a porta e deter o olhar nos objetos de seu novo abrigo, a sombra do desajustamento, da disparidade entre ele, só agora exposto em clareza, e as coisas do próximo uso; as quais, por não convirem facialmente ao recém-chegado, poderão induzir a este o pensamento de que os arranjos disseram respeito, como os do hotel, a um ser desprovido de singularidades e cujos caracteres, de que se entranha, não há porque serem considerados. Mas, o receio do fracasso em nada interfere se temos à determinada hora que agasalhar o rosto sugerido por alguns dados de uma época, que talvez nem mais existam e no entanto se mostram influentes ainda para construir a figura, ideal embora, sendo todavia o núcleo real de que dependeram, e segundo o qual se amoldam, as feições do interior doméstico. Se não vier o visitante, se ao entrar ele revoga os princípios, para si arbitrários, da preconcebida instalação, as coisas permanecem, até o momento de serem desfeitas, equiparáveis ao desenho arquitetônico que nunca se aproveitou e que entretanto indica a idade da factura, o terreno para o qual foi planeado, e também a maneira do indivíduo ou grupo que o inspirou; em parte nenhuma esse desenho se fizera edificar, se bem que, desenrolando-o aos nossos olhos, ele tem, em cada trecho da composição, a marca de seu teor habitativo; e em cada pormenor da teia gráfica o indício de um vulto que passaria pelo corredor, caminhando para a biblioteca imaginária porém inequívoca, à hora em que a luz do prédio traz às estantes um convite maior. À maneira do mobiliário que vemos e revemos na loja do comerciante, o lar deferido à pessoa de L... encerra a contextura do plano que se não realizou, a ainda viver em estado de quimera. Na composição engenhosamente arquitetada no intuito de receber a figura de L..., cada móvel contribuiu para a legitimidade do aposento, de forma que a efígie recipiendária, ao reconhecer no recinto as semelhanças com o seu interior familiar, pouco sofresse em nova estadia; e com a mudança repousasse nele com o mesmo fraterno contacto, a mesma incidência ocular de seus regressos ao costumeiro abrigo. Queríamos que o ser visitante, na primeira noite de hospedagem, pouco medisse os graus de ausência, os índices de distância que o separavam do domicílio, alcançando-o com os instrumentos do repousado afeto, estendido sobre o leito e acariciando em torno as visões do quarto, cuja recuperação lhe facilitaria o devaneio para recompor os incidentes do trajeto. A fisionomia de L..., noticiando à última hora a desistência da vinda ao nosso local, ou melhor, à peça que, com antecipação, fizemos exclusiva de sua personalidade, inoculou no conjunto dos objetos um ar de desolação parecido àquele que resta no aposento depois da saída do enterro de quem o habitava, e por muitos anos o convertera completamente segundo os ditames de seu corpo. Cada objeto transferido de nosso modelo ao modelo de L..., antes de retornar àquela primitiva modalidade, perseverou por várias semanas em estado provisório como se alguma esperança existisse ainda de ele aparecer e sentir-se contente por verificar que a distância percorrida e a ausência, sob as faces compensadoras dos móveis, eram bem remediáveis, e lhe traziam ao ânimo os regozijos da hospitalidade verdadeira. Algumas das coisas colocadas à maneira presumida de L..., possuíam a sua história, tendo incorporados a elas vários incidentes desde quando passaram a nos pertencer; eram os acontecimentos de sua origem, o dia exato e as circunstâncias da aquisição, fatos que no momento de ocorrerem nunca nos sugerem que havemos de relembrá-los tempo depois, datas incisivas cuja simplicidade está longe de corresponder à duração em nossa memória. Os indivíduos presentes ao ato da compra, a face do mercador que nunca mais se repetiu para nossos olhos, a réstia de luz que se espraiava no balcão, tudo isso nos devolveu o humilde relógio que adiciona a esse texto de seus inícios aquele outro de haver sido emprestado a alguém, e mais aquele de ter soado no fim da noite para que certo amigo despertasse e se dirigisse pelas ruas desertas, a caminho da estação do trem; a poltrona de desenhos esculpidos que determinada criatura nos obsequiara em reconhecimento a cometidos favores, na qual descobrimos, na hora mesma da recepção, que certo puimento começava a destruí-la; ocorrência esta que vinha a desmerecer em nós a honra daquela dádiva, ainda porque averiguações posteriores comprovaram que ao pretexto de presentear se justapunha a oportunidade de desfazer-se de grave perigo para a coleção de móveis que o dono estimava acima de tudo; a vitoriosa preocupação em extinguir tal enfermidade, e a inclusão segura com que a associamos aos demais elementos da mobília, imperando, entre seres comuns, com a nobreza redimida e sobretudo prestigiada sentimentalmente pelo desamoroso desterro que nos atingiu a ambos; entre outros vultos da acolhedora composição havia o quadro com que L... nos distinguira, por intermédio de amigo comum; o qual, posto na parede mais visível, era a estrutura nuclear da cena, dali emitindo irradiações de gosto e de preferência passados, a exemplo do factótum que se antecipa à aguardada figura, e relaciona, com melhor êxito, as coisas desentendidas quanto à ordem que devem formar às vésperas da recepção. Ao cabedal de cada um desses corpos veio portanto a reunir-se mais um sucesso: o de ter contribuído à transmutação do local em proveito de alguém que o não pôde usufruir e, em conseqüência, não poderia revelar se todos os objetos, ou ao menos algum deles, se desincumbiram a contento de seus olhos. Se os desempenhos coletivos, quando malogrados, acarretam uma percentagem maior de consternação, dado que à conjuntura decepcionadora se alia a pungente condição de cada figura testemunhar nos demais participantes o constrangedor fracasso que cada um de per si desejaria esconder de todas as lupas, o retábulo da inútil espera fez gravar na legenda do relógio, da poltrona, da marinha, o texto mais comovedor de quantos lhes hajam inscrito as contingências do cotidiano. Pudemos objetivar a configuração de L... que até o instante fora confeccionada em sucessões de pura idéia, e ao instalá-la em nosso aposento verificamos que nada ali existia que contrariasse o rosto do ser em causa; assim sendo, embora ele não tenha comparecido como determinara, de alguma sorte abrigamos a sua presença à medida que, por insistência dos próprios móveis, o nosso quarto parecia não nos pertencer. Quando devolvemos as coisas à nossa individualidade, transferindo-as das posições convenientes a L..., nos assaltou a impressão de que alguém desocupara o recinto, oferecendo antes despedidas tanto mais profundas quanto nos rostos imóveis ficara a melancolia, mercê da ausência real, agravando-se a tristeza diante de nossos havidos encarecimentos, à falta de L... que os anotasse.

7 — Mas, a cena exposta para outrem não se esvaneceria sem que antes cumprisse o derradeiro ato de sua significação; qual fosse o de ser penetrada por alguém que, substituindo o corpo de L..., por ter de seu semblante atitudes similares, surgisse ao encontro dos móveis com a aquiescência emocional que os seres conduzem, depois de longo afastamento, no regresso ao lar. As pequenas mudanças porventura operadas são despercebidas ao primeiro relance que o recém-chegado dirige aos objetos de sua propriedade, bastando-lhe somente, para o prazer de revir, os pontos que mantêm, pelos contornos genéricos, a fisionomia habitual da residência, constituída das coisas em seus próprios lugares, tal como as havia deixado no momento de partir. Essa convicção nos facilitava a crença de que, ao entrar, L... aceitaria a disposição da cena, como nós aceitamos a de nosso quarto sob as leves alterações que a necessidade de limpeza obriga, sem perdermos a ordenação geral, feita pela harmonia e persistência dos recantos com os seus recheios; harmonia que se estabelece pelo simples direito de eles ali estarem, com as relações vigentes e passíveis de se marcarem em nossa memória pela circunstância de assim permanecerem. Se ele penetrasse no aposento àquela hora da noite em que era esperado, ao abrir-se a porta e antes de qualquer palavra, notaria o grupo imóvel e silencioso das peças que compõem o interior de nossa vivenda, como os animais são acolhidos em parque, jardins que, longe de serem a floresta, possuem entretanto certas coisas da silvestre essência, que os tranqüiliza. A simplicidade de L... era condizente com esse horto de aclimatação que lhe iria proporcionar, além do repouso, uma atenuação emotiva do espaço e do tempo que o separavam do recinto distante, tornando-os no mínimo suportáveis a quem quase nunca se desligou de seu natural território. Ele, na impossibilidade de preencher o novo receptáculo, estava contudo presente ao nosso belvedere sob a forma sugerida pela disposição do mobiliário, tal nas pegadas da areia vislumbramos, pelo incorreto das marcas, o caminho por onde transitou, solitário e claudicante, o cego à beira da praia. No entanto, desejaríamos não apenas o espetáculo dos móveis no tocante a L..., mas, numa condescendência pelos objetos inanimados, oferecer a estes o espetáculo da presença de L...: de modo a termos da cena duas perspectivas gerais, uma sobre quem enxerga a mobília, a outra sobre as imagens mudas que inclinam em direção ao hóspede os esboços afetivos de sua intimidade. A falta de L... nos induz a substituí-lo por alguém que, sem dispor de sua configuração, encerre todavia em combinação com ele, certa comunidade óptica, certas incidências em objetos semelhantes nos contornos, oriundas de parentesco senti-

mental, esse mesmo que nos movia à satisfação de contar as horas que ainda nos apartavam de L.... Esse alguém éramos nós que, de tanto premeditar os meios do afetuoso albergue, indo das minudências às generalidades, sem nada esquecer e a tudo prevenindo, bem poderíamos desempenhar o seu rosto e com ele as mobilidades de seus gestos, a instabilidade e a estabilidade de posições, tais como supúnhamos terem que existir em atendimento à ordem acolhedora do mobiliário. Semblantes à maneira do de L... nos são disponíveis na acepção de regularmo-los segundo um repertório de painéis de poucas digressões, iguais a este de relancear os olhos em torno do aposento, de percorrer a área entre a porta e a estante que no fundo exibe os volumes que são quase os mesmos de sua parca biblioteca, de deter-se junto à cama, descobrindo em cada vulto uma sobrevivência de seu local doméstico. E assim nos demos à platéia das coisas inanimadas, inculcando em nosso rosto os meneios permissíveis à pessoa de L..., fingindo vê-las com o olhar surpreendido e ao mesmo tempo alegre pela similitude defrontada, como se tivessem viajado com ele, agora transvestido em nosso corpo, os componentes fisionômicos de sua casa, apenas um tanto ressentidos do demorado percurso. Sob o nome ali impronunciado de L..., e sem ninguém para o receber, a sua efígie em nós ateve-se diante da tela, reconhecendo-a como o primitivo sinal de uma conexão que naquele momento se estreitava através do arranjo exposto, e por fim convergia para a unificação de seus termos na individualidade de L..., presente ao lugar sob forma consentânea com a imaginada figura: processo de comparecer que corroborava, no seio da composição, com a face que aos móveis havíamos realmente prometido. Os desajustamentos suscitáveis com o semblante verídico de L..., estão ausentes nas atitudes com que folheamos os livros, com que nos detemos perto do espaldar da poltrona, medindo os menores gestos de acordo com o modelo que antes servira para combinar todas as peças do ambiente, e nessa prática fomos nós o rosto a aderir àquele ser esperado. Era como se houvéssemos saído e encontrássemos, em recinto alheio, uma acomodação unicamente comparável à que nos favorece o nosso aposento; dessa forma encarnamos, sob o próprio teto, uma figura que o aceitava curiosamente, acompanhando-lhe a fisionomia o ar de quem observa se foram devidamente obedecidas por seu emissário as determinações que fizera no sentido de se dispor a nova casa dentro do molde de sua figura e de suas mímicas. Se é verdade que, imitando os gestos de alguém, conseguimos dizer certas coisas com melhor espontaneidade e mais seguro convencimento, a propósito de nossa desenvoltura ao assumirmos a aparição de L..., pudemos verificar, após o silencioso desempenho, que a nossa imagem, transportada naquele vulto, expandiu à insensibilidade dos móveis um teor humano tão adequado quanto aquele, da mesma ordem, que costumávamos exibir dentro do velho e pessoal estojo.

Capítulo 18

1 — *A vigília cósmica* — *O nosso vulto existenciador.*
2 — *As efígies vaticinadoras.* 3 — *A virtualidade* — *O painel do Julgamento Último.* 4 — *A coordenação de gestos.*

1 — As coisas postas no horizonte unem-se entre si sob a forma de vultos nevoados, recobrindo-se com a esquivança dos contornos, e estabelecendo na mesma similitude a fímbria do mar e os relevos da montanha: confusos ao nosso olhar os longes que vemos, à maneira do barco desaparecido que deixou no ar um floco adejante, réstia de seu comparecimento na perspectiva, o qual as elevações da terra, o escuro das águas, reivindicam também como um corpo saído de suas limitações particulares. Todos os protagonistas do horizonte disputam a origem da perseverante nuvem que a cena anterior nos informara, mas que os concorrentes de sua posse vêm, no ato seguinte, a dar ao observador, que só agora aparecesse, a impressão insegura sobre a fonte criadora daquela presença, cuja efemeridade é tocante porque a sua natureza indistinta revela um significado bem maior do que a duração de sua passagem. O navio que talvez nunca mais enxerguemos, unicamente ele, afastado de nosso belvedere, não reclama a autoria do que em verdade lhe pertence, configurando, dessarte, um aspecto comovedor ao entrecho do qual o retirado vulto promovera a aparência; ao olhar recém-vindo, esta se permite interpretar e esconder-lhe, contudo, de modo irrecorrível, a autenticidade de sua procedência. Efeito suscetível de várias explicações, a mancha de fumo se integra com legitimidade no seio do panorama indeciso; do repouso na distância, em colóquio com as tonalidades de cinza, diremos que é um ser do horizonte, um corpo em véspera de

extinguir-se, ocorrendo nessa posição como se a ela fora levado pelos atraentes poderes de uma simbologia, ela pairando também à maneira de uma idéia convertida em nome. A designação vocabular de uma coisa sói transportá-la aos domínios onde ela, como semblante, se acha oculta, veiculando assim uma presença que as circunstâncias do espaço se obstinam em desatender; instalando-se dessa forma um processo de conjunção cujos meios de executar-se provêm de planos distintos, enquanto os da simbólica facial, inerentes à mesma perspectiva, conduzem, no próprio seio de nossa visão, os seus fluxos harmonizadores de cenas e repletos de constante sentido. A existência do mais genérico significado envolve todas as fisionomias a ponto de nós, abandonando a paisagem, atermo-nos ao rosto diminuto que nossa comodidade aproveita, nele abrigando ainda a presença das coisas restantes que a natureza encobriu ao nosso miradouro; se compete a este a vigília do ato cósmico, consideramos a nós mesmo como a objetiva essencial que a tudo registra, de tal assinalação resultando a vivência e a sobrevivência de quanto reside além de nossos olhos. Esse procedimento assimila os rostos do pretérito e os seres da atualidade, todos eles englobados como os objetos no conteúdo de sua denominação; de tal modo que ao pronunciá-la acodem implicitamente, vindo das partes mais remotas, os que nasceram e perseveram em seu signo; indicando, nesse sistema de assomar, que o nome representativo de sua existência lhes adere para assegurar suas vidas em nós. À semelhança da denominação, a face transmitida aos nossos olhos traduz a série fisionômica, ora ininterrupta à mobilidade de nosso belvedere, ora intercalada dos vazios da ausência, onde se submergem as coisas que não atingimos, porém que se resolvem por ilações conectivas, como as que nos ocorrem sobre a pessoa desaparecida quando, em seu lugar, nos deparamos com o objeto que lhe pertencera. À noção de existência acompanha a idéia de uma forma que abrange os vultos de seu plano figurativo, tal aliamento se operando sob a persuasão dos contornos já firmados em nossa mente; e cuja importância e oportunidade nunca se esgotam, revindo muitas vezes para nos delinear a face que sabemos residir em algum ponto da terra; a coordenada que tiramos do ser pensado ao ser estabelecido em sua posição, lembra aquela que o reconstituidor de aparências ancestrais autentica entre a vértebra encontrada acidentalmente e o vulto gigantesco, recomposto em pormenores, do qual a primeira era um de seus fragmentos. A maneira de considerarmos, com os olhos, a sucessividade dos semblantes, extraindo de cada um o que ele pode oferecer das outras faces, ausentes mas abordáveis em termos de simbólica e de reatamentos fisionômicos, através sobretudo das conexões de forma e de origem, suscita a necessidade de procedermos com as palavras segundo o ritmo com que se ordenam e se desordenam os seres da visibilidade; desejaríamos dominar as proposições de modo que ao exato sentido elas incorporassem a cadência ora tumultuosa, ora plácida, ora indistinta que aflora com as coisas em seu ato de presença, proporcionando assim aos processos do dizer o significado instantâneo que a vista descobre; pretenderíamos demorar sobre a palavra como os olhos perduram na fumaça que o navio deixou, e que essa palavra contivesse em si outras palavras de seu conceito como o vulto nevoento leva em si, no mesmo nível de probabilidade, a sumida embarcação, o mar e a montanha, concorrentes à posse do ser pousante e disponível; almejaríamos inocular em cada episódio fisionômico, descrito entre muitos que compõem dezenas de folhas, o espírito substancial de toda a obra, pairando nos menores entrechos como o semblante ausente envolve os rostos que se incumbem de manifestá-lo; estimaríamos que de uma página à outra, durante a vigência desse núcleo essencial, houvesse uma harmonia e uma concatenação equivalentes às que nos mostra a paisagem do horizonte marinho, constituída, naquele momento, em torno do vulto anônimo mas suficientemente contagiante para todas as efígies em redor disputarem, ao entardecer, a primazia de sua solidariedade; ambicionaríamos, ainda, arquitetar a estrutura e os adornos da natureza virtual, de modo que a leitura de um trecho incluísse a simbologia e a representação de todo o sistema, repetindo tal conjuntura o processo mesmo do acontecer fisionômico, isento de divisões incomunicáveis, evitando no leitor a procura de um clímax, como a superfície da esfera nos impossibilita a determinação de um exclusivo e único centro.

2 — A visão de um rosto original, revelando os princípios de um entrecho que as contingências do lugar fertilizam, tudo indicando que dentro em pouco os vultos aparecentes se articularão a ele por fatalidade de sentido, é em si mesma suficiente para nos apontar o gênero de semblantes que, em sucessivas interferências, vão obedecer às linhas extremamente pródigas de significado. Ao mirar o fecundo rosto, antevemos as participações de que, no decorrer do episódio, os figurantes passarão a investir-se, tal a força de sugestão desse vulto diante do qual nenhuma efígie sonega a versão apropriada ao motivo em curso; a nossa imaginação desenha como procederia o corpo que, impedido de

acorrer à cena, manifesta contudo peculiar inclinação ao que nela palpita. A conduta que nessa eventualidade teriam os corpos ausentes, mesmo aqueles que registramos uma só vez, mas o bastante para retê-los na memória, é perfeitamente correta embora não a possamos nunca verificar com os nossos olhos; mas existem certos pretextos que facilitam o atributo de adivinhar a maneira fisionômica dos entes que deles se inoculam; na presença de um sentido que as amolda, as imagens nunca se expõem rígidas, e quando elas se prendem à tristeza da comiseração, intuímos que nenhuma escapa aos amplexos de motivo tão contagiante. Se um cortejo viesse a desfilar adequadamente diante do vulto passível de piedade, nenhum dos componentes se habilitaria a nos surpreender, nem tampouco diríamos que um deles se externou melhor, de vez que as atitudes, sendo submetidas aos arranjos individuais, não se empobrecem do sincero teor pela circunstância de um busto lhe proibir uma inflexão mais acentuada. Todos os rostos se conduziram com acerto perto do túmulo que se fechava, inclusive o ser que menos supúnhamos fadado àquele desempenho; à semelhança do enterro que bem poderíamos haver prefigurado os pormenores, partindo do vulto oracular que não via mais a ninguém, muitas outras faces ungidas de significação que, como essa do sepultamento, se obrigam a gestos uniformes, fazem acrescer nossa faculdade de profetização, rudimentar sem dúvida, mas significativa quanto aos pendores sinonímicos dos semblantes no bojo do mesmo local. O recinto se dilui a fim de que os participantes da cena se focalizem em nosso olhar, somente eles merecendo o aplicado zelo com que sacrificamos, com freqüência, uma bela paisagem ao acidente importante surgido em seu território; para que os figurantes assumam exclusivamente a posse do motivo, o pano de fundo se deixa ignorar como objeto de cujo valor prescindimos, a ponto de esquecermos a oportunidade de seu afastamento, circunstância esta que o envolve na ausência mais apagada. O conluio dos protagonistas se processa com tal densidade, todos os elementos debruçando-se sobre o ator primeiro, que se nos restringirmos a ver um deles com omissão dos outros, acontece como nos álbuns de pintura em que várias páginas exibem trechos fragmentários de uma tela, sem com isto obtermos de cada uma dessas partes a impressão de uma obra independente e estanque das demais figuras do painel; nos membros dispersados, há qualquer coisa que em si mesma resulta incompleta, o ar em que a parcela não se envolve sem a presença da soma unificadora, e cuja existência qualitativa passa a sofrer lapsos diversos quando assim submetemos o conjunto à análise fracionadora de nossos olhos; então, o que permanecia por ser do conjunto, falece para assumir,

CAPÍTULO 18

em novo aspecto, outra contextura de cunho fisionômico; deveras, a fixidez de nosso ângulo de consideração suscita-nos explorar os redutos da cena em cujo seio, atraídos pelo ponto nodular, figuram os rostos inalienáveis em seu sentido, proporcionando-nos, de sua vida apenas facial, sugestões que se harmonizam por mais que se estendam, incentivadas pelo poder de intrínseca especulação que atesta cada ser observável; esse ponto nuclear que reside na cena, tanto se instala objetivamente no interior do painel como se evidencia nele por escolha dos próprios olhos de quem o contempla; e, quando acontece a última hipótese, concluímos que o semblante, onde se situa a essência reguladora da unidade, pertence ao domínio do entrecho, a modo do edifício adjacente que se inclui, natural e artisticamente, no plano barroco delineado para a paisagem. Assim sendo, o ato de ver é substancial à rítmica da cena, durante a qual nos integramos com o título de responsável por sua coerência e modulador de suas emanações; instituindo-se destas a faculdade de predizermos os semblantes vindouros e a sua maneira de portar-se, como se a fisionomia em foco retivesse um índice de contágio semelhante ao de certos albergues que marcam à sua feição os vultos que se lhe aproximam. O rosto que nos prefigura a modalidade dos corpos a virem, anunciando-lhes os gestos e o grau de desenvoltura, todos solícitos em corresponder ao vulto original, avoca a si mesmo as condições que eram aparentemente do local que se extinguiu, a fim de que ele manifestasse as delicadezas de seu repertório; o mar, com o seu halo de contaminação que em qualquer minuto recobre os visitantes em termos de expressão marinha, num espraiamento indomável do rosto, se compara ao esquife que enluta as fisionomias inclinadas para ele obsidentemente, atraindo-as todas ao fato da morte como o oceano traz, à atmosfera de suas aparências, as figuras da orla marítima. Inúmeras situações faciais, mesmo quando providas de arranjos apenas fortuitos, ao nos mostrarem com rapidez a raiz de seu significado, desanuviam, em cada participante que se avizinha, o aspecto porventura alheio à modalidade da cena, até corrigindo-lhe a adesão atenuada que se confunde às vezes com a chocante indiferença, para, no término do desempenho, concluir junto aos demais a sinonímia desenvolta que rege indiscriminadamente o coral fisionômico. A nossa previsão a respeito das atitudes que adota o recém-chegado, cumprindo este o regulamento de um cerimonial comum às pessoas de seu gênero, nos indica, em última instância, a certeza de que existem formalidades que, de tão imperiosas, incluem nas regras os semblantes menos prevenidos de sua vigência, como os seres inanimados que se solidarizam instantaneamente à essência de determinado

painel; inclusive parecendo que todas as coisas dele são
oportunas à aparição de quaisquer motivos, porquanto o
local, em que eles surdem e se desenvolvem para que se
processem as homologações do significado, ou se articula
a este, ou se dissipa em favor do puro episódio, não sobrevivendo imune ao ato ocorrível à sombra ou à luz de seu
teto.

3 — O objeto contemplado reproduz a forma de coisas
ausentes e que entretanto existem sobre a variedade dos
territórios, desde que o contorno genérico no qual ele se
ajusta, se dissemina por partes desconhecidas de nós; tal
circunstância nos dispensa de deambular em busca de flo-
restas que uma árvore representativa tão bem resume, de
resto indicando que, no domínio das conexões entre o rosto
da presença e a repetição em lugares que não devassamos,
reina o ato simultâneo de uma generalidade que se preenche,
tornando, para esse efeito, inúteis as distâncias. Muitas vezes olhamos deste modo o ser mais caro de nossa vida,
aquele que preferencialmente nos deixa a par de suas minúcias e que, por conseqüência, nos abstrairia da idéia de
seus contornos; fitamos o vulto estimado sem atendermos
aos pormenores que configuram o seu nome, parecendo ele,
nesses momentos, uma face como as outras da multidão; e
o rosto aprazível, ao perder a constância de nossa intimidade,
compensa-se com a universal significação que lhe outorgam
todos os demais seres de sua similitude humana e facial.
À maneira da árvore que nos informa sobre a floresta, a
imagem de F... absorve em si mesma tudo quanto vem
a reunir-se aos traços de seu viver por analogia — face
que existe enquanto a consideremos puro contorno, momentaneamente livre de seu nome — cedendo-nos a oportunidade de assistir, do recanto doméstico, a presença comunicativa de todos os semelhantes em vulto. As coisas
mínimas dão-nos as coisas máximas, sem que para tanto
ampliemos o veículo com que nos defrontamos, sem nos
movermos, recolhendo através dele os rostos que, em realidade, habitam a ausência; mas, em virtualidade, ali estão
acessíveis ao pouso de nossos olhos, e indiferenciados na
aparência, cujo privilégio de os conter deriva apenas do
fato de recair, como poderia atendê-lo qualquer outra, em
nossa visão agora favorável a ver extensivamente. A face
de F..., assim considerada, destituía-se da pessoa para
elastecer-se nos moldes da natureza naturante; a sua aproximação de nossa retina, facultando a prática da enorme e

CAPÍTULO 18

concluída presença, não a hierarquiza perante as imagens que representa, pois que a delegação que acidentalmente lhe incumbe é o que importa, emitindo-se com tanta exclusividade que só às custas da diluição do rosto se opera a terrena eucaristia. O vulto de F... não era mais o do ser inconfundível, mas o do ser distante, vago porém existente, possuindo a estrutura anônima, de todo consumido pelo cânone geral que a ninguém prefere, mas se aplica sem cessar em cada efígie que, dessa forma, é considerada independentemente de seu nome; a figura amiga cede a posição à concomitaneidade espargida além de nossos olhos, de certo sem lhe transferir o amor que a ela dedicamos, porém, se se esgarça a matéria de nossa atenção, aumenta o índice da absorta fixidez com que contemplamos em F... a presença do humano vulto. Os seus contornos participam da ausência que ele manifesta, deslocando-se com os seres do afastamento como o horizonte foge com as nuvens desaparecentes; o ato de vermos o rosto aglutinado à ausência, se confunde então com o ato de acolhermos no breve e perecível corpo a figura-modo da eternidade, estranha à presença rotineira porque a excede e a transubstancia. F... nos proporcionava, apesar dele, o quinhão da perene viagem, fazendo-o quando, imóvel junto ao arvoredo, observava no tronco o enlaçamento da parasita, uma atitude diariamente executada, como se o objeto do exame oferecesse variações consecutivas; no quadro que se expunha ao nosso miradouro, duas ausências caminhavam até nós, cada uma alongando a sua perspectiva imutável: a do vulto humano, a partir de F..., e a da floresta, a partir da árvore. Ambas disputavam em nós o lugar da privativa consideração, mas, a rigor, nenhuma alcançava obtê-lo; acontecendo que elas, em sucessões que convergiam, se integravam, mutuamente perseverantes, no mesmo núcleo de nossa perscrutação, como a vista sobre a tela é a mesma embora as figuras componentes se desacordem em suas linhas, harmonizando-se todavia numa unidade que pertence também a nós. A circunstância de suas imobilidades nos faculta, em maior grau, decorrências fisionômicas impossíveis de colhermos se, atingidos pela cadência de nossos olhos, o corpo de F... e a efígie do arvoredo despertassem da inércia, um a si restituindo os gestos peculiares e o outro a si devolvendo a cor e as minúcias dos ramos, como se o movimento fora algo alheio à humanidade e à floresta postas em termos de perpetuação. Muitas coisas incluem em seu conspecto certas marcas que lhes gravaram as contingências da terra, e entre tais assinalações avultam os distintivos que a mobilidade cinzelou e aqueles que expõem, em formas sugestivas, o movimento ainda não sobrevindo mas esperado como o dos cata-ventos imóveis; são acontecimentos da fisionomia, incorporados a ela como rugas na face ou como a expectativa na lâmpada por acender, os quais imergem na ausência total alimentada por nós à medida que versatilizamos o conteúdo de nosso olhar. As condições de nossa estrutura impedem que abriguemos, num relance, todo o universo, ou, em menor aspiração, todos os rostos de nossa necessidade, cuja esperança de tê-los assim em grupo reside apenas na idéia do Julgamento Final, quando se realizaria uma das tendências do mundo fisionômico: a da perspectiva que se ordena toda vez que um corpo se oferece à nossa luz. Impossibilitado de ver na terra o encadeamento facial que as escrituras cristãs nos pressagiam — prometimento incomparável, cena de um único episódio, peça que a vida ensaiou para os olhos de Deus — nos contentamos com a grande ausência de que nos investimos ante o espetáculo de uma figura inerte.

4 — Entre nós e a imagem de D... existe, sempre que a casualidade nos reúne a ambos no interior do mesmo entrecho, uma coordenação de gestos que nasce no momento preciso em que nos avistamos: cada um de nós traduzindo o significado da só circunstância de estarmos em presença, e expondo a sua maneira peculiar de se fazer atendido pelos olhos do outro. Nenhum pretexto ainda nos afastou dessa consideração que envolve apenas os requisitos da face; embora tenhamos, e D... os possui com certeza, sedimentações de atitudes que formam o ritmo da personalidade, instrumentos com que todos os dias firmamos, nos congressos dos vultos conhecidos e desconhecidos, o parecer de nossa acomodação; os contactos entre nós e D... se estabelecem nos puros dados da visão, e apesar das promessas de maior convívio que tais contingências costumam facilitar, o desejo é de restringirmos os apanhados à simples observação desse tímido retraimento: dessa estatuária repentina que surpreendemos vazia de conteúdo como se os nossos olhos despojassem subitamente qualquer sentido que não fora o alimentado pela figurativa interferência. Desenha-se um delicado condescender, um permitir espontâneo daquelas coisas que, aglomeradas em torno de nós, se associam à teia da muda dialogação; esta se constitui de olhares que, incidindo em atitudes consentâneas com eles, acrescem, à naturalidade da cena, um arranjo fortuito que implica na convicção de ser necessária a nossa presença, testemunha e orientadora concomitantes de duas efígies que se entrepenetram e se entendem em

CAPÍTULO 18

termos de breve linguagem. O processo de comunicação se reduz a pequenas frases que emitem os rostos isentos de suas expressões costumeiras, curtos sinais que se reportam ao mero acontecimento de se haverem gravado na superfície de nossos interesses; sem outra preocupação além desta de repetirmos, a cada encontro, os bosquejos que, não obstante induzirem a relações maiores, perseveram em diagramas que se bastam a si mesmos; e cuja condição de existirem em cena cristalizada deriva, sem dúvida, do cerimonioso tratamento que nenhum motivo outro vem a desfazer. Com que doce intuito nos esmerávamos em manter, sem ferir de leve, o regime de contactos que, perdurando já de algum tempo e previsíveis em virtude da hora certa em que eles se efetuavam, insistiam em ser o preâmbulo de uma intimidade que jamais seria tão tocante: as posições distintas em cada momento, as mudanças ligeiras dos comparsas entre nós ambos, os breves acidentes do acaso, tudo nós infletíamos ou utilizávamos em proveito das permutas fisionômicas. Era uma língua de escassos elementos, uma introdução auspiciosa de amizade, e a preservávamos como se esta nos fosse de todo impossível, aspirando o gozo efêmero da limitação; o que nos permitia valorizar minúcias do gesto que de outra forma, sob a certeza do conhecimento de sua pessoa, nos passariam sem anotação, sem talvez um instante sequer retornarem em nossa memória, tais as particularidades que se perdem no domínio da convivência. A simpatia liminar possui também as suas profundezas, exercita melhor o nosso belvedere sobre a face querida quando, à mostra de uma reprodução qualquer de seu rosto, do retrato que vemos em alguma folha impressa, e livre de vozes e de consangüinidades, nos atemos tão-só aos efeitos da figura, nada de estranho a ela vindo a perturbar o terno recebimento de suas feições em nossa retina. Ninguém interromperá, com anúncios a propósito da vida de D..., as relações que nos são privativas, nem tampouco os informes, que bem poderiam aumentar a nossa impressão, como desfavorecê-la, as haveriam de conturbar; para tanto, subsistem os subterfúgios com que nos dirigimos ao objeto em causa; e tais diligências, imperscrutáveis a ele, se ajustam, com a mesma importância, aos eventuais observadores de nossas correspondências figurativas. Assim, no ato de comparecermos à presença de D..., se executa a cumplicidade de todos os seres pelo feliz desempenho de nossos rostos, mantida em segredo a discrição dos gestos, dos olhares recíprocos; os figurantes que, sem impedirem as conexões, nos desacomodam, contudo, de nossos lugares, de modo que o painel raramente nos reproduz nos mesmos pontos do recinto, são imagens anônimas porém indispensáveis ao êxito das silenciosas e reservadas comunicações.

Os protagonistas secundários assumem, entrementes, tal significação na estrutura do entrecho, a sua cooperação reveste-se de tanta necessidade, que, à lembrança de D... e à idéia de que esse vulto possa nos defrontar em circunstâncias diferentes, segue o receio de que tal ocorra em algum recanto deserto onde, à falta de um pretexto como o da chegada súbita do transporte no sítio habitual, que justifique no pensamento de D... a razão de não tomarmos a iniciativa de uma palestra, se agrave, em nós, a apreensão de anuviar-se para sempre o episódio de nossas fisionomias entrelaçadas pelos aconchegos da visão. Certos motivos de ordem facial dependem da contribuição que lhes prestam, sem o saberem, as figuras adjacentes, as personagens que realizam a trama do desconhecimento: equiparando-se, nessas conjunturas, a corpos inanimados que oferecem ao sentido, a fim de que ele se externe e se desenvolva, o simples fato de sua presença. Os vultos contíguos a nós e a D... encerram uma faculdade mais aguda de interferência: a coadjuvação, sem a qual as conciliadas atitudes não se efetivariam: uma solidariedade feita de meras posições que eles ocupam alheiamente ao nódulo do quadro onde se encerra, simultaneamente e a cargo do mesmo rosto, o participante que o ativa e o contra-regra atento que se prevalece dos semblantes ocasionais; isto pelo que de inclinações convergentes eles atestam no modo de pactuar, fomentando conluios que têm às vezes o ritmo e a densidade de um entretenimento. Ao nos aproximarmos da rua onde certamente se encontra o rosto de D..., e sendo a conduta do acaso fértil em nos surpreender — daí a ingênua idéia de que o fato nos atinge por o não termos antecipado em nossa mente — premunimo-nos de tal eventualidade, imaginando as ocorrências que podem romper o tecido de nossas combinações, como o surgimento de um amigo comum; ao vermos depois a calçada repleta de seres desconhecidos, temos a sensação de que, antes de nosso comparecimento, a parte ardilosa, que nos competia, já atuava com destreza à vista de nossa reaparição.

Do mesmo autor:

A Imagem Autônoma (ensaio de teoria do cinema). Recife, Editora Universitária, 1972.

O Lugar de todos os Lugares. São Paulo, Editora Perspectiva, 1976.

O Espaço da Arquitetura. São Paulo, Editora Perspectiva, 1977.

A publicar:

A Ordem Fisionômica:

    II — O Convívio Alegórico

    III — Ser e Estar em Nós

    IV — A Subordinação ao nosso Existir

    V — A Testemunha Participante

COLEÇÃO ESTUDOS

1. *Introdução à Cibernética*, W. Ross Ashby
2. *Mimesis*, Erich Auerbach
3. *A Criação Científica*, Abraham Moles
4. *Homo Ludens*, Johan Huizinga
5. *A Lingüística Estrutural*, Giulio Lepschy
6. *A Estrutura Ausente*, Umberto Eco
7. *Comportamento*, Donald Broadbent
8. *Nordeste 1817*, Carlos Guilherme Mota
9. *Cristãos-Novos na Bahia*, Anita Novinsky
10. *A Inteligência Humana*, H. J. Butcher
11. *João Caetano*, Décio de Almeida Prado
12. *As Grandes Correntes da Mística Judaica*, Gershom Scholem
13. *Vida e Valores do Povo Judeu*, Cecil Roth e outros
14. *A Lógica da Criação Literária*, Käte Hamburger
15. *Sociodinâmica da Cultura*, Abraham Moles
16. *Gramatologia*, Jacques Derrida
17. *Estampagem e Aprendizagem Inicial*, W. Sluckin
18. *Estudos Afro-Brasileiros*, Roger Bastide
19. *Morfologia do Macunaíma*, Haroldo de Campos
20. *A Economia das Trocas Simbólicas*, Pierre Bourdieu
21. *A Realidade Figurativa*, Pierre Francastel
22. *Humberto Mauro, Cataguases, Cinearte*, Paulo Emílio Salles Gomes
23. *História e Historiografia*, Salo W. Baron
24. *Fernando Pessoa ou o Poetodrama*, José Augusto Seabra
25. *As Formas do Conteúdo*, Umberto Eco
26. *Filosofia da Nova Música*, Theodor Adorno
27. *Por Uma Arquitetura*, Le Corbusier
28. *Percepção e Experiência*, M. D. Vernon
29. *Filosofia do Estilo*, G. G. Granger
30. *A Tradição do Novo*, Haroldo Rosenberg
31. *Introdução à Gramática Gerativa*, Nicolas Ruwet
32. *Sociologia da Cultura*, Karl Mannheim
33. *Tarsila. Sua Obra e seu Tempo*, Aracy Amaral
34. *O Mito Ariano*, Léon Poliakov
35. *Lógica do Sentido*, Gilles Deleuze
36. *Mestres do Teatro*, John Gassner
37. *O Regionalismo Gaúcho e as Origens da Revolução de 1930*, Joseph L. Love
38. *Sociedade, Mudança e Política*, Hélio Jaguaribe
39. *Desenvolvimento Político*, Hélio Jaguaribe

40. *Crises e Alternativas da América Latina*, Hélio Jaguaribe
41. *De Geração a Geração*, S. N. Eisenstadt
42. *Política Econômica e Desenvolvimento no Brasil*, N. Leff
43. *Polegômenos a Uma Teoria da Linguagem*, Louis Hjelmslev
44. *Sentimento e Forma*, S. K. Langer
45. *A Política e o Conhecimento Sociológico*, F. G. Castles
46. *Semiótica*, Charles S. Peirce
47. *Ensaios de Sociologia*, Marcel Maus
48. *Liberdade, Poder e Planejamento*, Karl Mannheim
49. *Uma Poética para António Machado*, Ricardo Gullón
50. *Burocracia e Sociedade no Brasil Colonial*, Stuart B. Schwartz
51. *A visão Existenciadora*, Evaldo Coutinho
52. *A América Latina e sua Literatura*, UNESCO
53. *Os Nuer*, E. E. Evans-Pritchard
54. *Introdução à Textologia*, Roger Laufer
55. *O Lugar de Todos os Lugares*, Evaldo Coutinho
56. *Sociedade Israelense*, S. N. Eisenstadt
57. *Das Arcadas ao Bacharelado*, Alberto Venâncio Filho
58. *Artaud e o Teatro*, Alain Virmaux
59. *O Espaço da Arquitetura*, Evaldo Coutinho
60. *Antropologia Aplicada*, Roger Bastide
61. *História da Loucura*, Michel Foucault
62. *Pedagogia Institucional*, Fernand Oury e Aida Vasquez
63. *Pessoa e Personagem*, Michel Zeraffa
64. *O Urbanismo*, Françoise Choay
65. *História do Anti-Semitismo I*, Léon Poliakov
66. *História do Anti-Semitismo II*, Léon Poliakov
67. *História do Anti-Semitismo III*, Léon Poliakov
68. *História do Anti-Semitismo IV*, Léon Poliakov
69. *Mestres do Teatro II*, John Gassner

IMPRENSA METODISTA
Compôs e imprimiu
Av. Senador Vergueiro, 1301
São Bernardo do Campo — SP